法華經講義

——第二輯

——平實導師 述

ISBN 978-986-5655-46-4

執著離念靈知心爲實相心而不肯捨棄者，即是畏懼解脱境界者，即是畏懼無我境界者，即是凡夫之人。謂離念靈知心正是意識心故，若離**俱有依**（意根、法塵、五色根），即不能現起故；若離**因緣**（如來藏所執持之覺知心種子），即不能現起故；復於眠熟位、滅盡定位、無想定位（含無想天中）、正死位、悶絕位等五位中，必定斷滅故。夜夜眠熟斷滅已，必須依於**因緣**、**俱有依**緣等法，方能再於次晨重新現起故；夜夜斷滅後，已無離念靈知心存在，成爲無法，無法則不能再自己現起故；由是故言**離念靈知心是緣起法**、**是生滅法**。不能現觀離念靈知心是緣起法者，即是未斷我見之凡夫；不願斷除**離念靈知心常住不壞之見解**者，即是恐懼解脱無我境界者，當知即是凡夫。

——**平實導師**——

一切誤計**意識心為常**者，皆是佛門中之常見外道，皆是凡夫之屬。意識心境界，依層次高低，可略分爲十：一、處於欲界中，常與五欲相觸之離念靈知；二、未到初禪地之未到地定中，暗無覺知而不與欲界五塵相觸之離念靈知，常處於不明白一切境界之暗昧狀態中之離念靈知；三、住於初禪等至定境中，不與香塵、味塵相觸之離念靈知；四、住於二禪等至定境中，不與五塵相觸之離念靈知；五、住於三禪等至定境中，不與五塵相觸之離念靈知；六、住於四禪等至定境中，不與五塵相觸之離念靈知；七、住於空無邊處等至定境中，不與五塵相觸之離念靈知；八、住於識無邊處等至定境中，不與五塵相觸之離念靈知；九、住於無所有處等至定境中，不與五塵相觸之離念靈知；十、住於非想非非想處等至定境中，不與五塵相觸之離念靈知。如是十種境界相中之覺知心，皆是意識心，計此爲常者，皆屬常見外道所知所見，名爲佛門中之常見外道，不因出家、在家而有不同。

——**平實導師**——

如聖教所言，成佛之道以親證阿賴耶識心體（如來藏）為因，《華嚴經》亦說**證得阿賴耶識者獲得本覺智**，則可證實：證得阿賴耶識者方是大乘宗門之開悟者，方是大乘佛菩提之眞見道者。經中、論中又說：證得阿賴耶識而轉依**識上所顯真實性**、**如如性**，能安忍而不退失者即是**證真如**、即是大乘賢聖，在二乘法解脱道中至少為初果聖人。由此聖教，當知親證阿賴耶識而確認不疑時即是開悟眞見道也；除此以外，別無大乘宗門之眞見道。若別以他法作為大乘見道者，或堅執**離念靈知**亦是實相心者（堅持意識覺知心離念時亦可作為明心見道者），則成為實相般若之見道內涵有多種，則成為實相有多種，則違實相絕待之聖教也！故知宗門之悟唯有一種：親證第八識如來藏而轉依如來藏所顯眞如性，除此別無悟處。此理正眞，放諸往世、後世亦皆準，無人能否定之，則堅持離念靈知意識心是眞心者，其言誠屬妄語也。

——**平實導師**——

目次

第九輯：

第十輯：

第十一輯：

第十二輯：

第十三輯：

第十四輯：

第十五輯：

第十六輯：

第十七輯：

自序

大乘佛法勝妙極勝妙，深奧極深奧，廣大極廣大，富麗極富麗，謂此唯一佛乘妙法，意識思惟研究之所不解，非意識境界故，佛說爲不可思議之大乘解脫境界，名爲大乘菩提一切種智，函蓋大圓鏡智、成所作智、妙觀察智、平等性智；然而此等極勝妙乃至極富麗之佛果境界，要從因地之大乘眞見道始證，次第進修方得。然大乘見道依序有三個層次：眞見道、相見道、通達位。眞見道者位在第七住；相見道位始從第七住位之住心開始，終於第十迴向位滿心；通達位則是圓滿相見道位智慧與福德後，進修大乘慧解脫果，再依十無盡願的增上意樂而圓滿，名爲初地入地心菩薩。眾生對佛、法、僧等三寶修習信心，十信位滿心後進入初住位中，始修菩薩六度萬行，皆屬外門六度之行；逮至開悟明心證眞如時，方入眞見道位中；次第進修相見道位諸法以後，直到通達而得入地時，歷時一大阿僧祇劫，故說大乘見道之難，難可思議。

大乘眞見道之實證，即是證得第八識如來藏，能現觀其眞實而如如之自性，名爲證眞如；此際始生根本無分別智，同時證得本來自性清淨涅槃。乃至證悟般若不退而繼續進修之第七住位始住菩薩，轉入相見道位中，歷經第一大阿僧祇劫中三十分之二十有四的長劫修行，同時觀行三界萬法悉由此如來藏之妙眞如性所生所顯，證實《華嚴經》所說「**三界唯心、萬法唯識**」正理；如是進修眞如後得無分別智，終能具足現觀非安立諦三品心而至十迴向位滿心，方始具足眞如後得無分別智，相見道位功德至此圓滿，然猶未入地。

此時思求入地而欲進階於大乘見道之通達位中，仍必須進修大乘四聖諦，現觀四諦十六品心及九品心後，要有本已修得之初禪或二禪定力作支持，方得相應於慧解脫果；或於此安立諦具足觀行之後發起初禪爲驗，證實已經成就慧解脫果；此時已能取證有餘、無餘涅槃，方得與初地心相應，而猶未名初地。而後再依十大願起惑潤生，發起繼續受生於人間自度度他之無盡願，不畏後世長劫生死眾苦，於此十大無盡願生起增上意樂而得入地，方得名爲大乘見道之通達位，眞入初地之入地心中，完成大乘見道位所應有之一切修證。此時已通達大乘見道位應證之眞如全部內涵，圓滿大乘見道通達位應有之無生法忍智慧，及慧解脫果與增上意樂，方證通達位之無生法忍果，方得名爲始入初地心之菩薩。

然而觀乎如是大乘見道之初證眞如，發起眞如根本無分別智，得入第七住位，成爲眞見道菩薩摩訶薩；隨後轉入相見道位中繼續現觀眞如，實證非安立諦三品心而歷經十住、十行、十迴向位之長劫修行，具足眞如後得無分別智，生起初地無生法忍之初分，配合解脫果、廣大福德、增上意樂，名爲通達見道位眞如而得入地。如是諸多位階所證眞如，莫非第八識如來藏之眞實與如如二種自性，同屬證眞如者。依如是正理，故說未證眞如者，皆非大乘見道之人；證眞如者謂現觀如來藏運行中所顯示之眞實與如如自性故，實相般若智慧依如來藏之眞如法性建立故，萬法悉依如來藏之妙眞如性而生而顯故，本來自性清淨涅槃亦依如來藏之眞如法性建立故。

如是證眞如事，於眞藏傳佛教覺囊巴被達賴五世藉政治勢力消滅以後，由於時局紛亂不宜弘法故，善知識不得出世弘法，三百年間已經不行於人世。及至時局昇平人民安樂之現代，方又重新出現人間，得以繼續利樂有緣學人。然而，縱使末法時世受學此法而有實證之人，欲求入地實亦匪易，蓋因眞見道之證眞如已經極難親證，後再論及相見道位非安立諦三品心之久劫修行，而能一一教授弟子四眾者，更無其類；何況入地前所作加行之教授，而得具足實證大乘四聖諦等安立諦十六品心、九品心者？眞可謂：「善知識者出興世難，至其所難，得值遇難，得見知難，得親近難，得共住難，得其意難，得隨順難。」如是八難，具載於《華嚴經》中；徵之於末法時世之現代佛教，可謂誠言，眞實不虛。

縱使親值如是善知識已，長時一心受學之後，是否即得圓滿非安立諦三品心及安立諦十六品心、九品心而得入地？觀乎平實二十餘年度人所見，誠屬難事；殆因大乘見道實相智慧極難實證，何況通達？復因大乘慧解脫果並非隱居深山自修而可得者，如是證明初始見道證眞如已屬極難，更何況入地進修之後，所應親證之初地滿心猶如鏡像現觀，解脫於三界六塵之繫縛；二地滿心猶如光影之現觀，能依己意自定時程及範圍而轉變自己之內相分，令習氣種子隨於自己施設之進程而分分斷除；三地滿心前之無生法忍智慧，能轉變他人之內相分；以及滿心位之猶如谷響現觀，能觀見自己之意生身分處他方世界廣度眾生，而使無生法忍及福德更快速增長。至於四地心後之諸種現觀境界，更難令三賢位菩薩了知，何況末證謂證、未悟言悟之假名善知識，連第七住菩薩眞見道所證眞如都只能想像者？

雖然如此，縱使已得入地，而欲了知佛地究竟解脫、究竟智慧境界，亦仍無法望其項背，實因初地菩薩於諸如來不可思議解脫及智慧仍無能力臆測故。縱使已至第三大阿僧祇劫之修行——已得八地初心者，亦無法全部了知諸佛的境界，則無法了知佛法之全貌，如是而欲了知十方三世諸佛世界之關聯者，即無無其分。以是緣故，世尊欲令佛子四眾如實了知三世佛教之亙古久遠、未來無盡，以及十方虛空諸佛世界等佛教之廣袤無垠；亦欲令弟子眾了知世間萬法、出世間法及實相般若、一切種智無生法忍等智慧，悉皆歸於第八識如來藏妙眞如性者，則必於最後演述《妙法蓮華經》而圓滿一代時教；是故 世尊最後演述《法華經》時，一仍舊貫而如《金剛經》稱此第八識心爲「**此經**」，冀諸佛子醒悟此理而捨世間心、聲聞心，願意求證眞如之理，久後終能確實進入絕妙難思之大乘法中。斯則 世尊顧念吾人之大慈大悲所行，非諸凡愚之所能知。

然而法末之世，竟有身披大乘法衣之凡夫亦兼愚人，隨諸日本歐美專作學問之學者謬言，提倡六識論之邪見，以雷同常見、斷見外道之邪見主張，公開否定大乘諸經，謂非佛說，公然反佛聖教而宣稱「**大乘非佛說**」。甚且公然否定最原始結集之四大部阿含諸經中之聖教，妄判爲六識論之解脫道經典，公然貶抑四阿含諸經中之八識論正教，令同於常見外道之六識論邪見；全違 世尊依八識論而解說聲聞解脫道之本意，亦令聲聞解脫道同於斷見、常見外道所說之解脫，則無餘涅槃之境界即成爲斷滅空而無人能知、無人能證。如是住如來家，著如來衣，食如來食，藉其弘揚如來法之表相，極力推廣相似像法而取代聲聞解脫道正法，最後終究不免推翻如來正法；如斯之輩至今依然寄身佛門破壞佛法，而佛教界諸方大師仍多心存鄉愿，不願面對如是破壞佛教正法之嚴重事實，仍多託詞高唱和諧，而欲繼續與諸多破壞佛教正法者**和平共存**，以互相標榜而**維護名聞利養**。吾人若繼續坐令如是現象存在，則中國佛教復興，以及中國佛教文化之推廣，勢必阻力重重，難以達成；眼見如是怪象，平實不得不詳解《法華經》之眞實義，冀能藉此而挽狂瀾於萬一。

如今承蒙會中多位同修共同努力整理，已得成書，總有二十五輯，詳述《法華經》中 世尊宣示之眞實義，因名《法華經講義》，梓行於世，冀求廣大佛門四眾捐棄邪見，回歸大乘絕妙而廣大無垠之正法妙理，努力求證，共爲復興中國佛教文化、抵禦外國宗教文化之侵略而努力，則佛門四眾今世、後世幸甚，中國夢在文化層面即得實現。乃至繼續推廣弘傳數十年後，終能使中國成爲全球最高階層文化人士的歸依聖地、精神祖國；流風所及，百年之後遍於歐美社會各層面中廣爲弘傳，則中國不唯民富國強，更是全球唯一的文化大國。如是復興中國佛教文化之舉，盼能獲得廣大佛弟子四眾之普遍認同，乃至廣有眾人付諸實證終得廣爲弘傳，廣利人天，其樂何如。今以分輯梓行流通在即，因述如斯感慨及眞實義如上，即以爲序。

佛子 **平實** 謹序

公元二〇一五年初春 謹誌於竹桂山居

第二輯：

《妙法蓮華經》

〈序品〉第一（上承第一輯〈序品〉未完部分）

經文：【「次復有佛亦名日月燈明，次復有佛亦名日月燈明，如是二萬佛皆同一字，號日月燈明；又同一姓，姓頗羅墮。彌勒當知，初佛後佛皆同一字，名日月燈明，十號具足；所可說法，初中後善。其最後佛未出家時有八王子：一名有意，二名善意，三名無量意，四名寶意，五名增意，六名除疑意，七名響意，八名法意。是八王子，威德自在，各領四天下。是諸王子，聞父出家，得阿耨多羅三藐三菩提，悉捨王位亦隨出家，發大乘意，常修梵行，皆爲法師，已於千萬佛所植諸善本。」】

語譯：【文殊菩薩又繼續說：「日月燈明佛過去以後，還有一尊佛，一樣名爲日月燈明；這尊佛過去以後又有佛，還是名爲日月燈明；就像這樣子，一尊佛又一尊佛連續出世，總共有二萬佛，都同樣一個名號：名爲日月燈明佛。這二萬佛在出家前，也都同一姓，姓頗羅墮。彌勒啊！你應當知道，第一尊佛一直到最後一尊佛，皆同樣一個名字，名爲日月燈明，也同樣是應供等十號具足；所說的法都是初中後善。到了最後一尊佛還沒有出家以前，祂生了八個王子：第一位王子名爲有意，第二位名爲善意，第三位名爲無量意，第四位名爲寶意，第五位名爲增意，第六位名爲除疑意，第七位名爲響意，第八位名爲法意。這八位王子威德強大，於各自所在皆得自在，各自都率領四大天下。這八位王子，聽聞到父王出家以後證得無上正等正覺了，所以也全都捨棄了各自的王位，就來跟隨最後一尊佛日月燈明佛出家，發起了修學大乘的意志，永遠不斷地在修清淨行。而這八位王子後來也都成爲法師，並且已經曾在千萬佛座下種植了種種善法的根本。」】

講義：這一段經文中說，一尊佛又一尊佛，接續在第一尊 日月燈明佛之後出現於世間，總共有二萬尊佛，都是同樣名爲 日月燈明佛。諸位有沒有想到要發一個願說：「我將來成佛以後，我也要叫作釋迦牟尼。」有沒有想過？還沒有想過？考慮看看：我希望將來成佛也叫釋迦牟尼。諸位可以考慮考慮，也許你喜歡說：「我還是想當阿彌陀佛。」也可以啊！你就發願：「我將來成佛時的佛號要叫作阿彌陀佛，要當無量光、無量壽。」也不錯啊！「我願意將來成為釋迦牟尼佛」，意思是說，比較偏向於能仁與寂靜，就是以善心對待眾生，而自心是如如寂靜的，就比較偏向這方面。你如果發願說：「我要當無量壽佛。」那也可以啊！隨各人的所願，都可以考慮。

實際上，我說句老實話，也沒有多少佛號可以讓你用。你們可能都沒有想過這個問題，因爲眞正好的佛號就那麼千百萬個，所以無量無邊不可思議阿僧祇劫以來，很多佛都是前後一樣的佛號。所以你如果憶念一尊佛，其實等於念很多尊佛；因爲你念這一尊佛時，就會跟好多同一佛號的佛相應。比如說 釋迦牟尼佛，焉知過往沒有別的佛也叫作「釋迦牟尼」？一定也是很多。不過 釋迦佛總是不太方便直接說：「我這個名號已有多少佛在用。」因爲諸佛都不標榜自己，除非有什麼特殊的因緣，像《央掘魔羅經》那樣，否則的話不會標榜自己，寧可讚歎別的佛。

在這一段經文中，文殊菩薩說的是，二萬尊佛前後相繼出世，都同樣名爲 日月燈明佛，既然成佛了，一定都是十號具足，同樣都具有應供、正遍知、明行足等等十個稱號；而成佛以後所說的法當然也絕對相同，同樣是初善、中善、後善，沒有高下。諸佛說法你無法去作評比說：哪一尊佛比較高，哪一尊佛比較低。全部都平等。如果諸佛還有等級，那就不能叫作無上正等正覺了，那就得要分爲上等佛、中等佛、下等佛。有沒有人這樣說過？有啊！大陸那個外道李洪志就是這麼講的，可見他是佛法門外漢。後來聽說他移居到美國去了，因爲大陸政府要辦他。他曾說「釋迦牟尼佛還差他二級」，騙人說他比 釋迦佛還高二級。好在聽到這句話的時候，你們不是正在吃飯，否則難免噴飯。所以你聽到這些外道們這樣亂講時，也只能唸一句「阿彌陀佛」，再也無話可說。因爲你若是想要爲他說明時，該怎麼跟他說明呢？他根本不懂佛法嘛！可是李洪志這個說法，其實還不是頂荒唐的，比起密宗的說法，他算是客氣了。

十方諸佛全都平等平等，五濁惡世來成佛時八十幾歲捨壽的應身佛，跟住世八萬四千歲的應身佛，福德與智慧全都一樣，說法也不會有差別，一定同樣初善、中善、後善。不會是人壽八萬四千歲時成就的佛，說法「初中後善」，而人類八十歲時來成佛的時候，那位應身佛的說法就比較差。沒這回事，因爲智慧完全一樣，怎麼會有差別呢？

接著又有一句話說：「又同一姓，姓頗羅墮。」頗羅墮，這個姓，如果比照中國佛教的傳統，那麼所有的出家弟子都得要叫作頗羅墮某某、頗羅墮某某；就好像現在中國的出家眾都叫作釋某某、釋某某。其實如果要說眞的，應該叫釋迦某某、釋迦某某。這樣才對，怎麼只冠個「釋」字呢？因爲「釋迦牟尼」的梵音叫作Shakyamuni，Shakya是釋迦，不能把人家的姓砍一半，對不對？這是中國人創造的，在天竺沒有這個規矩。所以你看，在天竺不管誰出家了以後，他是聲聞眾或者菩薩眾都一樣，都保持原有的姓氏，所以目犍連就是目犍連，迦葉就是迦葉。如果同一姓呢？就把他們區分開來，這叫大迦葉，那叫二迦葉，那叫三迦葉，也有叫作不蘭迦葉、裸形迦葉……等。你看，舍利弗也是俗姓，出家證阿羅漢果了，還是用他出家前原來的姓。文殊、普賢、維摩詰也都是用原來的姓，都沒有冠上一個姓，叫作Shakya，都沒有。

所以中國人很會發明，這個叫作什麼？講好聽一點叫作容納。以前不是有一個理論，叫作大洪爐理論嗎？是說不管哪一族來統治了中國，就被中國統一。（有人說：民族大熔爐。）對啦！民族大熔爐，又叫作同化，全都被漢地同化，最後成了漢人。可是後來有一個族沒有被同化，叫作蒙古，還是被獨立出去了，結果是從國民黨手裡失去的。同樣的道理，同化以後變成自己的，然後佛教就變成中國的佛教；然後自己再發明而把它中國化，對「釋迦牟尼」四字就獨取一個釋，出家就都姓釋。可是 佛陀的年代，是姓釋迦而不是姓釋。但這是已經無可改變的了，你如果提出來說：「現在出家人應該要叫作釋迦某某、釋迦某某。」人家還會罵你是精神病。你說的明明有道理，但是已經不可改變了，所以我們就隨緣；因爲這個無關法義，我們不必計較。

接著說：最後一尊 日月燈明佛還沒有出家以前，祂是當國王。祂出家前有八位王子，就是有意王子乃至最後一位法意王子。這八位王子都是轉輪聖王，爲什麼都是轉輪聖王呢？因爲各自都領有四天下。只有轉輪聖王才能夠統領四天下，一般國王是不可能的。這八位王子看見父王出家時，他們並沒有馬上出家，繼續各自統領四天下；可是後來聽說父王出家以後已經成佛了，於是他們信心大增：「原來我老爸可以成佛。」因此他們也就把王位捨了，就讓孩子繼承了，他們也就跟著去出家。如果眞的可以成佛，這比世間王位好太多了。老爸成佛了，那兒子跟著老爸去出家，至少也可以開悟，還怕悟不了嗎？當然要跟著出家，所以他們八個人都隨著出家。那老爸成佛，當然不可能讓兒子去當聲聞人，所以都教導他們「**發大乘意**」，所以他們發起菩薩性以後就一直不斷地修學清淨行，後來也都成爲說了義法的大法師了。

這八個王子過去世都在千萬佛的座下種植了許多的善法作爲根本。如果不是這樣，不可能捨了王位來出家；因爲當國王養尊處優，簡直就是呼風喚雨一樣；可是出家以後只有三衣一缽，日中一食，那眞是不能相提並論。但是他們爲什麼願意出家？因爲善根足夠，過去世已經在千萬佛的座下種植了無量無邊的善法作爲根本，才有可能捨了王位出家。你要是不信的話，哪一天你遇見了馬英九，問他說：「**你來出家好不好？**」他一定連看都不看你一眼。可是人家不但是國王，而且領有四天下。每一位王子當國王以後都各有四天下，然後聽到父王成佛，趕快捨棄王位就出家了，這一定有他們的善根，當然叫作善根深厚。善根不夠的人不可能捨棄這種已經在嘴裡面吃著的好肉，一定不可能嘛！人家說：「**到口的肥肉怎麼可能把它吐掉？**」就等於這個意思。他可以捨棄勝妙的五欲就去出家，當然是過去世已經修集很多善根福德，才有可能這樣。文殊菩薩接著又怎麼說呢？

經文：【「是時日月燈明佛說大乘經，名《無量義》；教菩薩法，佛所護念。說是經已，即於大眾中結跏趺坐，入於無量義處三昧，身心不動。是時天雨曼陀羅華、摩訶曼陀羅華、曼殊沙華、摩訶曼殊沙華，而散佛上及諸大眾；普佛世界，六種震動。爾時會中比丘、比丘尼、優婆塞、優婆夷、天、龍、夜叉、乾闥婆、阿修羅、迦樓羅、緊那羅、摩睺羅伽、人、非人及諸小王、轉輪聖王等，是諸大眾得未曾有，歡喜合掌一心觀佛。」】

語譯：「這時日月燈明佛為大眾演說大乘經，這部經典名為《無量義經》；這部經中所說的，是在教授菩薩法而不是聲聞緣覺法，也是諸佛之所護念的經典。說完了《無量義經》之後，日月燈明佛就在大眾中結跏趺坐，進入無量義處三昧之中，身心都不再動作了。這時諸天從虛空中撒下了白色的花、大白色的花、紅色的花、大紅色的花，散於日月燈明佛之上以及所有大眾身上；這時候十方諸佛世界都有六種的震動。當時無量義法會中的比丘、比丘尼、優婆塞、優婆夷、天、龍……，乃至人、非人，及諸小王、轉輪聖王等等，所有的大眾都看見了這種以前不曾有過的勝妙境界，所以大家心中都非常地歡喜，合掌一心諦觀日月燈明如來。」】

講義：文殊菩薩這一段話是在回應 彌勒菩薩前面的請問，告訴他說：「過去無量劫以前連續不斷的二萬尊日月燈明佛的最後一尊佛，曾經講過一部經，名爲《無量義經》。」這部《無量義經》所說的當然是菩薩法。一定是菩薩法，因爲聲聞法中不可能有這種法。這個「無量義」是說一法具有無量義，那就是第八識如來藏，在此經中名爲「妙法蓮華」。可是你如果從聲聞法、緣覺法來講，有哪一個法可以具有無量義呢？都不可能。只有如來藏這個妙法，是一個法可以具有無量義；所以這個《無量義經》所教導的法當然是菩薩法，是諸佛所護念的經典，而修學菩薩法的人一定也是被諸佛之所護念。

那麼，就像 釋迦牟尼佛說完《無量義經》的時候一樣，日月燈明佛講完《無量義經》以後就結跏趺坐，入於無量義處三昧中，於是諸天開始散花供養。不但如此，因爲這是 日月燈明佛乃至所有一切諸佛都是如此，如果

《無量義經》講完了，準備繼續講《妙法蓮華經》時，當然會促使諸天去感應到 世尊現在想要諸天作什麼；諸天知道 世尊希望大家來散花莊嚴，當然就趕快來散花了。因爲平常要去供佛的機會眞的不很多，如今 世尊一念通知要趕快散花，那就趕快來啊！爲什麼要平白把這個供佛的機會拱手讓人呢？所以趕快就來散花供養佛、供養法、供養佛子四眾。這就表示說，接著要講的經跟蓮花有關。所以散花的時候就感應到諸佛世界都有六種震動。這六種震動，比如說東踊西沒、南踊北沒、中踊邊沒等六種，這就不談它。

那麼，既然有這一種未曾見過的殊特景象出現了，大家當然就知道一定後面還有下文，而且一定會比剛剛講的還要勝妙，否則不須要這樣。這就好像說，如果有一本書，你看到那書中寫的序，內容很勝妙，你就知道這一本書的內容絕對也是勝妙的。因爲從一篇序文中的說明，你就可以看見這個作者的內涵。如果序文寫得很差，拉拉雜雜沒有什麼內容，甚至前後矛盾，你就知道這本書不用買了，你買了就是浪費金錢與時間而已，不如把錢拿去買肉包子送給癩痢狗更好，因爲還有布施的功德。如果那本書連序文都寫得亂七八糟，或者言之無物，甚至邪見處處；那你買來讀了，對自己沒有利益，反而還會中毒；不如把錢省了，買了肉包子打狗都好；即使用力丟過去，不是用送的，也沒關係，都遠勝過你去買那一本書。

所以一部勝妙的經典開講之前，一定有勝境現前作爲預告。這一預告，諸佛世界普同震動，就是互相呼應，這就是感應的意思。大眾既然看見這個現象，當然就知道接下來要講的一定是最勝妙法，這時要不要想到說「我肚子餓了，我先回去吃飯再來」？當然不會想那個。好不容易遇到 佛陀親自說法，而且看來是要講述最勝妙的法義了，這機會很難得欸！諸位想想看，在正覺上課聽經都覺得好難得，可是你再想想看：遇到應身佛，機會多不多？更少了！所以當然大家就在期待。專心期待的時候會怎麼樣呢？不知不覺之間就一心合掌了，也就目不轉睛盯著 佛陀看：準備要講什麼經了？這就是「歡喜合掌一心觀佛」，這是不知不覺之中顯現出來的，不是刻意要這樣。因爲這種意象顯示出來：接著要講的就是妙經。文殊師利接著又怎麼說呢？

經文：【「爾時如來放眉間白毫相光，照東方萬八千佛土靡不周遍，如今所見是諸佛土。彌勒當知，爾時會中有二十億菩薩樂欲聽法。是諸菩薩見

此光明普照佛土，得未曾有，欲知此光所爲因緣。時有菩薩名曰妙光，有八百弟子；是時日月燈明佛從三昧起，因妙光菩薩，說大乘經，名《妙法蓮華》；教菩薩法，佛所護念，六十小劫不起于座。時會聽者亦坐一處，六十小劫身心不動，聽佛所說，謂如食頃。是時眾中，無有一人若身、若心而生懈惓。」】

語譯：【「這時候日月燈明如來從眉間的白毫相裡面，放出白毫相的光明，照耀出東方一萬八千佛土，沒有一個佛國淨土不照耀到，就如同今天釋迦牟尼佛照耀東方一萬八千佛世界是一樣的。彌勒啊！你應當知道，當時無量義法會之中有二十億菩薩，心中很歡喜地期待著想要聽聞妙法。這一些在日月燈明佛座下的菩薩們，看見這樣的東方世界一萬八千佛土，都被日月燈明佛的白毫相光普照而清晰明現，都覺得以前不曾有過這樣的景象，所以覺得很殊勝。那時候大眾也都很想要知道，日月燈明佛這個白毫相光這樣照耀，是爲了什麼樣的因緣。而當時有一位菩薩名號叫作妙光，他有八百位弟子；這時日月燈明佛就從無量義處三昧中出定了，就爲妙光菩薩演說大乘經，名爲《妙法蓮華》；也是教導菩薩法，是諸佛之所護念的大乘道。日月燈明佛講這一部《妙法蓮華經》，總共講了六十小劫而不離法座。當時妙法蓮華會中聽經的人，也都同樣坐在一處，在六十小劫之中身心都不搖動，一心聽聞日月燈明佛所說《法華經》，感覺上就如同吃一頓飯的時間。那時大眾之中，沒有一個人或者在色身上、或者在覺知心上產生了懈怠疲倦的感覺。」】

講義：文殊菩薩是這麼說的：以前 日月燈明佛放出白毫相光來照耀東方一萬八千個佛世界，一一佛世界都很清晰明朗地照耀出來，就如同今天 釋迦牟尼佛向東方照耀出一萬八千佛世界是一樣的。這意思就是在告訴 彌勒菩薩說：釋迦世尊這個放光照耀諸佛世界是無獨有偶，不是刻意新創，而是過去佛就一直有這樣的例子。接著說，當時 日月燈明佛從無量義處三昧出定以後，祂是爲妙光菩薩來演說大乘經，名爲《妙法蓮華經》。這就是預告說，釋迦牟尼佛等一下離開無量義處三昧時，一樣會演說同樣的一部經。

日月燈明佛是爲妙光菩薩說的，而妙光菩薩有八百弟子。文殊菩薩這樣講是有原因的，可是這個原因先不解釋，到後面諸位聽了就會知道。爲什麼刻意要講這個？因爲如果是一般性的演說佛法，只要說 日月燈明佛這樣子照耀東方一萬八千佛世界以後，大眾都想要知道，就可以直接說：「然後日月燈明佛就宣講《妙法蓮華經》了。」可是爲什麼要插進一句說「當時有一位菩薩名爲妙光，有八百位弟子」？這就是 文殊菩薩的伏筆，預先點在那裡，讓 彌勒菩薩及諸大眾聽了，心裡有個念頭在那邊、有個理解在那邊，說「那時有一位妙光菩薩有八百位弟子，然後日月燈明佛是爲妙光菩薩說這一部經」，然後接著繼續講，大家就恍然大悟說：爲什麼 文殊菩薩刻意要講這一句。自然就會懂，現在先賣個關子。

日月燈明佛爲妙光菩薩等人講《妙法蓮華經》，所教導的仍然是菩薩法，學菩薩法的人同樣是諸佛之所護念的。這部《妙法蓮華經》講了六十個小劫，諸位會不會說「膨風」？不會啦！佛法之中有許多不可思議的事。且不說佛法，說世間法就好，譬如有一個黃粱夢的故事，小時候在學校讀過黃粱夢、還有一個叫作南柯一夢的故事，有沒有？對嘛！還有一個故事說，某人經歷了一場神仙境界的奇遇，一夢醒來，過了幾百年了，結果他當初放在身旁的那一把斧頭的木柄也都爛光了，只剩下那個鐵的斧頭，也已經鏽到差不多了。那些都是南柯一夢的比喻，可是他在夢中卻是經歷了多少人間的悲歡離合等事情？

黃粱夢也是一樣，住在旅店裡面，因爲正在等人家煮熟黃粱，他在那邊等著、等著，累了就在黃粱堆上面靠一靠，沒想到就睡著了。等著要吃，卻等到睡著了。睡著以後，他夢見自己進京趕考，又中了進士，又娶了個好妻子，好像是娶了崔氏之女吧？然後又當上了官，就一直幹到宰相；那是一生的過程，最後告老還鄉。結果醒過來的時候，黃粱尚未煮好，那不會超過半個小時，他在夢中就過完一生了，可是他的夢境卻是歷歷在目；整個一生的過程在夢中是很長的時間，可是他把夢中那一生過完了，醒過來時卻說：「原來我只是在旅店睡著，還在等著黃粱煮熟。」就是這樣啊！其實也有人夢過如何發心修學佛法，然後悟了，出來弘法當了大師，後來年老時與大眾死別；結果醒過來時，發覺只是夢中過完一世。那你看，這六十小劫又算什麼？如果以黃粱夢、以南柯夢來講，也就容易理解了。

這就是說，諸佛有那個威神力，爲了攝受大眾，將這個短短的時間拉長到六十小劫，然後大家很快地吸收，好像用那個一百倍、一千倍的快速錄音帶放給你聽，可是你一定吸收不了，你根本聽不到什麼，那怎麼辦？要把你的時間拉長，讓你就在那個時間裡面完全吸收，就好像我們現在電腦檔案可以壓縮一樣，把你的心也壓縮，檔案也壓縮起來給你；那麼你得到了這些資料以後，你說：「這麼多資料，我才一剎那就獲得了。」這道理不難理解。「六十小劫不起于座」，既然是這樣的話，是故意把它拉長，可是實際上仍然是那一小段時間，並不是眞的經歷了人間的六十小劫。這就是諸佛的威神力可以作到的事情，讓大家快活地聞法，當時覺得好像過了好幾年，其實才不過一個早上或者一個下午；大家就在這麼短的時間裡面，把佛所說的法義都吸收了，這樣才是眞正地享受佛法；要不然你六十小劫才能學得完的法，還眞的要花六十小劫，學法的速度可就很慢了。

如果有佛能夠加持你，六十小劫才能學完的法，壓縮在一個短時間讓你學完，那你何樂而不爲？因爲求都求不到啊！所以諸佛自動送給你，你就快快樂樂接受了，一心信受而不懷疑，才能獲得這樣的機遇啊！疑心病重的人，都不可能獲得這種萬載難逢的好機遇。所以這六十小劫之中「時會聽者亦坐一處，六十小劫身心不動，聽佛所說，謂如食頃」。讓大家感覺到，就好像吃一頓飯的時間就圓滿了；這樣把很多劫中所需要學的法，短時間裡全都獲得，所以當時大眾之中沒有一個人身心產生懈怠或疲倦。那麼，日月燈明佛六十小劫說完之後又怎麼樣呢？

經文：【「日月燈明佛於六十小劫說是經已，即於梵、魔、沙門、婆羅門，及天、人、阿修羅眾中，而宣此言：『如來於今日中夜，當入無餘涅槃。』時有菩薩名曰德藏，日月燈明佛即授其記，告諸比丘：『是德藏菩薩，次當作佛，號曰淨身多陀阿伽度、阿羅訶、三藐三佛陀。』佛授記已，便於中夜入無餘涅槃。佛滅度後，妙光菩薩持《妙法蓮華經》，滿八十小劫為人演說。日月燈明佛八子皆師妙光，妙光教化令其堅固阿耨多羅三藐三菩提。是諸王子供養無量百千萬億佛已，皆成佛道。其最後成佛者，名曰燃燈。八百弟子中，有一人號曰求名，貪著利養，雖復讀誦眾經，而不通利，多所忘失，故號求名；是人亦以種諸善根因緣故，得值無量百千萬億諸佛，供養、恭敬、尊重、讚歎。彌勒當知，爾時妙光菩薩豈異人乎？我身是也！求名菩薩，汝身是也。今見此瑞，與本無異，是故惟忖：『今日如來當說大乘經，名《妙法蓮華》，教菩薩法，佛所護念。』」】

語譯：【「最後一尊日月燈明佛在六十小劫中，把《妙法蓮華經》演說完畢以後，就在修清淨行的這些人乃至諸魔、沙門、婆羅門等在家的修行者，以及諸天、眾人、阿修羅大眾之中，作這樣的宣示說：『如來於今天夜半，將會入無餘涅槃。』當時有一位菩薩名號爲德藏，日月燈明佛就爲他授記，告訴諸比丘說：『這位德藏菩薩，接著在我之後將會成佛，佛號名爲淨身如來、阿羅漢、正等正覺。』日月燈明佛授記完畢，就在那個晚上半夜示現入無餘涅槃。佛滅度以後，妙光菩薩受持《妙法蓮華經》，在隨後的八十小劫之中，持續爲人演說《妙法蓮華經》。日月燈明佛的八個兒子都禮求妙光菩薩爲師父，而妙光菩薩教化這八位王子，讓他們堅固無上正等正覺而不退轉。這八位王子追隨妙光菩薩修學之後，在捨壽後接下來的無量世中，也各自供養了無量百千萬億佛，後來也都同樣成就佛道了。這八位王子之中，最後成佛的人，名爲燃燈。那麼，妙光菩薩的八百弟子之中，有一個人名號叫作求名，他貪著於利養，雖然也如同其他菩薩一樣讀誦這部經典，可是不能通達，也不能了知或者從其中獲得任何的利益，讀誦以後大部分也都忘失而不能理解，所以他的名號就叫作求名。這個人也因爲種植種種善根因緣的緣故，後來也得值遇無量百千萬億諸佛，同樣供養、恭敬、尊重、讚歎無量百千萬億諸佛。彌勒啊！你應當知道，那時的妙光菩薩難道是別人嗎？就是我文殊師利啊！那時的求名菩薩就是你彌勒啊！如今你看見了今天釋迦牟尼佛放出這樣的瑞光，與當時你我所見是沒有差別的，所以我才會這樣想：『今天釋迦如來應當會說大乘經典，名爲《妙法蓮華》，也是教導菩薩法，是諸佛之所護念。』」】

講義：這時伏筆揭曉了！你看，其實 文殊菩薩早就知道 彌勒菩薩已知佛陀要講什麼經，只是 彌勒菩薩他不該自己講，因爲還有前輩在啊！那位前輩以前還曾經是他的大師父，再怎麼樣也輪不到自己來爲大眾說明。這就是佛教倫理學中的一部分。彌勒菩薩已經是當來下生作佛，是一生補處的最後身菩薩，他難道不知道嗎？他自己往世也親見過，當然知道；只是他故意放在心裡面不可以講，因爲應該講的，是無數劫以前 日月燈明佛放光的時候，與自己同時在座的那位妙光師父有資格出來講。想想看，往昔 彌勒菩薩在妙光菩薩的座下是修行最差的一位；再想想看，妙光菩薩座下那八位工子都已經成佛了，最後一尊就是 燃燈佛，就是爲 釋迦佛授記成佛的那一尊佛。從這裡來看，應該爲大眾解說這個放光因緣的人，一定是 文殊師利菩薩，不該是　彌勒菩薩自己。

所以，文殊菩薩前面的話中埋下伏筆，到這裡揭曉了：彌勒菩薩很清楚，這個時候他必須要裝迷糊，出面爲大眾來請問，然後由　文殊菩薩來說明。等覺、妙覺菩薩們都不會邀功，也不會表現說：「**這個我知道啦！如何、如何。**」就唏哩嘩啦講一堆出來，那　文殊菩薩一定心裡面會暗笑說：「**你眞的不懂規矩。**」搞不好他才講幾句，佛陀就會制止說：「**且止！且止！你應當奉承文殊菩薩上來說明。**」可是，能夠成爲當來下生成佛的妙覺菩薩絕對不會造次，因爲入地以後就不會造次了，何況是等覺與妙覺菩薩呢！所以，從這裡就看得出來，文殊講這幾句話，意在何處呢？表示說：「**你們不要看輕彌勒菩薩，雖然他請我來說，其實他早就知道了。**」教導大眾別看輕　彌勒菩薩，文殊的言外之意就在這裡。可是古今以來宣講《法華經》的人竟然大多不知　文殊的言外之意；而我們得要聽出那個弦外之音，才是眞正領受了《法華經》的人。今天先講到這裡。

《妙法蓮華經》上週第十頁第二段的大意語譯過了，接下來是講解。文殊師利菩薩說：「**日月燈明佛在六十小劫之中說完了《妙法蓮華經》，就在**

大眾之中宣示說：『如來在今天的夜半，將會進入無餘涅槃。』那麼，當時有一位菩薩名曰德藏，日月燈明佛就爲他授記，告訴比丘們說：『這位德藏菩薩，接著將會成佛，名號是淨身如來、也是阿羅漢、也是正等正覺。』授記之後，在中夜就示現進入了無餘涅槃。」

關於這一段經文，我們還要提出來說明，讓大家學了都能用。經中的說法並不是讀過就算數，還得要瞭解它在我們學佛的過程之中應該怎麼應用。譬如說，諸位讀過這一段經文，假使將來遇到有人自稱成佛了，或者再經過幾百年、幾千年後，有人自稱成佛了，我們這一段經文跟他們的事情有沒有相關？譬如說，有許多人自稱他已成佛，我們是不是應該檢查一下：他捨報時有沒有授記下一尊佛是誰？他一定要從弟子裡面指定一個人說「我入涅槃以後，未來世我的某某弟子會來成佛，佛號叫作什麼」等等。應該要檢查這一點。

那麼，台灣佛教最近宣稱成佛而且已經捨報的就是釋印順，因爲他的傳記書名叫作《看見佛陀在人間》，這是他生前所接受的書名；不管是主動或被動接受，顯然他心中自認爲是佛陀了。這個書名是他生前所同意的，不是他走了以後人家給的，而且他還親自校對過這一本傳記。這表示說，他是在宣示已經成佛了。那我們要請問：**「他指定了哪一個弟子將來要成佛？佛號叫作什麼？」**顯然都沒有啊！可是，佛教中沒有這一種佛欸！從 釋迦牟尼佛對過去無量尊佛的敘述之中，我們都會看見每一尊佛捨報前（不該說捨報，應該說捨壽，因爲諸佛都已經無報了），都會指定：將來在這個地方，會有哪一個弟子繼承我這個佛位，他是當來下生之佛。把他的佛號，正法、像法、末法各住世多久，聲聞弟子若干，菩薩弟子若干，全部都有授記。

可是，我們要請問釋印順「佛陀」的那一些徒眾們：**「你們到底有誰是被『印順佛』授記成佛的一生補處菩薩？」**顯然都沒有！就只是一團渾帳，外人根本不知道他是怎麼捨報的，是被打了麻醉藥而迷迷糊糊、混混沌沌地走人？或是痛苦不堪地走人？或是安祥平和地走人？都沒說清楚，就說他走了。他是怎麼走的，過程與遺言也都沒有任何說明。後來還有他座下的比丘尼傳出釋印順臨死前講的類似禪師說的話，隨即又被釋印順身邊的人出面否定，最後就是大家都弄不清楚，不了了之，何曾有授記弟子將來多久以後如何成佛的事？而釋印順生前教導的法義，又是處處自相矛盾，並且顯示他是未斷我見的凡夫，更不知道眞如的義理，世間怎會有這種凡夫佛呢？

那麼，最近的這一尊「印順佛」談過了，再往前推一點，好不好？密宗有許多人號稱即身成佛，而且他們的佛還宣稱是報身佛。他們都說自己所成的佛不只是化身佛，是比 釋迦佛這個應身佛還要高一等，所以叫作報身佛；不過他們所謂的報身佛，我給他們安下另外一個名字，叫作「抱身佛」，是抱著女人雙身交合而成就的，成「佛」以後也是時時刻刻抱著女人的。問題來了：報身佛不住在欲界中，都只在色究竟天中說法；請問：色究竟天人有沒有男女根？沒有！都是中性身，無法交合，那麼密宗的佛要怎麼交抱而持續樂空雙運？「要怎麼抱呢？」單問他們這一點，他們已經無法答覆了，又要如何交合、樂空雙運而成就「抱身佛」？

密宗喇嘛們的說法都是很荒唐的，是完全都不懂佛法的外道俗人，結果竟然可以入篡正統而代表佛教。如果有機會去到歐美見了洋人，你只要開口說到佛教，他們就是：「啊！就是達賴喇嘛那個密宗。」對正統佛教的南傳佛法、北傳佛法，他們反而都不知道。好了，話說回頭，他們的「報（抱）身佛」有沒有道理，且不談它，單說他們主張的即身成佛，所以把宗喀巴推崇爲至尊，說他也是佛。好啊！那問題來了，宗喀巴離開人間了沒有？已經走人了！幾百年前就走了，那他有沒有授記哪個弟子何時將會成佛、佛號叫作什麼等等？也都沒有。

那麼再從宗喀巴往前推好了，例如蓮華生，他們都說蓮華生是已經成就報身佛的人；再從蓮華生往前推，就是寂天、月稱、佛護，他們也都走人了，請問：他們有沒有授記說，哪一個弟子什麼時候當來下生成佛？都沒有！這樣到底算什麼佛呢？我們就只好說那叫作密宗佛、喇嘛佛，或者妄語佛，因爲那根本不是眞正的佛。所以如果要講密宗所謂的即身成佛，那個過失眞的叫作罄竹難書。所以我們從這一段經文中，就要去警覺：那些人說他們成佛了，也說他們不必等到未來世，就在這個色身上可以直接成佛了，所以每天抱著女人交合樂空雙運而自稱成佛了。問題是，他們有沒有能力爲人授記？完全沒有這個能力。從古到今，乃至盡未來際，都沒有這樣的佛。所以這段經文中說的授記是很重要的事，不要把它小看了。

在《阿含經》裡面的記載，有很多外道讚歎　釋迦牟尼佛的一個原因，就是不管哪一個弟子捨報了，釋迦牟尼佛都可以授記說：這個人往生到哪裡去。然後一切有神通的弟子、有神通的外道都可以用神通去檢查。比如授記某弟子捨壽後生到四王天去了、生到初禪天去了，他們都可以用神通去檢查印證，結果回來都證明 世尊說的沒有錯。假使有弟子入滅後，世尊授記說他「不受後有，永盡無餘」，一切有大神通的人，不管他們上窮碧落下黃泉，終究找不到這個人受生在哪裡，因爲已經入無餘涅槃了。釋迦牟尼佛可以這樣爲人授記，但是密宗喇嘛教那一些所謂成就報身佛的人，有哪一個人曾經爲人如此授記了？

我跟諸位講一個眞實的故事，在南部（不講哪個縣市，否則你們就知道了），有一位法師，他有一段時間自稱有能力送弟子們去到極樂世界，叫大家要信受他、歸依他；後來有個弟子死了，師父宣稱以自己的威德力，已經把往生的弟子送到極樂世界去了。可是後來有一個弟子說，那位師兄弟並沒離開，還躲在他們的道場裡面。這是因爲有一天半夜，他有事情到一個地方要拿個物品，不小心碰見了才知道他沒走。那天晚上，已往生的師兄就來跟那個師兄託夢：「對不起！我不是故意嚇你，因爲你來得太突然，我來不及躲。」大家才知道「原來師父騙人，根本沒有把往生的弟子送去極樂世界」，竟然還授記說已經生到極樂世界去了。所以，授記這件事情不能隨便說，有能力就是有能力，沒能力就是沒能力；如果說謊，就像人家講的：夜路走多了總會遇見鬼。他的徒弟還眞遇見鬼了，因爲那個師兄弟沒有被師父送去極樂世界，結果落入鬼神界，還住在道場裡面。

所以授記是諸佛的常法，諸佛一定都有授記這個法，從來沒有哪一尊佛是無法爲人授記的。那一些密宗古今所謂成佛的人，由授記的功德具不具足來觀察，就可以知道他們全都是大妄語。假使他們大妄語說是阿羅漢，至少這個大妄語業還輕一點，因爲阿羅漢是某些人一世可以修成的；然而，成佛是三大阿僧祇劫才能成就的，他們竟然敢說這樣的大妄語，那個大妄語業的果報是很重的。所以，諸位學了經典要會活用，要懂得拿來檢查所有的大小善知識們，看誰是說如實語、誰是說大妄語。這樣，這一段不起眼的經文，諸位懂得用了呵！

接下來說，日月燈明佛滅度以後，妙光菩薩受持《妙法蓮華經》，滿八十小劫爲人演說。那麼，日月燈明佛捨壽後，祂出家前生的八個兒子都禮拜妙光法師爲師父。妙光法師教化這八位王子堅固無上正等正覺，讓他們得不退轉。而八位王子後來捨壽，在無量世中供養了無量百千萬億諸佛之後，也都已經成就佛道了。這八位王子成佛的最後一位，就是燃燈佛。那麼，請問大家：文殊菩薩究竟是七佛之師，或者八佛之師？他的八位弟子都成佛了。喔！原來應該是八佛之師了，可是佛教界爲什麼都說他是七佛之師呢？顯然是八佛，可是他不久又會成爲九佛之師了。所以，七佛之師是從另一個層面施設來說的，互相之間並無矛盾，這就先不談它。

我們接著再看，文殊菩薩昔時名爲妙光法師，他的八百個弟子之中，有一個人的名號是「求名」，因爲他貪著利養。那麼，貪著利養的人就會有一個特性：「雖復讀誦眾經，而不通利，多所忘失。」一定會這樣，爲什麼呢？如果貪著財利以及名聞，他的心思就要放在那上面經營了。既然心思都在那上面，課誦的時候、讀經的時候也是在想：「我怎麼樣弄更多錢，我怎麼樣弄得更有名氣。」當他讀誦或者參禪時，可就心不在焉了，當然他努力讀誦以後仍然「多所忘失」。

請問：「當代佛教界求名的『尊者』多不多？」漫山遍野啦！都是在想辦法怎麼樣讓名氣更大。因爲只要名氣更大了，徒眾跟著多起來，利養也就越多；然後，道場就越弄越大，道場越大就使徒眾越多，名聲就越大，利養就進一步滾上來，就像滾雪球一般。天下再也找不到我們這種傻瓜，眞的找不到！眞正開悟了，也眞的有法給大眾，竟然一毛錢都不要；寫書賺來的錢是可以自己收入口袋中的，合法、合情、合理，竟然也都捐出去，天下就只有我們這一些傻瓜。且不說他們都沒有悟，就算眞悟了，他們肯這樣嗎？

看看我們弘法二十年來的經驗，曾經有少數法師來這裡得了法以後，就想要用這個法去求名聞、求利養，不肯留下來在同修會中好好爲正法努力。結果呢？所得並不好。老實說，如果肯放下私利而留下來，在同修會裡面帶一、二個禪淨班，都比他到處去弘法還要好，因爲學生們總要供養他們啊！可是離開同修會以後到處去，有比留在同修會裡當老師更好嗎？沒有！所以說這不是聰明人。在會裡面得了法以後出去會外求名求財的人，也有一些是在家相的弟子，我也就不談他們。可是那些大山頭、小山頭，大家看他們有沒有法傳給弟子們呢？弟子們一生努力奉獻，沒有法給他們也就罷了，偏偏還要幫他們蓋冬瓜印，害徒弟們跟著陷入大妄語業中。我說，他們那樣弘法，還不如一個世俗凡夫，遠不如一個世俗法中每天追求五欲的人，因爲人家至少不會害眷屬們陷入大妄語業中。所以，如今求名菩薩漫山遍野啊！

如果拿他們來對照，顯然我們這些親教師們都是特大號的大傻瓜，不求名也不求財，還要努力付出，這些人都是大傻瓜；可是這些大傻瓜們都同樣有一首歌——陳雷唱的「吃虧就是佔便宜」。確實是佔了便宜，因爲在世間法層面吃虧了，在佛法中就能得大便宜。爲什麼得大便宜呢？因爲這是「菩薩法」，而他們在會中教導大家修學「菩薩法」；不管是弘揚菩薩法、教菩薩法、說菩薩法、修菩薩法，全部都是諸佛之所護念，所以經中說「佛所護念」。諸佛不會在世間法上幫你，說你在弘揚菩薩法，那就讓你賺大錢。

諸佛不在這方面作，可是爲了讓正法得以久傳，我們體驗過的是：我們以前好可憐，到處流浪；每逢要辦禪三時，都要到處流浪、到處去借道場，都要看人家的臉色；有時人家道場主人還會來干預，有時還會來指導我辦禪三呢。後來有人發願，說他想要弄一個禪三道場給我們用，而他也眞的去作了。他大約花了幾百萬元，蓋了一個鐵皮屋給我們使用，可是 佛陀也沒有虧待他。那一年景氣大壞，大家都賠錢，但他一個人卻賺了二千萬元。佛不辜負人，因爲正法需要他這樣作。可是後來他的心改變了，我們也就離開了，就這樣又開始四處流浪，繼續向別人借道場辦禪三。那麼 世尊爲什麼願意在世間法上來幫助某一個人賺錢？大家賠錢，就他獨賺？因爲正法需要，所以佛也就幫他了。原則上，咱們弘揚了義究竟的正法時，如果不是窮途潦倒，佛不會在錢財方面幫忙，但是在道業上面都會努力幫忙，因爲你是在「教菩薩法」。同樣的道理，假使你在學菩薩法，甚至於在寫作菩薩法，想要長久流通，一定都是諸佛之所護念的人。

話說回來，這位求名菩薩，在求名的過程裡面，其實他也很努力在供養諸佛。所以，有時候看見那些求名、求利、求眷屬的法師們，他們每天早上也在上供，我們心裡面可不要說：「你這個人，那麼自私，你還供什麼佛？」不要這樣想，因爲他供佛供久了，福德累積起來以後，他的心性就會慢慢轉變。當然啦，你不必再供養很多佛就可以證悟，他還得再供養很多佛。假使他還要再供養一億尊佛才能證悟明心，那你想是多久的時間呢？而他還得要繼續供養啊！你可不要制止他說：「唉呀！你這樣沒有用啦！你都起私心把利養據爲己有。」不必這樣說，那是另一回事，但是他供佛有他供佛的功德作用，可以讓他未來世漸漸成就見道的因緣。

古時那一位求名菩薩也是因爲「種諸善根因緣故」，所以後來可以值遇無量百千萬億諸佛，一一勤作供養。不只是一億佛，是無量的百千萬億佛，那是要再經過多久？諸位想一想。所以，你如果遇到有些法師，他們道場都很大，也都在求名求利，你如果告訴他們說：「你將來還要再供養一億尊佛才能見道。」我告訴你：你這句話其實還算客氣。因爲 彌勒菩薩往昔當求名菩薩的時候，還要值遇無量百千萬億諸佛，一一供養、恭敬、尊重、讚歎之後，才終於在 釋迦牟尼佛座下被授記當來下生成佛呢。

所以這樣看來，諸位心中的不平，應該可以消除了吧！因爲常常有人對我抱怨：「老師啊！我們是了義正法，爲什麼大家都要毀謗？爲什麼來學的人不是像那些相似佛法的大道場那麼多人？」諸位今天聽了我的解說，再想一想，對這件事情應該可以釋懷了。因爲大部分的人，特別是五濁惡世中的人，都是還在求名求利的階段，所以他們還要繼續去表相佛法中「種諸善根」，才能使他們未來世「得值無量百千萬億諸佛」，一一供養、恭敬、尊重、讚歎，才有機會遇到善知識時願意信受然後證悟。所以這樣看來，佛教界還有很多人繼續毀謗我們，也就是正常的了，因爲他們眼前的階段是還在求名階段中。所以，我才說：「諸位都是稀有動物，要好好保護。」所以，有的機構或政府單位問我們說：「能不能派你們會裡的義工去南部幫忙救災、作義工？」我說：「我們不要這樣作，我們捐了不少錢，也就算數了；會裡這一些稀有動物要作『難忍能忍、難行能行』的工作，要讓他們去發書、發傳單，把密宗趕出佛教，或者把密宗拉回佛教原來的正法中，離開外道法，他們以後才有機會證悟佛菩提。」

你們不要去作那一些粗重的世俗層面的工作，那一些工作自然有世俗人能作，不必你們這些稀有動物來作。所以，我打從一開始就說：「我們不派義工，那些相似像法的佛教道場信徒比我們多出好幾倍，有他們去作就夠了，我們這些稀有動物要用在特殊用途上面。」所以風災發生後，當我們開會的時候，我一開始就這麼講；因爲我們要作的工作，別人作不來；而這些工作比去那邊挖土鏟泥更重要，而且重要過很多、很多倍。所以，這些稀有動物要好好用，不能亂用。譬如黃金是應該打成首飾戴在頭上、手臂、胸前來佩掛的，黃金不該拿來打造夜壺使用。這麼多的黃金，我爲什麼要把它打造成夜壺呢？沒道理啊！眞需要夜壺時，就用那一些粗俗物去打造來用。所以，我沒有把你們當鐵用、當陶土用，因為你們眞的是稀有動物。

從這裡來看，彌勒菩薩在因地，從求名求利的階段到後來被授記一生成佛，是經過無量百千萬億諸佛之後了。這表示說，他在那個階段時，跟見道是不相應的。他當時如果想要見道（我們就把「無量百千萬億諸佛」中的這個「無量」拿掉好了，好不好？）把「無量」兩個字拿掉，只說「**值遇百千萬億諸佛**」然後可以見道。請問：現在那些還在求名求利的大師們，是不是還要再經過「種無量善根因緣，得值百千萬億諸佛」才能見道？是嘛！所以這樣解析清楚以後，諸位心中就可以釋懷了，不必再憤憤不平說：「**明明是了義正法、究竟正法，為什麼他們還要亂寫文章作負面的批評？**」因為他們還在求名啊！心裡面想：「**聽說現在正覺是全球佛教第一把交椅，我只要把他打倒了，我就出名了。**」所以他就亂寫文章。反正他本來就沒有名氣，法義辨正輸了也沒什麼損失啊！這就是他們的想法，你就知道他們就是求名者。

求名的人還得要「**以種諸善根因緣故，得值百千萬億諸佛**」以後，才可能明心見道。那麼諸位想一想，我們被他們亂罵一場，也就是小事一樁。所以，要習慣於被人家扭曲，習慣於被人家毀謗，否則要什麼時候才入地啊！

難道還要在三賢位裡面原地踏步嗎？最笨的人就是原地踏步，人家聰明人說：「我既然怎麼走都在原地，那我就不要動作，可以省些力氣。」對啊！停下腳步還省力氣啊！那呆瓜卻一直踏步，結果都只在原地踏步，白白浪費力氣！所以我們學佛要有智慧，應該把力氣用在什麼地方，什麼時候該用力；什麼時候不必用力，養精蓄銳以待時節因緣，眞正學佛的人都要學會現用。

那麼，這樣子講到這裡來，文殊菩薩將來要改爲八佛之師、諸佛之師，不再只叫作七佛之師了。將來　彌勒菩薩成佛的時候，文殊菩薩還是有可能繼續示現作妙覺菩薩來護持　彌勒尊佛，那他就是九佛之師了。文殊菩薩講了這一些，我們大家都應該有一些收穫了吧！顯然這一段經文讓大家得到不少利益，從今而後，心平氣和，人家怎麼罵，我們都可以無動於衷。因爲當他們來辱罵你的時候，譬如說你在發我們正覺教育基金會那些傳單，或者你正在發口袋書的時候，人家當面來斥責，你第一個念頭就要想說：「這個人將來要值遇……（大眾笑…）」不要笑那麼快嘛！你心裡說：「他將來還要值遇百千萬億佛以後才能見道。」你心裡面這一句話過後、這個念頭過後，接著起來的是什麼呢？是憐憫心。你憐憫他的時候就不再是「不可爲」了，因爲你心中憐憫他，所以越發要努力把這一些訊息發給眾生們。所以他越罵，你就越要發給他的朋友們。當他周遭的所有人都認同咱們的看法，剩下他孤家寡人一個，他就漸漸會轉變，這就是在幫助他。從這一段經文裡面，相信大家收穫不少。看起來好像很平常的經文，可是你要從裡面學到很多的智慧。接下來，文殊菩薩還說什麼呢？

經文：【爾時文殊師利於大衆中，欲重宣此義，而說偈言：

我念過去世，無量無數劫，有佛人中尊，號日月燈明。
世尊演說法，度無量眾生，無數億菩薩，令入佛智慧。
佛未出家時，所生八王子，見大聖出家，亦隨修梵行。
時佛說大乘，經名無量義，於諸大眾中，而爲廣分別。
佛說此經已，即於法座上，跏趺坐三昧，名無量義處。
天雨曼陀華，天鼓自然鳴，諸天龍鬼神，供養人中尊。
一切諸佛土，即時大震動，佛放眉間光，現諸希有事。

此光照東方，萬八千佛土，示一切眾生，生死業報處。
有見諸佛土，以眾寶莊嚴，琉璃頗梨色，斯由佛光照。
及見諸天人，龍神夜叉眾、乾闥緊那羅，各供養其佛。
又見諸如來，自然成佛道；身色如金山，端嚴甚微妙；
如淨琉璃中，內現眞金像；世尊在大眾，敷演深法義。
一一諸佛土，聲聞眾無數，因佛光所照，悉見彼大眾。
或有諸比丘，在於山林中，精進持淨戒，猶如護明珠。
又見諸菩薩，行施忍辱等，其數如恒沙，斯由佛光照。
又見諸菩薩，深入諸禪定，身心寂不動，以求無上道。
又見諸菩薩，知法寂滅相，各於其國土，說法求佛道。
爾時四部眾，見日月燈佛，現大神通力，其心皆歡喜，
各各自相問：是事何因緣？

語譯：【那時文殊師利菩薩在大眾中，想要重新宣示他所說的這一些道理，就用偈重新再講了一遍，（這些偈又叫作「重頌」。前面講了這麼長的口語化的說明就是「長行」，可以講得很長。然後接下來就是重頌，他覺得有必要

以偈重新再講一遍，因為可能有一些部分，有的人聽聞時沒有注意就忽略了，所以想要再重新講一遍，總不可能用口語再復述一遍，所以就用偈頌的方式重新來講，這叫作「重頌」。）文殊師利菩薩這麼說：

「我憶念過去世，無量無數劫以前，那時候有佛是人中之至尊，佛號叫作日月燈明。

日月燈明佛演說佛法，廣度無量的眾生，有無數億的菩薩，都在佛幫助之下進入了佛道之中。

日月燈明佛還沒有出家的時候，所生的八位王子，看見大聖者出家而且成佛了，所以也跟隨著修習清淨行。

當時日月燈明佛解說大乘法，那個大乘法的經典名為《無量義》，就在大眾之中，作了很深廣的分別說明。

日月燈明佛解說完這部《無量義經》以後，就在法座上，結跏趺坐進入三昧中，那個三昧就稱為無量義處三昧。

當時諸天從天上撒下了白色的花朵，天鼓也隨即自然地鳴了起來，諸天以及天龍和所有的鬼神，都共同來供養人中至尊。

這時一切諸佛淨土，也就跟著大震動，當時日月燈明佛從眉間放出光明來，顯現了許多種非常稀有的事情。

這位日月燈明佛從眉間放射出來的光明，照耀出東方一萬八千佛土，顯示出一切眾生，出生、死亡以及承受業報的各種不同狀況。

有的人看見了諸佛淨土，是以各種寶物來莊嚴，佛光所照之下顯示出琉璃、頗梨等等七寶的色彩，都是由於日月燈明佛的佛光所照耀而顯示出來。

當時大眾又看見諸天人，龍神、夜叉等眾、以及音樂神、歌神，都各自前來供養他們所奉侍的世尊。

又看見了東方一萬八千世界中的諸如來，自然而然成就佛道，不由別人的幫助；諸如來身色都猶如紫金山一樣光明，而且端正莊嚴非常的微妙；就如同很清淨的琉璃寶之中，含藏著眞實黃金的聖像一般；這樣顯示出來的諸佛世尊在大眾之中，敷陳演說出很深妙的法義。

在東方一萬八千世界的諸佛土之中，也有非常多的聲聞眾難以計數，就因爲日月燈明佛眉間放光照耀出來，所以令在場的大眾都看見諸佛土中的聲聞眾。

這一些佛土之中或者有許多的比丘們，住在山林之中，精進修行、嚴持淨戒絲毫都不敢違犯，猶如在守護很珍貴的夜明珠一般。

又看見諸佛國土中有諸菩薩修行布施、忍辱等六度波羅蜜，而這些菩薩們的數目猶如恆河沙一般多，這都是由於日月燈明佛的佛光照耀才能顯示出來的。

又看見有諸菩薩，深入於種種的禪定之中，色身和覺知心都完全寂靜而不動搖，爲了要求證佛菩提無上道。

在佛光照明之下的東方一萬八千世界中，也看見有許多的菩薩眾，他們已經證悟而了知諸法的寂滅相，也各自都在他們所在的國土中，爲眾生說法累積福德來求證無上正等菩提。

當時四部眾人，看見日月燈明佛示現這樣的大神通力，所以大眾心裡面都非常歡喜，因此互相在請問：日月燈明世尊放光照耀出東方一萬八千世界，顯示出這些世界中各佛國的聲聞眾、菩薩眾們的各種因緣，到底是爲了什麼因緣而要這樣示現呢？」】

講義：在佛法中，大菩薩們說的跟我們說的不一樣。所證法都是一樣是如來藏，可是大菩薩們說的都是過去世無量無數劫的事，我們說的通常只是過去二年、過去三年、過去五十年，這到底相差多少？眞的沒辦法相比。在佛法中，恆河沙數劫算是小的案子，稍微大的案子就說是無量無數恆河沙數劫前。所以，如果從他們的所說來反觀我們的證量，就會覺得：「啊！沒什麼可以傲人之處。」雖然如此，卻也不要滅自己威風、長他人志氣，因爲我們將來就得要跟他們一樣。他們是很早很早以前，就已經見道、已經具足無量梵行，我們往世發心的時間晚，邁步出發的時間也晚，當然要晚一點到，這也是正常的。所以該把他們作爲我們效法的對象，但是也不必自卑。

他們這一些大菩薩們其實都是在表演，他們都知道接下來　佛陀要演出什麼無生的戲碼，他們就知道該怎麼配合。因爲他們在各個星球世界中都已經配合演過很多場了，你看　文殊菩薩他演過幾場了？普賢菩薩也都是一樣演過很多場了，所以他們都不必再排練。他們配合演戲時想要度的人就是我們，所以我們經過他們演了一場戲以後，也就得度而證悟了，但不要悟後就隨即把自己灌風吹牛皮，我們跟他們不能相比的。

這個見解，我是二千五百多年前就有的觀念，因爲那時候人家就已經是大菩薩了，而我們還是顯現爲凡夫，因爲仍然不離胎昧啊！那麼悟了以後憑什麼跟人家相比？所以大家要有這樣的見解，這個見解一定要放在心裡面成爲種子收存著；當你心中永遠有這個種子存在的時候，不管哪一世你悟了，都不會起慢，你就可以很平順地把佛菩提道一步又一步順利走下去。對佛法的弘揚沒有如實的認知，才會悟錯了以後還要生起大慢心。但我很清楚，當年看見 文殊、維摩詰、觀世音諸大菩薩跟在 佛陀身邊幫忙，那時人家就已經是等覺、妙覺菩薩，而我們剛開始時還都是凡夫，都是等著他們把戲演完了讓我們證悟。那我們悟後憑什麼要跟人家一較短長呢？豈不是愚癡人！

所以，諸位要把這一些觀念種進你的心田之中，這些種子要繼續存在、讓它增長。那麼未來世你有這個種子在，再怎麼樣都不會說：「我明心了，我也見性了，我跟佛陀一樣了。」就不會這樣想。所以，我一世一世這樣走下來，不曾起過一個念說：「我見性了，我應該已經跟佛一樣了，不是講『見性成佛』嗎？」我從來不敢起這個念頭。以世俗法來講，長輩看了會說：「這孩子很乖。」如果這孩子到了社會上，才賺了幾個月薪水，就說他跟老爸一樣有錢，然後就要在家裡當起家長來，就說：「老爸！你退位，讓我來當家長。」那老爸要不要繼續支持他？當然不必，因爲他很厲害，讓他自己去奮鬥就好了。

所以要有正確的認知：大菩薩們就是大菩薩，我們固然確實可以證悟，但不必因此生慢，絕對沒有必要。因爲我們只是觀眾，他們是來演戲讓我們學習的；這一場戲演完了，他們又到另一個太陽系，重新再演一遍，再度另一批人。他們都不會留下來，度完了這裡的眾生就跟 世尊又換另一個星球繼續度人。我們是觀眾，看完那一場戲，這五、六十年一場佛法大戲看完了，懂得戲裡面的內涵了，然後我們就要試著學一學，像他們那樣未來一世又一世就在這裡繼續好好去演給有緣的人看；能夠演到什麼地步就演到什麼地步，我們要這樣學。我們演完三大阿僧祇劫以後就會跟他們一樣，要有這樣的認知，就不會想說：「我們不是跟他們一樣悟了嗎？爲什麼老是要推崇他們？」這個念頭就再也起不來了，因爲很清楚知道自己的本分是什麼了。能夠守住自己的本分，佛道就容易修行。

可是呢，你跟著繼續演戲，但是因爲還沒有離開胎昧，所以有時候 文殊、普賢、觀世音菩薩會來看你，有時候嘮叨幾句，你就得要接受。被嘮叨過，表示人家有憶念你，人家還記掛著你。所以有時候你未來世忘了，他來跟你嘮叨幾句，你可別說：「我是個僧寶，你這在家人模樣的菩薩來跟我嘮叨什麼？」不要這樣想。他們雖然都示現爲世俗人的模樣，卻是不折不扣的出家人；他們說的話，咱們要聽。這個種子也要種進心田裡去，因爲我是被嘮叨過的。

那麼話說回來，也許有人說：「這部經典是後人創造的，怕人家求證，所以都說什麼無量無數劫之前，你哪裡去求證？」他的質疑好像也有道理，但問題是經典裡面說的那個法——它要告訴你的法，譬如說，如何斷盡五個上分結成爲阿羅漢，如何修習因緣觀成爲辟支佛，如何明心、如何見性成爲菩薩，都是可以實證的，不曾騙我們；乃至說到了初地、二地、三地、五地，都還有人可以實證；那也不是空中樓閣，也不是畫餅充飢，我們爲什麼不信呢？不能因爲我們眼前還作不到，只能夠證得入門的部分，就推翻人家高深的證境。既然經典裡面所說，證阿羅漢、證辟支佛、證菩薩果，都是可證可行的，乃至末法時代的現在都還是如此，我們爲什麼不信呢？眞的沒有道理不信，所以人家說無量無數劫，我們就信無量無數劫。

如果心中對此還有懷疑，表示這個人是新學菩薩，不是久學菩薩。新學菩薩是學佛以來可能只有一萬劫、可能五千劫，都還是新學菩薩。那久學菩薩呢，是學多少劫了？（有人回答，聽不清楚。）對啊！第一大阿僧祇劫至少要走過三十分之六，那是幾個大劫？你也沒辦法算，我也沒辦法算。所以想想看，從布施度開始修學，一世又一世不斷累積下來，才能修學持戒度；這樣一度又一度不斷地修學，福德資糧足夠了才能夠以「眞有如來藏心持種」的前提，雙印能取所取空；到這個地步才只是六住位滿心，是一大阿僧祇劫的三十分之六，那究竟是幾個大劫呢？所以凡是學佛以來，一萬劫、五千劫的人都是新學菩薩。那請問：「**人家說『過去無量無數劫前』的事情，到底可信不可信？**」可信啊！因爲光是要走到明心的第七住位，要過完第一大阿僧祇劫的三十分之六，證悟不退了，才有資格進入第七住位不退，才能稱爲久學菩薩。

如果是新學菩薩，你讓他悟了，他還會退回去，他一定會向後走，然後回頭向你說：「**你太笨了！你怎麼一直倒退？**」對啊！他認爲他是在向前走，可是他不曉得自己是繞一大圈正在往後走。你直直地往前走，他繞一大圈而往後走，卻不知道自己正在繞彎路，那都叫作新學菩薩。所以，無量無數劫的說法是可信的，從修集信心開始，有人一劫，有人要一萬劫才能具足十信位。已經來到明心的階段而不退轉的人，至少是要一大阿僧祇劫走過三十分之六，才能剛剛轉進第七住位中。單單是明心不退轉，就要修行這麼久，那如果 文殊菩薩說：「過去無量無數劫，有佛人中尊，號日月燈明。」並且說：「日月燈明佛的八個王子後來也都成佛了，最後一尊佛叫作燃燈佛。」那你想，這個無量無數劫當然是可信的了。

所以學佛法時心量要很大，也眞的要有智慧才行。可是要智慧，卻不要自作聰明，自作聰明並不是智慧。最怕的是自作聰明，我們遇見的那三批退轉的人，都叫作自作聰明。可是我這個笨笨的人，始終無法被他們推翻，你說奇怪不奇怪？眞的好奇怪啊！因爲他們每一個人都說我笨，他們都覺得自己比我厲害。可是他們很聰明的結果，每一次要推翻我，竟然都推翻不掉。我雖然笨，可是我老老實實一步一腳印，就這樣走過來，很聰明的他們對我都無可奈何。所以我們還是老實一點、誠懇一點，人家大菩薩怎麼說，我們就怎麼作，沒有疑慮。如果這也要疑，那也要疑，那眞要叫作疑見不斷。如果疑見不斷，要如何證道？沒機會證道啦！

所以我們要相信經中的聖教，不要聽那些所謂的學術研究、學術考證，那都是胡扯，因爲他們都是先有一個立場，然後取材時故意選擇性的取材，不是平等性的取材，研究出來的結果當然是錯誤的。取材的時候應該要平等取材，那才能叫作學術研究，因爲學術研究最重要的精神就是求眞。可是他們取材時故意取這邊、捨那邊，你說那樣的文獻學可信嗎？一點都不可信。所以我們就信受經中的說法，除非有證據可以證明它是僞經，否則我們就得全盤信受。不要像釋印順那樣，四大部阿含諸經中，他信受其中大概不到五分之一，其他的阿含部經典他都否定，怪不得大乘經典他要全部否定，結果他就是一錯再錯，最後回不了頭，陷入斷、常二邊邪見中。

經文中說，日月燈明佛演說種種佛法，「度無量眾生，無數億菩薩，令入佛智慧。」聰明人又想了：「在人間無量眾生，無數億菩薩，那個星球要多大？要生產多少食物才夠吃？」其實不是這樣的，因爲菩薩與聲聞不同，這又是個觀念問題。聲聞聖人只有在人間度眾，菩薩則是遍布六道三界，到處都有。聲聞出家人只有人間才有，假使不信的話，你有神通或者請有神通的朋友，說：「你到四王天去看看那邊有沒有出家人。」你一定找不到，找不到誰穿著袈裟。到忉利天、夜摩天，不信，再到兜率陀天，在彌勒內院至少有出家人了吧？結果去到那邊，連 彌勒菩薩都是在家人的法相，全都是天人相，天上沒有剃度聲聞人的。那再往上一直到色究竟天去，你也找不到聲聞人。因為即使是不還果，在人間證不還果生到天界去，也都不再是聲聞相了。

可是在人間度眾的聲聞人，畢竟是極少數，因為聲聞果中，證了阿羅漢果捨報就入涅槃去了，所以聲聞人在三界中的數目都不會多。但是菩薩無量無邊，不是只有人間才有，天界、鬼道乃至畜生道裡面都有；也有人發願去地獄，更多的是在天界。所以提倡人間佛教的人，他們的理念是說：「**天上沒有佛教，他方世界也沒有佛教。**」請問那是什麼人？叫作聲聞人中的凡夫，他們都不是菩薩。我們看得很遠，他們看得很短，所以只有聲聞人才會這樣講；他們的眼光不但看得很短，而且範圍很小。這就是聲聞人，而且是聲聞凡夫，因為即使阿羅漢，都不會像他們這樣說。

所以說：「**世尊演說法，度無量眾生，無數億菩薩，令入佛智慧。**」這是眞實語，因爲菩薩遍布三界六道之中；有菩薩是因業而到三惡道去，也有菩薩是因願而到三惡道去；若是天界，就更多了。假使不信，我們不要談太遠的，談近的好了，譬如說中國禪宗的公案，證悟的公案一千七百則，扣掉大約五分之一或十分之一好了，因爲那是悟錯的，那至少也有一千五百人，請問他們哪裡去了？你們也許有人說：「他們就坐在這裡啊！」說得也有道理啊！有一些人是還在這裡，這些禪宗祖師們有一些是還在這裡，但還有一部分在大陸，現在還在混著，因爲他們還有胎昧，等著我們去接引回家，可是緣還沒熟。那是題外話，暫且不說。禪宗大部分的開悟祖師們哪裡去了？到天界去了。那麼留下來的我是什麼貨色？因爲我自己認爲是最差的一個，當然要留下來。最差又最笨，不留下來幹什麼？你看，養了孩子聰明伶俐的、有辦法的，都到美國去了；笨孩子就留在身邊奉養父母，我就是這個笨孩子。

因此我們要說，眼界不要只停留在人間，佛法不是這麼狹隘的。「度無數億菩薩」是眞實說，因爲諸佛說法時不是只有度人類。且不說大乘經，單說阿含部好了，《阿含經》裡面的記載，世尊在世時，常常半夜之際，祇園精舍大放光明，爲什麼呢？是因爲一下子那位天人來，過一會兒又是另一位天人來；他們來禮拜　世尊而作供養，有的是來求法；有的是　世尊的弟子，捨報後雖然還是個凡夫，但因爲出家的功德，持戒清淨所以生到忉利天去，哇！日子好過，想到說：「我爲什麼能夠得到這個天身這麼好過？原來我那時候在人間出家，唉呀！世尊應該還在，趕快下去人間禮拜供養。」這些人到了天界不繼續修行嗎？當然要繼續修行，所以天界有很多菩薩，是無數億的。因爲菩薩永遠都不會入無餘涅槃，不像聲聞人一個又一個入涅槃，人越來越少，所以菩薩當然很多。菩薩要修行三大阿僧祇劫才能成佛，你想想看是不是越累積越多？對啊！所以不要隨意去懷疑經中的所說。那一些人只是假學術研究之名，來騙取人間的名聞利養罷了！而他們所否定的，我們一一親證，讓他們無法否定；由此說，大乘經是可信的。

接下來：「佛未出家時，所生八王子，見大聖出家，亦隨修梵行。」諸佛來人間示現時，都不會示現一副無福相。什麼無福之相？沒有人願意嫁給他。諸佛來人間示現時都是眷屬圓滿、財富圓滿……，有很多的圓滿。假使有誰來人間示現成佛了以後，竟然是法不圓滿、眷屬也不圓滿，然後一天到晚遭受人家批評又無法提出文章來反駁，只能私底下在口頭或網路上隱名毀謗對方，世間沒有這樣的佛。這樣，諸位又多了一項檢驗諸佛的標準，因為五濁惡世有很多「佛」，到底是不是真正的佛？你就可以檢驗了。

諸佛來人間時，不會是以聲聞相成佛，一定先娶妻生子，然後才出家成佛。為什麼呢？因為外道的嘴很毒，他們會說：「**唉呀！他因為沒有福報，沒辦法娶妻生子……**」或者說：「**因為他沒有男人的功德，無法生孩子，所以不得不出家了。**」外道的嘴很毒，什麼理由都想得出來，所以一定要示現：我是個丈夫相，我世間法都圓滿，然後我把世間法的那一些財富、身分、眷屬，全都捨了，我出家成佛。這是諸佛示現在五濁人間的通例，所以諸佛若是在人間示現成佛，都會先娶妻生子，都有兒子在人間。但不是像密宗喇嘛那樣，出家了以後才生兒子。對啊！現在還有許多喇嘛娶妻子，還去戶政事務所辦結婚登記、生子女報戶口，卻還在當喇嘛接受世人供養。很多人聽了在搖頭，真的要搖頭！但 日月燈明佛還沒有出家前，因為祂是當轉輪聖王，所以祂有八個王子；後來祂出家，不久成佛了，所以這八個王子看父王成佛了，知道原來這是可以實證的，所以他們也跟著出家修清淨行。在這四句偈中說：「**見大聖出家，亦隨修梵行。**」是為了偈文的工整而省略了長行經文中說的：「是諸王子，聞父出家，得阿耨多羅三藐三菩提。」省略了最後一位日月燈明佛出家後修行成佛的說明。

「時佛說大乘，經名無量義，於諸大眾中，而為廣分別。」諸佛說法一定會說大乘法，不論是一轉法輪、二轉法輪或者三轉法輪，一定會說大乘法，絕對沒有不說大乘法的。如果是一轉法輪，一開始就是演說大乘法，從一開始講到最後為止，全都是大乘法，二乘法就函蓋在大乘法之中宣講。如果是二轉法輪，那就有大小乘之分，先說小乘，後說大乘法。如果是三轉法輪，就是先講二乘菩提，再把大乘菩提中的般若以及唯識種智分開來講。所以不管是一轉、二轉、三轉法輪，全部都講大乘法。如果有哪一尊佛不講大乘法，不教人修證第八識眞如，那都叫作假佛，因為不修大乘法就不可能成佛。

單修二乘法解脫道，只能成為阿羅漢，或者成為辟支佛，不可能成佛。因為成佛要靠一切種智，一切種智的智慧是要從實證如來藏中的一切種子來成就。既然必須成就一切種子的智慧，而一切種子是含藏在第八識如來藏中，當然諸佛都要弘揚如來藏法；要能使人證得如來藏的眞如法性，才是大乘法。緣起性空的本意其實就是依如來藏說的，不演說如來藏本住法而直接宣講緣起性空，那只是戲論式的羅漢法，還不是眞正的羅漢法，因爲那只是無因唯緣論的錯會後的解脫道。所以諸佛弘法最後一定要講一部經，叫作《無量義經》。

宣講《無量義經》之目的在作什麼？就是把整個佛法收歸如來藏，再以《妙法蓮華經》來演述十方三世的佛教，才能圓滿一代時教；所以一法有無量義，這一法就是如來藏。從如來藏衍生出來人間道、天界法、聲聞法、大乘的般若、大乘的種智，這樣衍生出去都講完了，最後要把它收歸如來藏。就好像攝影師，從一個很遠的地方照出去，然後開始把鏡頭拉近，一個部分一個部分詳細的照給你看完以後，他又拉回到場景的中央，然後再把鏡頭漸漸拉遠；你看了說，剛才放映出來給我們所看到的那一些，原來都在這裡面。這叫作收圓，這樣一代時教就收攝圓滿；所以即將示現入滅以前，一定要講《無量義經》，說明有一法具有無量義，能以一法函蓋一切法，這就是《無量義經》。以這《無量義經》爲大眾廣爲分別之後：

「佛說此經已，即於法座上，跏趺坐三昧，名無量義處。」是說 日月燈明佛講完《無量義經》之後，在法座上直接坐著就進入無量義處三昧。諸佛世尊常常這樣，我們從經中看得出來有好幾位，講完了某一部經以後進入特定的三昧中。這都要有許多條件配合才能這樣，假使我今天講完了，就進入無覺無觀三昧中，大家一定面面相覷：「接下來要幹什麼？」因爲我不是佛，身旁也沒有那些大菩薩們可以幫忙演戲，大家也不知道接下來要幹什麼。

所以想要以佛自居的人，至少要瞭解諸佛常法，也就是諸佛說法的慣例是什麼，先要瞭解。想要去演某一齣戲，說「我能夠演那一齣戲」，結果演出來不倫不類，那就會招致菩薩們的評論。所以 日月燈明佛講完《無量義經》之後，直接在法座上進入無量義處三昧，然後諸天自然知道要幹什麼，因爲他們已經看過很多佛在人間出現過。天壽很長，天上的時間也很長，譬如忉利天好了，他們一天是我們人間一百年。釋迦世尊在人間出現以及成佛弘法到入涅槃，還不夠他們的一天時間。他們以三十天爲一個月，一年是十二個月，天壽一千歲，這只是忉利天的壽命。忉利天上的一千歲裡面大概可以看見幾尊佛出世了，所以當然知道這個時候要趕快雨花供養，於是就把曼陀羅華、曼殊沙華開始從天上撒下來。

有的人說：「那都是騙人的神話啦，你們想想，那麼多花下來，那不是把人都給淹沒了嗎？」好有一說，其實不然！天華到了地上就滅了，還能夠留下來給你踩？那就不叫天華了。為什麼他們要這樣子散花供養？因為 世尊有大因緣，當然要先供養，總不能白白聽法吧！諸佛常法都是這樣，如果你邀請 世尊去家裡供養，一定在午前，午時即將要開始，你就得上菜了。你可不能說：「現在還沒有到中午，還沒有到十二點鐘。」不能這樣。午時剛剛開始，你就要上菜；午時剛開始是幾點鐘？是十一點整。因為諸佛常法是看見太陽已到中天，就不吃飯了；再要吃飯，可就是等明天的事了。

所以如果十二點到了才上供，諸佛一看天候，一定想說：「都過午了，你在跟我開玩笑。」對不對？所以你們僧眾在寺院裡面都是幾點上供？都十一點嘛！對嘛！因為日正當中時，已經是開始過午了。佛制出家人是過午不食的，當太陽一旦到了正中央，立刻就開始過午，就不再吃東西了。所以，你如果上供時是十二點上供，應身佛一看說：「時間過了。」明天呢？明天還是十二點喔？所以你們要知道 佛陀當年的狀況，當然你們現在已經都忘光了，其實你們有許多人當年也在 世尊座下，但是已經都忘光了，那也不能怪你們。但是要記得這個規矩，你至少要留一個鐘頭給 世尊用齋吧！所以諸天他們都懂這個道理，既然要聽聞妙法，當然要先供養。

假使，你請　佛陀到家受供，前一天來邀請時，佛陀默然受請。那你回去準備好了，可不要說：「佛陀到我家了，請佛先說法。」不許這樣，一定要先供養，因爲說過法以後，午齋時間早已過去了。就算時間還沒有過去，佛也不受供了，爲什麼呢？因爲弟子們不可以用那些供養來交換佛法，佛法不能用交換的；佛法的珍貴，豈是那區區的供養所能比擬的？這時候　佛不受供，你一直請求，佛也不會受供，因爲諸佛都不會由於爲人說法而受供，但　佛會交代你：「你拿到野外去，看看哪個地方有清淨的水，裡面不要有蟲，就把它倒下水裡去。」都特別吩咐是「無蟲之水」。這信徒心裡覺得好難過，只好拿到野外去，看看哪個地方有水塘，裡面確實沒有蟲，就倒下去了；倒下去以後，水都沸騰了，因爲那一份供養本該是　佛陀的食物，沒有人能夠承受得起，沒有人有那個功德能把它吃下肚。倒下去以後，水都滾了開來；如果有蟲，可都會死掉了，所以特地吩咐要倒入無蟲水中。

所以說，這個種子也要種進心田去，將來如果值遇諸佛時，一定先供養，供養完了再拿一個小凳子來，坐在　佛陀側面腳下，請　世尊開示。你可別拿一個高廣床，就大剌剌放在 佛陀前面坐下來。你承擔不了的，爲什麼呢？佛陀不會見怪，可是你坐在那一邊，諸天就受不了你了，因爲你擋住 佛陀了。（大眾笑…）這不是笑話，這是眞的事情。如果你的威德很大、證量很高，諸天當然不敢拿你怎樣，可是他們終究是不歡喜；佛陀看見了，就會告訴你：「你把座位挪旁邊一點，因爲諸天不歡喜。」這些規矩，諸位都要懂。因此，既然 佛陀要說大法了，當然要先供養，所以「天雨曼陀華，天鼓自然鳴，諸天龍鬼神，供養人中尊。」這都在教導我們規矩。這些規矩，世尊都不方便講，文殊菩薩代祂來講，我們就要學起來。

「一切諸佛土，即時大震動，佛放眉間光，現諸希有事。此光照東方，萬八千佛土，示一切眾生，生死業報處。」好了，天鼓演奏過了，各種樂器也都放出樂音來了，佛陀當然知道現在諸天供養過了，可以開始了，於是就拉開序幕，準備演這一場大戲了。這些前奏沒有完成以前，布幕不會拉開的。演戲也是一樣，對不對？你們去看戲的時候，有沒有說，都沒有音樂演奏過，布幕直接拉開就演的？沒有啊！不管是中土的戲、外國的戲都一樣，都一定先有一段過場的音樂，那叫作序曲。西洋歌劇也一樣要先有序曲，序曲奏完了布幕才會拉開，他那個歌劇才會開始上演。佛法中亦然，先有一個序曲。也許你說：「哪有？那《楞嚴經》好像就沒有序曲。」怎麼沒有呢？《楞嚴經》開始前，阿難尊者被攝入淫席以及 佛派 文殊菩薩去救回來的過程，那不就是序曲嗎？還是有序曲的，只是序曲不一樣。

這時 世尊就放光照耀東方一萬八千佛世界，這時 日月燈明佛以光明顯現了種種稀有的事情：由這個光明照耀東方一萬八千佛土，示現出一切眾生，讓大家都可以看見這些眾生的生死業報處。這就是在徵信，為什麼要徵信？因為這裡的眾生可能想：「**我們這裡有六道眾生，也許別的地方有八道眾生或者只有四道眾生吧？**」心想不一。可是實際上一切十方國土、十方世界就只有六道七趣眾生，七趣就是再加一種：仙人。從人類之中再分出一部分人叫作仙人，同樣還是六道眾生，不多也不少。如果是純一清淨佛土，那就沒有三惡道眾生。如果是像我們這樣的佛土，總共就是六道眾生，不會更多。這就是讓大家先看見：有的眾生在當畜生，有的眾生在當鬼，都很沒有福報；有的還在受苦，有的人竟然在天上受樂。

這目的在作什麼？是要讓大家知道因果：造什麼因就得什麼果，所以大眾造因之前就會謹愼。如果造因的時候不謹愼的人，就是不信因果。如果是信因果的人，即使拿到一部僞經，他都不敢否認，都還小心翼翼說：「你說是僞經，我看我還是要小心，要小心喔！」這就是信因果的人，只是沒有實相智慧而無法判斷。譬如說，你去發那一些破斥密宗的小冊子，假使人家跟你嗆聲：「你們毀謗達賴喇嘛，要下地獄。」你就知道這個人信因果，雖然他對你惡行惡狀，但還是相信因果的；他只是被達賴迷昧了，不知道眞相，但他還是信因果的人。要這樣去判斷，不要從表相上去看一個人，而要從他的本質去看那個人。如果他是信因果的，他縱使對你惡言惡語，也還不是惡意，他只是被籠罩而不知道眞相，所以才出力去護持達賴。這個人，你如果能夠攝受他，他就轉過來護持你，將來會針對籠罩眾生的惡知識去作對治，他會願意救護眾生。所以你們要這樣去判斷一個人，不要從表相來看。今天講到這裡。

《法華經》上週講到十一頁第六行，剛好講完。今天要從第七行開始講：

「有見諸佛土，以眾寶莊嚴，琉璃頗梨色，斯由佛光照。及見諸天人，龍神夜叉眾、乾闥緊那羅，各供養其佛。」這八句告訴我們，佛法不是只有在人間。「**諸佛土**」表示不是只有我們這個娑婆世界有佛法，當然更加說明不是單單這個地球有佛法。在學術研究者他們的立場，凡是他們無法了知的就全部推翻而不承認。如果他們的這一種立場可以成立，他們就會落入一神教講的「地平說」一類的過失裡面。在中古時代，歐洲是一神教統治的地方，教會具有非常大的權柄，只要誰被他指定是巫術者，教會就可以把那個人燒死。如果有人說法跟他們的《聖經》不一樣，神父們可以開個會決議，就說那個人是搞巫術的、是魔鬼，然後就可以抓起來燒死，不必經過國王來判定，一切都以《聖經》為標準。而《聖經》中說大地是平面的，所以原則上不許有人說大地是圓球形的。後來哥白尼主張地圓說，但只是理論，教會忍受著；隨後伽利略發明了望遠鏡，強力證明了哥白尼的理論正確，證明《聖經》中的說法完全錯誤，顯示上帝眼界很小而沒有智慧，於是伽利略被教會軟禁，想要把他處死，教皇後來也下令要處死他；但因為他的朋友大力奔走，由國王出面要求放人，因為國王有軍隊，而伽利略也有望遠鏡及其他理論證明自己的說法，國王終於保住他的命，教會卻要求他要每天懺悔以度餘生，眞是好笑的事。

同樣的，如果堅持說目前不知道的就一定是不對的，那就落入一神教那種窠臼裡面去了。當人間佛教的釋印順他們幾十年前說佛教只有在人間才有，那時太空望遠鏡還沒有發明以前，一般科學家大多認為地球上才有人類，太空中的別處都沒有。可是現在證明我們這一個銀河系本身是一個星雲漩系，其中就有二千億個太陽系。那哈伯望遠鏡又證明虛空中還有別的很多很多星雲漩系，從我們這裡看過去時，有是正面的，也有傾斜的，也有側面的。我們娑婆世界從側面看就像是一條銀河，叫作銀河系。然後還看見很多很多的銀河系，就是很多星雲漩系聚集在一起，從很遙遠的地球看過去，影像模糊卻有亮光，好像只是一顆星，其實是無量的星雲漩系聚在一起，這不就是《華嚴經》中說的世界海嗎？只因為太遠了，看不清楚。而這種世界海不是只有一個，《華嚴經》中早就說過這個事實了。依照他們學術研究者的說法，是不是這一些全都要推翻了？所以隨著科學的進步，學術界得要不斷地更新他們的說法；既然需要不斷地更新，表示他們的說法還不是正確的。

因此，不能因為目前自己不能證實就把它推翻，就好像他們以前推翻如來藏，說如來藏是外道神我，又說如來藏是個施設方便法，只是緣起性空的別名，其實沒有如來藏第八識可證；到現在（編案：這是二〇〇九年九月二十二日所說）爲止，法鼓山的網站上面都還這麼說。但我們正覺同修會已有三百多個人親證如來藏了，他們又該怎麼說呢？所以不能把佛教侷限在地球上的人間，也不能侷限在這個娑婆世界中。無量無數的世界海，每一個世界海裡面都有難以計數的三千大千世界，而我們這個地球只是在無量無數世界海裡面的一個世界海中的一層之中的一個銀河系中，而地球正是處在這個銀河系裡面的外圍中的一個很小的太陽系中的小行星。

瞭解這個事實以後，請問大家：世界夠不夠廣闊？單單是我們自己這個銀河系，從上方看，就像是一個星雲漩系，一直在運轉著，而我們這個太陽系在其中的外圍。我們若是從這一邊的最外邊，穿過中央到另外一邊的邊緣，用光的速度要走十萬年才能到。而我們這一個銀河系到別的銀河系之間，那就不曉得要多久才能到達，因爲這中間的距離會更遙遠許多倍。然後，這樣無量無邊的銀河系聚集起來，成爲一個世界海中的一層，而我們這個蓮華藏世界海有幾十層？二十層吧！但這個蓮華藏世界海也只是十方虛空中無數世界海中的一個世界海，把距離拉得更遠以外，還有很多很多的世界海。

這樣回頭來觀察一下自己，自己有沒有很偉大？偉大不起來了呵！因爲縱使給你賺到整個地球，或者你征服了整個地球，當上了地球唯一的皇帝，也不過這麼一點點，在世界海中是看不見的。莫說世界海，在這一個我們自己的娑婆世界裡面都已經看不見你了。所以不要太自大，動不動就：「**我成佛了，如何、如何……。**」這經文的意思就是告訴我們「**有見諸佛土**」的道理（一個佛土就是一個三千大千世界，就是現代天文學講的一個銀河系——一個星雲漩系），這就是說，無量無邊的佛世界中，被 日月燈明佛放光照耀出來的就有一萬八千個，這還單單是往東方看去。而這也只是在自己的世界海中的同一層往東方照去，這已經算是很少數的佛土了。既然「**有見諸佛土，以眾寶莊嚴**」，那就是說，佛教不能被他們的狹小心量侷限在人間，更不能只侷限在這個地球上。而眾寶莊嚴的諸佛土，琉璃、頗梨的種種色彩，都由 日月燈明佛的佛光照耀出來。並且也看見諸天人、諸龍神、夜叉等大眾，還有許多的音樂神、歌神，各自都在供養他們所在國土的世尊。

這表示佛教不是只有在地球上的這個人間，那些提出「人間佛教」看法的人，有一個很大的盲點，就是他們對於自己所建立的宗旨都還沒有弄清楚。他們以什麼為宗旨？以解脫道為宗旨。當他們以解脫道作為佛法的宗旨時，就有兩個部分必須要弄清楚。第一個部分：解脫道是依八識論或六識論來演繹的？結果他們都以六識論來建立阿羅漢所修的解脫道，那將會使他們的無餘涅槃成為斷滅空，只好回頭再建立細意識常住說，又落入常見中。這是不可避免的，這是他們的第一個盲點。第二個盲點：在解脫道修行中並不是每一個人都在這一世能成為阿羅漢，而是或有初果、或有二果、或有三果、或有四果。那麼，問題隨即顯現出來了：三果人稱為不還，因為捨壽以後不復還來人間；最愚癡、最笨、最鈍根的三果人，他要生到初禪天、二禪天、三禪天、四禪天，像這樣次第一天一天往上受生去，最後到達非非想天時捨報才出三界，這是最遲鈍的三果人。請問：當他往生到天界去，他不再修行嗎？他都不修佛法嗎？還是要修啊！同理，如果有三個、五個、八個二果人生在四王天，四王天不就有佛法了嗎？那麼天界不就有佛教了嗎？且不說三果人，單說初果人好了，初果人得要七次人天往返，總共還要受生七次；他得要生到欲界天上再生來人間，來往七次以後才能入無餘涅槃而出三界生死，當他生到天上的時候，天界是不是有佛法、有佛教？有欸！而且，大乘通教的菩薩也是如此。

當他們主張說只有人間才有佛教，那是不是生到天上去的初果、二果、三果人都不再學佛、都不再修行？顯然不是！可是他們主張的「人間佛教」，事實上已經把自己所宗奉爲根本的解脫道四果理論及必然性，全部給推翻了，而他們自己竟然都沒有發覺到這個問題的存在，他們也都不曾討論過這個問題，是由我們以大乘菩提爲宗本的菩薩，爲他們來提出他們應該自己解決的問題。但我們提出來以後，他們也只能面面相覷，你看我，我看你。他們能怎麼辦？要怎麼回應？又該怎麼自圓其說？都沒辦法啊！唯一的一條路就是把錯誤的人間佛教演繹全面推翻，回歸到《阿含經》中八識論的本懷，來把人間佛教重新加以定義，除此以外別無他途（編案：關於重新定義人間佛教的道理，平實導師藉著演講佛法的機會，把這道理講清楚了。已於二〇一三年十一月出版，書名爲《人間佛教》）。所以你看，文殊菩薩提出的過去佛放光照耀東方一萬八千佛世界的這些現象上，已經顯示出來，也是在告訴大家：「佛教不是那麼狹隘的，不是只有在娑婆世界這處人間才有佛教，而是遍及十方法界的三界之中，這才是眞正的佛教。」那麼，日月燈明佛放光照耀出東方一萬八千世界，顯示這個道理出來，讓大眾看見有這麼多天界或人間的菩薩們「各供養其佛」。

「又見諸如來，自然成佛道；身色如金山，端嚴甚微妙；如淨琉璃中，內現眞金像；世尊在大眾，敷演深法義。」這告訴我們說，在東方一萬八千世界中，有許多如來都是自己來成就佛道，不由任何人指點，因爲全都是最後身菩薩來示現成佛的；所顯示出來的就是身色巍巍，如紫金光聚，非常端嚴微妙；如同清淨的琉璃中，鑲嵌著用紫磨金鑄成的寶像一樣；又看見這麼多世尊都在大眾之中，開敷演說甚深微妙的法義。這也是在告訴我們：十方世界中的諸佛，不是只有一尊。

在印順法師的認知裡面，他認爲：宇宙中只有一尊 釋迦牟尼佛，而祂已經過去了，已經灰飛煙滅了，沒有誰能夠再感應到祂；所以佛弟子們才需要懷念祂，才要再撰寫一些大乘經典來紀念祂。印順在書中是這麼講的，他說：這些大乘經典就是後人爲了對 釋迦世尊永恆的懷念，所以創造出來紀念祂。問題是，爲什麼一直都有許多人感應到 釋迦牟尼佛？或者定中看見，或者夢中看見。如果依照他的說法，顯然，釋迦牟尼佛出現在人間，只是一個偶然，沒有往世無量劫中廣行菩薩道的因緣，只是偶然就碰巧使祂成佛了。這就是釋印順書中隱示、明示的理念。

但釋印順這個說法講得通嗎？根本不通！因爲諸佛的成佛都有一定的過程及一定的內涵，而那一些過程與內涵是不可改變的，當然不可能是偶然。但是，因爲這些過程與內涵他不懂，就算懂了也無法實證。**「可是我想當大師啊！那該怎麼辦？」**顯然，他當不成大師時，乾脆一不作、二不休，把大乘經典的實證性、合理性、合「法」性全部推翻掉就得了。全部推翻掉以後，就以他釋印順說的爲準。所以他說：**「釋迦牟尼佛過去以後，在彌勒成佛以前還是有人可以成佛的。」**他的大意就是如此，在他的《妙雲集》中就是這麼說的，那就意味著說：**不必等到　彌勒菩薩來成佛，我釋印順也可以成佛啦！**所以他的傳記才會取這個書名——《看見佛陀在人間》。

那我們是不是都應該稱他爲「印順佛」？可是他這個「佛」卻沒有斷我見，也沒有明心，更別說眼見佛性，道種智與一切種智就更別提了。老實說，他連世間禪定中的初禪實證都沒有，天下有這樣的佛嗎？所以這個意思在告訴我們，每一尊佛示現在人間都不是偶然，都是由三大阿僧祇劫無量世的因緣累積下來的；而祂以往所度的弟子中，在這一世應該成就解脫果，也應該迴向菩薩道而入地了，所以 世尊就來人間示現八相成道。這一段經文告訴我們的就是這個事實：有諸佛自然成佛道，不依他人的教誨。因爲別人的教誨都是錯誤的。而諸佛也都在大眾之中敷演甚深的法義，不是像阿羅漢解脫道那麼粗淺的，當然更不是靠意識思惟就能弄清楚的識陰境界的印順思想。所以，釋印順的「人間佛教」可以休矣！也就是可以罷休了，應該要終結了；未來應該由我們提出另一種新意涵的「人間佛教」來弘揚。接著說：

「一一諸佛土，聲聞眾無數，因佛光所照，悉見彼大眾。或有諸比丘，在於山林中，精進持淨戒，猶如護明珠。」這在告訴大家：那東方一萬八千佛世界中，有的佛土之中有非常非常多的聲聞眾。聲聞眾之中其實也有許多層次的差別，譬如說，有的人一聽到開悟、明心見性，他扭頭就走。你不信邪，偏要度他行菩薩道，改天又上門去爲他講解，告訴他：**「眞的有菩薩道，眞的可以成佛，解脱道不能使人成佛。」**他聽了就說：**「哼！我不信。您老請便！」**送客了。這是標準的定性聲聞人。

你如果告訴他說：**「一世就可以解脱生死，可以出離三界，不再領受人**

間的種種痛苦。」他倒很高興：「請趕快告訴我，我想要瞭解。」然後你告訴他說：「但是我有個條件，你如果可以出三界的時候，請你暫時留下來，至少把你的家人也度了都成阿羅漢，你再走。」他說：「你為什麼要給我這個限制？」責怪你了，這個叫作聲聞種性具足，他連家人都不肯幫忙。如果稍微好一點，就說：「好啦！我答應你，我就度我的家人成阿羅漢以後再入涅槃。」但是，你要求說：「你的親朋好友也順便度了吧！」他一定說「不要」，他會說：「那我要度到什麼時候？」其中的幾種差別就不談它了，所以聲聞人之中也有好多種。

現在說，終於有人，當你告訴他要行菩薩道，未來要成佛，他終於接受了：「好，我就迴向大乘法。」迴向大乘法之後，結果他的觀念、他的想法都跟菩薩不一樣。他不論是遇到什麼事情，就只是把自己的範圍作好，其他的事，他全都不管。「管你師父忙死了，我也不管，你交給我的工作，我作好就沒事了。其他的我都不管，我就只盡我的本分。」這也叫作聲聞性，正是還沒有遠離聲聞性的菩薩；這當然也算是菩薩，因為他終究已經迴小向大了，可是他還沒有全面離開聲聞性。

有菩薩性的是怎麼樣的人呢？好朋友來了說：「我最近生意失敗了，沒辦法，你能不能借我二萬塊錢度日？」菩薩身上剛好不方便，就告訴他：「好，你明天來拿。」其實他自己也沒錢，他怎麼辦？去找朋友借來轉借給他。未來那個人還不起時，他就自己挑起來還，這就是菩薩。所以師父很忙的時候，累到一塌糊塗，他也跟著累；師父沒睡覺，他就不敢睡覺，一直幫忙，想辦法幫師父分擔起來，這才是菩薩。他總是考量到整體：我們整個道場應該如何如何。他沒有考量到自己的個人利益，那你就知道這個人菩薩性具足。所以，從很多地方你都可以看得出來：聲聞就是聲聞，菩薩就是菩薩。

但是，聲聞性與菩薩性之間有很寬廣的距離，假使某一個人具有九十九分的聲聞性，只有一分的菩薩性，那也叫作菩薩；因爲他畢竟不是具足的聲聞，他已經決定不入涅槃了。那種九十九分聲聞性、一分菩薩性的人，也叫作菩薩；進而說五十分的聲聞性，五十分的菩薩性，也是菩薩。所以你如果將來要一世又一世行菩薩道，你要有這個認知，要接受這樣的事實。在你一世又一世所度的弟子之中，有很多聲聞種性習氣種子還存在很多的弟子，你得要能夠這樣接受，並且你要全部攝受。可不要像世間父母：這個兒子只爲家庭作一件事情，卻爲自己作九十九件事情，看了就討厭。人間父母大約是這樣的。如果有一個兒子努力爲家庭作事，他自己都不積蓄，那就疼得不得了；可是這個兒子突然夭折了，父母可就痛苦死了，世間父母都是如此。

你如果將來出世弘法，由你當法主的時候，可不要有這個心態。你要像彌勒佛示現的那位布袋和尚一樣：大肚能容，容天下事。弟子若只有一分的菩薩性，卻有九十九分的聲聞性，你也得要攝受他；只是他在佛法的實證上會走得慢一點而已，你只要不揠苗助長就行了，因爲他還得要供養無量百千萬億諸佛以後，才能夠具足菩薩性。但他已經離開聲聞道了，剩下那九十九分的聲聞性，你就讓他一世又一世、一劫又一劫在廣行菩薩道中慢慢去修除；但你還是要攝受他，因爲他畢竟已經是凡夫菩薩了。這樣，這個知見建立了沒？建立了呵！所以，以後就是有容乃大，肚量大一點都沒關係。

這個意思就是在告訴我們，有的佛土裡面聲聞眾是非常多的，他所度的弟子大部分是聲聞眾，大部分人未來會入無餘涅槃。日月燈明佛的佛光所照，讓大家看見有這樣的佛土——絕大多數是聲聞眾。如果自己具備很濃厚的聲聞性來度化徒弟，菩薩性的徒弟就跟你不很相應，所以你度的人大部分都是聲聞種姓。假使你修到最後成佛時，你以佛身所度的大部分人都成爲阿羅漢，大部分都會入無餘涅槃去，剩下沒幾個菩薩，那你的佛土就不莊嚴了，此時哪能成佛呢？

所以在這個過程中，你對弟子們該怎麼教育呢？要讓他們趕快發起菩薩性，而讓他們不再事事都爲自己考量。這時候你該怎麼辦？很簡單，把心抓橫了——閩南語說「心抓橫了」，有沒有？有這句話嘛！就是內地人說的吃了秤砣、鐵了心：聲聞性重的人就慢慢跟他磨，磨到他菩薩性具足了再說；他哭啊、鬧啊就讓他哭、讓他鬧；要讓他學到教訓說：哭也沒用、鬧也沒用，只有改變自己，有足夠的菩薩性以後才能得到糖果。你就要這樣子作：當他們菩薩性具足生起來的時候，你手頭就很奢了；他要一顆，你就給他二顆。這就是你度人的時候要守住的原則，除非你準備將來成佛的時候，徒弟都比你早入無餘涅槃，剩下不到幾個菩薩爲你處理入涅槃及正法如何延續的事。這是很現實的問題，可是沒有人談過，諸佛也不講，由菩薩們自己體驗去啦！

那麼「聲聞眾無數」，爲什麼佛還要來示現？因爲想要轉變他們。只要這些聲聞眾能夠發起一分的菩薩性，他們就不會入涅槃了，然後一世又一世慢慢地度他們吧！最後終究會具足菩薩性的。只要他們不入涅槃，未來就有機會，最後一定會成佛，時間雖然拉長一點也沒關係。他們成佛的時間拉長了，那他們跟眾生結的緣就會更多，他們將來成佛的時候徒眾就更多，菩薩種姓就不會斷絕，就不是壞事；所以只要他們發起一分菩薩性，誓願永遠不入涅槃就行了。

接著說：「有很多的比丘，在山林之中，精進用功而且受持清淨戒，唯恐被染汙了；就好像守護一顆明珠，深怕污垢灰塵把它沾染了。」這也在告訴我們：戒的受持是必須的，有戒才能讓心定下來。因戒生定，不是說由於戒法的受持而生起禪定，而是說由於戒法的受持，能生起對於佛菩提的決定心，心得決定就是有了「定心所」。然後一世又一世，一定會邁向佛菩提的路，再也不回歸聲聞法，更不會走入外道法中。所以，比丘們如果不重視戒律、輕視戒律而損毀十大律儀戒，道業便不能成就，一定要如同保護明珠一樣受持正戒、摒棄密宗的邪戒。如果把律儀戒捨棄了，去追隨密宗自己施設的所謂三昧耶戒，或者他們說的十四根本墮，那就是不護戒。那等於是用鹽酸、硫酸把明珠泡在裡面，不必多久就損壞了。所以受持戒法，精進修行，不是只有在這個五濁惡世的娑婆應該如此，而是十方諸佛世界一樣都要依教奉行的。

接著說：「又見諸菩薩，行施忍辱等，其數如恒沙，斯由佛光照。」有很多的菩薩在修行布施、忍辱等等行法，這些修行法門看來好像跟佛菩提無關；因爲眼下既不能斷我見，也不能明心開悟，更不能眼見佛性，無生法忍就更別提了。可是，這一些世界中的菩薩們爲什麼得要這樣修？爲何要專修布施與忍辱呢？這表示說，這一種現象在我們娑婆世界中也是同樣存在的，而這些正是親證佛菩提道之前，應該先有的資糧。這一萬八千個佛土所有菩薩們的修行法相，其實就濃縮在我們這個娑婆世界中；我們不能把菩薩道中那些粗淺的部分推翻掉，雖然這些都與見道沒有直接的關聯，但我們不能否定它，因爲這些都是在佛法實證前必須先具備的資糧。我們要讚歎他們，但是要告訴他們：「你們應該要把所修的這一些福德資糧，迴向菩薩道或聲聞道的見道。」

所以，這一些人在見道的因緣還沒成熟之前，就是要一世又一世、一劫又一劫不斷地修行布施、忍辱等事。當你看見了慈濟功德會的人（他們管自己叫慈濟人），或者叫佛光人、法鼓人，好像沒有聽說「中台人」這個名稱；當他們努力在布施、在修忍辱，你不要去否定他，你只能告訴他們說：「**你們如果有講開悟證果，那是錯誤的，因爲你們所修的那些法，都只是在修集資糧而已。**」但是，他們的布施與忍辱行仍然要給與尊重，因爲他們如果不經過這樣的過程來累積無量的福德，將來就沒有因緣可以聞熏眞正的了義法，只能聞熏相似佛法，名爲像法，見道就別提了；而他們的心量也將無法擴展到對自己有信心可以見道的地步，所以他們還要一劫又一劫，在繼續值遇無量百千萬億諸佛的過程中，把布施與持戒、忍辱都修好了——透過精進度把這三度修好了，將來才有因緣心得決定；當他們心得決定以後，才會有因緣及信受八識論正法，可以懂得靜慮而實修這個法。

所以，你們就不要一天到晚想說：「**我這個朋友在慈濟當委員，已經當好久了，福德夠了吧？應該趕快來求悟。**」可是你始終拉他不進來，因爲他的福德資糧還不夠，因爲他往昔修學菩薩道以來的劫數還不夠長久，所修集的福德還遠遠不足。當他的福德眞的足夠了，你只要打個電話，講一句話敦促，他就乖乖來學了。所以拉不進來都是正常的，因爲他們還得要繼續行施、持戒、忍辱等。而這種人永遠是多數，能夠求見道而眞能證悟的人永遠是少數，所以才說「**行施忍辱等，其數如恒沙**」。

這樣聽完了，就可以瞭解：爲什麼我不要像那一些山頭一樣常常辦大型的演講。因爲把我們這種法，在那種場合中講了以後，我才講到一半，台下百分之九十的人，在腦袋中已經對我罵開了。他們會怎麼想？很簡單啊，一定這樣想：「**你不過是一個小居士，你懂什麼？還敢講這麼深妙的法，自己亂編。**」這是無可奈何的事，因爲他們的因緣還沒有成熟。而這一種菩薩，在東方一萬八千佛世界中，「**其數如恒沙**」，都由　日月燈明佛照耀出來讓大家看見。

「**又見諸菩薩，深入諸禪定，身心寂不動，以求無上道。**」這不就是以定爲禪嗎？對啊！以定爲禪就是這一類人。當他們修行的時候，世尊已經不在人間了，進入末法時期了，大家都是以定爲禪，把修定當作是般若的靜慮，所以呢，他們說，悟得越深就是坐得越久，一念不生越久就是悟得越深。（大眾笑…）諸位別笑，在我們正覺同修會弘法之前，佛教界修禪宗的道場，不都是這樣子嗎？海峽兩岸都是如此，南傳北傳佛教也都是如此，所以大家都是「深入諸禪定」；其實也沒有誰眞的深入，最多就是修得未到地定，有誰已經發起初禪了？都沒看見啊！至少這百年來，佛教界沒有看見誰已發起初禪的。而這一萬八千佛世界，被 日月燈明佛照出來的這些世界中，有諸菩薩，他們是深入四禪八定中，身心寂然不動，想要追求無上道。可是最多就是只能得到生天之報，還是無法得到無上道；這也是諸多佛世界顯示出來的一種。

這種菩薩在我們這個地球上有沒有呢？有啊！你看，好多人啊，一天到晚都要打坐、求入定。以前大陸八大修行人之一的徐恆志，他有個師兄叫作元音老人，和他一樣是在八大修行人之中；元音老人規定徒弟們：每天至少要打坐二個鐘頭，以二個鐘頭算一座；要每天連續不斷坐六百座，這個功夫修成了以後，才可以進入下一個階段；如果這六百天裡面有一天休息中斷了，就不算數，又得從頭開始坐起。然而，眞正修定時，中輟一天就會使定力完全消失嗎？根本不會嘛！所以，他那個規定叫作戒禁取見所制定的邪戒，只有凡夫才會生起這個見解。可是這種人畢竟是佔多數，諸佛世界中有許多這種人，我們娑婆世界也免不了；所以諸位要見怪不怪，不必看見了這一種人就罵他們：「愚癡！不可救藥啊！」焉知無量世以前的你，不也是跟現在的他們一樣嗎？你罵了他們，也就是罵了過去世的自己；而這是每一個菩薩都會經過的路，包括我過去無量世以前也是如此。

接著說：「又見諸菩薩，知法寂滅相，各於其國土，說法求佛道。」有諸菩薩了知諸法本來寂滅，這才是證悟的菩薩，而這種證悟菩薩只是那麼多種菩薩中的一類。在很多類的菩薩裡面，這只是其中一類；這一類叫作異類，因爲跟人家都不一樣。現在地球上佛教中的異類，代表就是我，你們就跟著我當異類。所以我們弘法到五、六年前都還是如此被很多山頭罵：「你們正覺說的法都跟人家不一樣，你們有問題。」你們剛進正覺的時候，不是也這樣被人家罵過嗎？直到二〇〇三年，那第三批退轉者否定阿賴耶識，硬說阿賴耶識不是如來藏、不是眞如，我們回應而寫出了那一些書，然後佛教界才發覺說：第八識正法不可推翻，正覺說的才是正法。連他們自己人都推翻不了，我們還能推翻他們嗎？想一想：「算了！就承認他吧！」眞的是無可奈何，不得不承認。可是口頭上還是要抵制，不然信徒都溜光了，都跑到正覺去，該怎麼辦？

所以，無數劫前的 日月燈明佛，放光讓大家看見東方一萬八千佛世界中，有這麼多不同的菩薩眾，而了知諸法寂滅相的就只有這麼一種。諸法明很喧鬧，爲什麼卻都是寂滅相？因爲諸法都要攝歸如來藏。諸法顯現在外面而顯得很喧鬧的時候，它們卻是本來就在寂滅的如來藏中；雖然看起來諸法是很喧鬧的，可是把它攝歸了如來藏以後，如來藏從來離見聞覺知，永遠是寂滅相，所以喧鬧的諸法就跟著也是寂滅相了。不管你心中的諸法怎麼鬧，全都在你寂滅的如來藏裡面鬧，沒有鬧到別人。你從來都在自己寂靜的如來藏裡面鬧著，然後如果你有鬧到別人，是因爲你透過如來藏而鬧到別人，不是你覺知心自己眞的鬧到別人。

好奇怪喔？如果今天是第一次來到正覺講堂聽經，聽了不懂就想：「會不會是你胡謅的？可是看來又不像，因爲胡謅的人寫出來的東西，一定有很多紕漏可以找出來，偏偏又找不到紕漏。」然而我還是要再說一遍：「這是法界中的眞相，無可推翻，沒有紕漏可尋。」像這樣實證的菩薩當然能爲人說法，各於他們自己所住的國土中爲人說法，來修集自己更多的福德，來勤求佛道的成就。這樣看來，這種菩薩是很多類菩薩中的一種，那當然是少數人，不是絕大多數的菩薩們。

「爾時四部眾，見日月燈佛，現大神通力，其心皆歡喜，各各自相問：是事何因緣？」文殊菩薩又說，當時 日月燈明佛放光照耀一萬八千佛世界，顯示菩薩道中的修行有這樣的種種現象，讓大家都看見了；於是四部眾看見日月燈明佛示現這樣的大神通力，大家心中都很歡喜。因爲以前從來沒見過，憑自己的能力想要看見東方一萬八千佛世界中各種不同的菩薩行，也是看不見的，所以心中都很歡喜；但是又覺得疑惑：爲什麼 日月燈明世尊要這樣作？所以互相詢問：「某甲菩薩！你知不知道佛爲什麼要這樣示現？這是有什麼原因？」某乙菩薩弄不清楚，同樣也問某丙菩薩，大家問來問去都不知道。這時候就像一堆蚊子在響著，大家私下裡問來問去，又都是小聲在問。

經文：【天人所奉尊，適從三昧起，讚妙光菩薩：汝爲世間眼，

一切所歸信，能奉持法藏，如我所說法，唯汝能證知。

世尊既讚歎，令妙光歡喜；說是法華經，滿六十小劫，

不起於此座。所說上妙法，是妙光法師，悉皆能受持。
佛說是法華，令眾歡喜已，尋即於是日，告於天人眾：
諸法實相義，已為汝等說，我今於中夜，當入於涅槃。
汝一心精進，當離於放逸；諸佛甚難值，億劫時一遇。
世尊諸子等，聞佛入涅槃，各各懷悲惱，佛滅一何速！
聖主法之王，安慰無量眾：我若滅度時，汝等勿憂怖；
是德藏菩薩，於無漏實相，心已得通達；其次當作佛，
號曰為淨身，亦度無量眾。
佛此夜滅度，如薪盡火滅；分布諸舍利，而起無量塔。
比丘比丘尼，其數如恒沙，倍復加精進，以求無上道。
是妙光法師，奉持佛法藏，八十小劫中，廣宣法華經。
是諸八王子，妙光所開化，堅固無上道，當見無數佛；
供養諸佛已，隨順行大道，相繼得成佛，轉次而授記；
最後天中天，號曰燃燈佛，諸仙之導師，度脫無量眾。
是妙光法師，時有一弟子，心常懷懈怠，貪著於名利，

求名利無厭，多遊族姓家，棄捨所習誦，廢忘不通利；
以是因緣故，號之為求名；亦行眾善業，得見無數佛，
供養於諸佛，隨順行大道，具六波羅蜜，今見釋師子。
其後當作佛，號名曰彌勒，廣度諸眾生，其數無有量。
彼佛滅度後，懈怠者汝是；妙光法師者，今則我身是。
我見燈明佛，本光瑞如此，以是知今佛，欲說法華經。
今相如本瑞，是諸佛方便；今佛放光明，助發實相義。
諸人今當知，合掌一心待，佛當雨法雨，充足求道者。
諸求三乘人，若有疑悔者，佛當為除斷，令盡無有餘。】

語譯：【文殊菩薩繼續說明：

「天人們所宗奉的日月燈明世尊，剛好從三昧中起來，於是讚歎妙光菩薩說：你是一切世間的眼目，也是一切世間所歸依及敬信的人，能夠奉持諸佛的妙法大藏，如今我所說的妙法，也唯有你才能如實證知。」

「世尊既然讚歎了，使得妙光菩薩生起歡喜心；於是日月燈明世尊就開始演說這部《妙法蓮華經》，滿足六十個小劫的時間才說完，而大眾都不曾

站起來離開法座。」

「日月燈明如來所說的無上勝妙正法，這位妙光法師聽聞以後，全部都能夠領受及住持。」

「佛陀演說這部《法華經》，而使得大眾都歡喜以後，隨即在那一天，告訴天人等眾說：

『一切諸法背後的實相正義，我已經爲你們大眾演說完了，我如今將於中夜時分，應當進入無餘涅槃。你們大眾要一心精進，應當遠離於放逸境界；諸佛是很難得值遇的，往往要經過一億劫的時間才能偶然有一次可以遇見。』」

「日月燈明世尊的所有弟子等大眾，聽聞到佛陀要入涅槃了，每一個人心中都懷著悲傷與憂惱說：『佛陀入滅爲何是如此快速啊！』」

「聖主世尊是佛法之王，於是安慰無量的大眾說：『我如果滅度的時候，你們大眾都不要憂愁與恐怖；這位德藏菩薩，對於無漏實相妙法，心中已經得以通達了；他在我入滅以後，將會延續我而在未來成佛，佛號就稱爲淨身，也同樣會度化無量的大眾。』」

「佛陀於這個夜晚滅度以後，猶如薪柴燒盡而使火消滅了；然後就分布所有的舍利，在佛土中處處建造起無量的舍利塔。」

「那時的比丘與比丘尼們，他們的人數猶如恆河沙那麼多，大家都加倍地精進修行，以此而求證無上道。」

「這位妙光法師，奉持了日月燈明佛的法藏，在其後的八十個小劫之中，廣為大眾宣演《法華經》。」

「佛陀出家前所生的八位王子，都由妙光法師所開示度化，大家心中都持續堅固而不退於無上道，未來世中將遇見無數的佛陀；」

「他們供養過諸佛以後，隨順諸佛的教導而廣行佛法大道，然後他們前後相繼得成佛道，由前一位佛陀連續授記下一位成佛；」

「這八位佛陀的最後一位世尊，佛號稱為燃燈佛，是眾多實修菩薩們的導師，一樣度脫了無量的眾生。」

「這位妙光法師，當時有一位弟子，心中永遠懷著懈怠之情，又貪著於世俗名聞與種種利養，他追求名聞與利養而沒有厭倦，又把多數時間用來遊行於各族大姓的家中，棄捨了自己所聞習及誦讀的經教，往往罷廢或忘記而不能通達明利；」

「由於這樣因緣之故，他的稱號就叫作求名；他也願意修行種種善業，後來也得以遇見無數的佛陀，供養於許多佛陀以後，隨順諸佛的教導而勤行成佛的大道，後來具足六波羅蜜，如今又遇見大法王釋迦如來偉大雄獅。」

「他在釋迦如來之後也將會作佛，佛號就稱爲彌勒，成佛之後廣度各種眾生，所度化的眾生數目沒有辦法度量。」

「那尊日月燈明佛示現進入滅度以後，因爲懈怠而被稱爲求名的人，其實就是你彌勒；當時的妙光法師那個人，就是今天我文殊師利自身。」

「我看見日月燈明佛時，以往所顯現的原本光明瑞象就如今天一樣，由於這個原因而知道今天佛陀，是想要爲大眾演說《法華經》。」

「如今的放光之相猶如以前原本所顯現的瑞相一樣，都是諸佛的方便權巧而作；如今佛陀放出眉間光明照耀東方一萬八千佛世界，也是要幫助大眾發起實相正義。」

「你們諸多人眾，如今應當知道了，應該合掌一心等待，佛陀即將降下大法雨，來充足求證佛菩提道的人們。」

「在座諸多求證三乘菩提的人們，如果修到現在還有疑心或掉悔的人，佛陀即將要為大家除斷，使得大眾心中的疑心與掉悔，全部滅盡而沒有剩餘。」】

講義：「天人所奉尊，適從三昧起，讚妙光菩薩：汝為世間眼，一切所歸信，能奉持法藏，如我所說法，唯汝能證知。」日月燈明佛聽到了，徐徐從無量義三昧中起來，讚歎妙光菩薩說：「你妙光菩薩是世間眼目，」是說一切世間都以妙光菩薩作為眼目，「要憑著你的智慧來為大家看見過去與未來的事，所以大家所不知道的，你應該要為大家說明；因為一切人都歸信於你，而你也能夠奉持佛菩提一切法藏。這就如同我所演說的諸法，只有你才能夠證實也能具足了知。」文殊菩薩又敘述說：

「世尊既讚歎，令妙光歡喜；說是法華經，滿六十小劫，不起於此座。所說上妙法，是妙光法師，悉皆能受持。」日月燈明佛既然這樣讚歎了以後，妙光菩薩心中生起了歡喜心；然後 日月燈明佛就演說了這一部《法華經》，滿六十小劫之中，不離開法座而把它說完。日月燈明佛講完這部《妙法蓮華經》以後，經中的無上勝妙之法，這位妙光法師全部都能受持。這表示什麼呢？是說妙光法師已經具足念心所，表示他能夠憶持 日月燈明佛所說的一切法。爲什麼能夠具足念心所呢？一定是先具足勝解心所，也就是對於 佛陀演說的妙法已經具足勝解，有了勝解才能夠全部記得住；如果聽了不懂，又如何能記住呢？

「佛說是法華，令眾歡喜已，尋即於是日，告於天人眾：諸法實相義，已爲汝等說，我今於中夜，當入於涅槃。」日月燈明佛把這一部《妙法蓮華經》講完了以後，使在場與會的所有大眾都很歡喜，然後就在那一天告訴諸天以及人間的所有大眾：**「諸法實相的眞實義，已經爲你們講說完了，我今天在中夜，就會入涅槃。」**

諸法實相是什麼義？就是如來藏眞如義。諸法是生滅法，沒有一法不是生滅法，可是諸法都不是無因生起，也不是無因而滅，更不是單憑眾緣就能無因生起與壞滅，而是因爲如來藏的一切種子才能生起與壞滅，所以諸法都要攝歸如來藏眞如心；然後因爲如來藏不生不滅，所以諸法也就跟著不生不滅，這就是「**諸法實相義**」。而這個「**諸法實相義**」既然已經說完了，表示日月燈明佛的化緣已經滿足了，所以宣示在這一天的中夜就會入涅槃。然後又吩咐說：

「汝一心精進，當離於放逸；諸佛甚難值，億劫時一遇。」我們大家太有福報，因此對於奉侍諸佛就不覺得稀罕，因爲賢劫之中將有千佛示現。「既然有千尊佛，我急什麼？我再流浪一段時間，再享受五欲一段時間；等我享受夠了，再來努力精進。反正後面還有九百九十六尊佛，我急什麼？」有些人就是這麼想的，所以你告訴他說：「現在就有辦法可以證悟了。」他會這麼說：「唉呀！我算老幾？我不算哪棵蔥啦！等到彌勒佛來人間的時候再說吧！」他想：「彌勒佛來的時候龍華三會，我只要趕上就行了，我就當阿羅漢了；因爲我這一世也是歸依世尊，就可以當祂的第一批九十六億、第二批九十四億、第三批九十二億人中的一個，我就可以成爲其中的一個阿羅漢，這就夠了。」原來他的心這麼小，只要這樣就夠了，所以他不急。

可是世尊出現在人間，其實是很稀罕的，有時候很多劫中都沒有佛來人間示現，有時候經過一億劫才能遇到一尊。在賢劫千佛之前，那最後一尊佛是什麼時候之前？是三十一劫之前，那整整三十一劫之中都沒有一尊佛來人間示現；更早則是整整六十劫中都沒有佛示現。然後，突然間到了賢劫竟然能有一千佛出現，大家就不珍惜了。可是如果你想一想：「現在先證悟，未來彌勒菩薩來人間成佛的時候，我將不只是阿羅漢，我可能是要入地的，也許會到二地或三地，乃至四地、五地去，讓阿羅漢不敢隨便瞧我。」有這一種比較高下之心，其實也不錯啊！至少會成爲一個動力，有動機來推動自己往這個方向前進。

爲什麼一定要等到 彌勒佛來了以後才證阿羅漢果？難道我們現在先證不好嗎？如果依照以前的那一些經驗與看法：阿羅漢果現在是不可能實證的，那我們就安分守己好好修行、培集福德也就罷了。可是如果遇到一個不可推翻的，是千錘百鍊的眞正妙法，而且證明是可以實證的，爲什麼不要趕快去求證呢？這就好像說，一顆好大的夜明珠擺在你面前，雖然看來距離你還很遠，你說：「還要辛苦再走五、六步才能拿到。」那五、六步，你就想辦法走一走，不行嗎？已經有人拿到了，有一堆夜明珠在那裡，你只要往前再走五、六步去拿一顆就行，又不叫你拿一公噸。你只要拿一顆，並不重，難道你還沒有那個能力嗎？別人都能拿到了，我們應該也行啊！這才叫見賢思齊嘛！

所以只要遇到有佛出世，那是不得了的大事。最後身菩薩降生人間，以及他成佛的時候，這些風聲都馬上傳遍諸天及十方世界，一定會一直傳播出去；因爲最後身菩薩確定要下生人間的時候，原來跟隨的菩薩們大家都依依不捨，於是風聲就傳出來了。這風聲一傳出來，一天又一天往上傳出去了，最後整個天界都知道，只有三惡道裡面的眾生不知道。因爲這是大事，在天法界中認爲這是最重要的事；所以一旦成佛的時候，諸天天人、天主都要來供養；因爲你只要能夠至誠供養一遍，也可以勉強算是奉侍過一尊佛了，這福德無量無邊，所以供佛不是小事。

如果你在共修時被選爲供佛的代表，應該滿心歡喜；不管得法或不得法，供佛都是頂頂重要的事。所以，你們不要看那些寺院裡面說：「**這些比丘、比丘尼們有現成可證的佛法竟不學，只懂得每天中午供佛。**」不要這樣罵，因爲對他們而言，供佛很重要；他們只要能夠每天供佛，就是在不斷修集福德。只要有恭敬心供佛，就能得廣大福德；他們就這樣一世又一世、一天又一天，每天去修集福德，功不唐捐，未來無量世以後就能值佛而得證悟。所以，能值遇諸佛是不容易的，也許你想：「**現在釋迦佛都過去了，我只能**

供奉木雕的、泥塑的佛像。」不要這樣小看自己喔！雖然是木雕、泥塑，只要有心恭敬於佛，只要你上供了，你的福德便成就了，等同供養應身佛在人間。然後你供完了，食物還歸你吃，福德一樣多，有什麼不好？

由於事關眾生的法身慧命與修福，只要有佛出現在人間，都是大事。釋迦佛過去已有二千五百多年，可是到末法時期的最後一年正法弘傳滅盡爲止，都還算是 釋迦佛住世的年代，也不過一萬一千五百年；然後就是很久很久都沒有佛，最少五億七千六百萬年都沒有佛出現於人間。那五億七千六百萬年之間到底是怎麼回事？就是邪見橫流，而且人心充滿了物慾。那時不但沒有佛法，乃至像現在很流通的世俗法中所謂的身心靈的提升，那時也將消失不見了，因爲沒有人想要提升身心靈了。那你是不是要擔心說：「我到那個時候該怎麼辦？」別擔心，還有別的佛世界你可以去，你專門生到有佛的世界去就對了。

那麼有人又想：「我怎麼知道自己能夠生到有佛住世的世界？」很簡單，只要有無相念佛的功夫，哪個佛世界都願意收你。不必說到開悟明心，只要有無相念佛的功夫就行了；即使很不容易往生的琉璃光如來淨土世界，你有無相念佛的功夫——一心不亂的功夫，就可以往生了。所以，如果明心或者只要斷了我見，不論哪個佛世界都願意收你。這就好像說你聯考考了滿分六百分，哪個大學不收你？連台大都歡迎你了，還有哪個學校不收你？所以，你只要明心了就沒問題了，如果單單斷了我見也都沒問題。因此「諸佛甚難值，億劫時一遇」，我們在賢劫算是非常非常幸福了。可是我要補充的是，斷我見時是必須有未到地定支持，才有斷我見的功德，否則就不是眞的斷我見。這個前提，大家必須知道。

言歸正傳，這時 日月燈明佛吩咐說：「你們大家要一心精進，應該要離開放逸。」以那個時候來講，想要再遇到諸佛都是很困難的。我們賢劫會有千佛出現，是因爲這一千佛在無量劫以前，他們是一位轉輪聖王的兒子，他們是一千個兄弟；這一千個兄弟學佛以後就會相繼成佛，就是在賢劫出現的這一千佛；因爲他們兄弟的情緣很深厚，於是約定要在同一劫中前後相繼成佛，因此才於賢劫中成就千佛。所以，你如果看見人家說，這一對父母爲什麼一生就生了二十個孩子，就嫌說：「唉呀！生這麼多，不是鬧死了嗎？」可是，如果你把這一對父母度了，他們悟了以後，這二十個孩子就跟著他們

剛剛聽完經，又期待明天　佛陀要講什麼，明天終於來了、又聽完了，心中好高興，又期待後天；就這樣一天一天很快過去了，這幾十年就這樣子過去了，突然間聽到說　佛要入涅槃了，心裡覺得很悶。才剛剛聽到說要入涅槃，沒幾天也就眞的入涅槃了，當然大眾心裡面很悲惱。所以當年　釋迦世尊入涅槃以後，阿羅漢們是哭得一塌糊塗。菩薩們哭不哭？有哭有不哭，像　文殊、普賢他們根本就認爲這只是來演一場戲，演完了就閉幕了，要準備轉到別的小世界繼續演八相成道的戲，有什麼好哭的？他們一直配合著演，每次演到圓滿要離去時，台下觀眾們就哭；那個時節我一樣是哭得唏哩嘩啦，但是哭歸哭，不妨礙三乘菩提的親證。當大家聽到這樣子，都很悲惱的時候，文殊菩薩（也就是以前的妙光菩薩）又繼續講：

「聖主法之王，安慰無量眾：我若滅度時，汝等勿憂怖；是德藏菩薩，於無漏實相，心已得通達；其次當作佛，號曰爲淨身，亦度無量眾。」文殊菩薩就接著說明：「聖主，就是日月燈明佛，是諸法之王。安慰無量無數的大眾說：『我如果滅度的時候，你們大家不要憂愁、不要恐怖；因爲這位德藏菩薩，對於無漏法以及實相的境界，心中都已經通達了；他將會接續在我之後再來成佛，佛號名爲淨身，同樣會度化無量的大眾。』」這就是諸佛的安慰之法，所以諸佛滅度前一定會指示：不久以後會有哪一個弟子延續了這個佛法，再來人間示現成佛攝受大眾。大眾心中就會有一個希望及所依，至少知道未來還有 德藏菩薩來下生成佛，就想：「我們今天開始就跟著德藏菩薩學習。」這就是諸佛安慰之法。

釋迦世尊當初入滅前，宣布三月後要入涅槃，大家都是很憂愁，所以 世尊就授記：「未來彌勒菩薩會接著成佛。」大家就想：我們還有 彌勒菩薩可以依止。心就不會那麼憂愁。所以不論哪一尊佛，在入滅之前，一定會授記某一位弟子賡續成佛。如果有誰自稱成佛了，沒有授記弟子成佛，他就走了，那叫作凡夫佛，當然是大妄語人。文殊菩薩又接著講：

「佛此夜滅度，如薪盡火滅；分布諸舍利，而起無量塔。比丘比丘尼，其數如恒沙，倍復加精進，以求無上道。」接著說，日月燈明佛在這個晚上中夜滅度以後，就像柴薪已經燒過，火也已經滅盡了；然後就把碎身舍利分布於諸方，眾生就在各地興造無量的佛塔來供養 日月燈明佛的碎身舍利。然後由 德藏菩薩作爲大家的依止，所以比丘、比丘尼們，當時數目如恆河沙數那麼多，大家都加倍地努力精進，來勤求無上佛道。

「是妙光法師，奉持佛法藏，八十小劫中，廣宣法華經。」日月燈明佛入滅之後，就由妙光法師（也就是後來的文殊菩薩，當時稱爲妙光法師），奉持　日月燈明佛所傳授的諸佛妙藏，在八十小劫裡面，廣爲宣揚《妙法蓮華經》。

「是諸八王子，妙光所開化，堅固無上道，當見無數佛；供養諸佛已，隨順行大道，相繼得成佛，轉次而授記；最後天中天，號曰燃燈佛，諸仙之導師，度脫無量眾。」日月燈明佛出家前當轉輪聖王的時候，所生的八個王子，在父王成佛以後，他們也來出家。當　日月燈明佛捨壽之後，祂的八位王子出家後也都有實證，然後成爲法師；他們都是由妙光菩薩所開化，堅固了無上菩提之道，將來親見無量無數佛；一一奉事供養諸佛以後，隨順諸佛的教誨，勤行大道——就是勤修佛菩提道，然後前後相繼成佛；也同樣地一一授記下一位兄弟未來成佛，也就是前佛授記後佛，這樣一一授記。這八位王子最後成佛的那位王子，後來叫作　燃燈佛；當時　燃燈佛出現於世間，成爲一切大仙的導師。

仙，在道教裡面不是有說大羅金仙嗎？大羅金仙是指誰？就是指 釋迦如來。因爲大羅金仙是沒有誰能證的，只有諸佛才能證得，道教中的仙人們就尊奉了一個名稱給 佛陀，叫作大羅金仙。所以大羅金仙就是諸仙的導師，凡是想要成就這個古仙人道，就得要跟諸佛修學。古仙人道就是講諸佛的成佛之道。那最後一尊，就是最小的弟弟，終於也成佛了，叫作 燃燈佛，也度脫了無量大眾。

「是妙光法師，時有一弟子，心常懷懈怠，貪著於名利，求名利無厭，多遊族姓家，棄捨所習誦，廢忘不通利；以是因緣故，號之爲求名；亦行眾善業，得見無數佛，供養於諸佛，隨順行大道，具六波羅蜜，今見釋師子。」

這位妙光法師除了有這八位弟子以外，當時八百弟子中有一個弟子很有特色，是因爲他心中常懷懈怠，貪名貪利。現在佛教界中不是也如此嗎？貪名貪利的人一大堆；不過他們只要不謗法、不謗佛，將來就一樣會成佛。這一些大師們求名、求利養，就像無量劫前的 彌勒菩薩。所以他們將來會多久成佛？你就拿以前的「求名菩薩」來看，也就會知道了。釋迦如來在無量無邊百千萬億那由他劫以前成佛，現在配合九百九十九位兄弟重新再來示現成佛；而彌勒菩薩直到現在才即將成佛，所以求名求利的大師們將來成佛，就是要比諸位延後那麼久遠的時間。

貪著於名利的人，總是求名求利都不厭倦，因此一天到晚要攀緣那一些大族姓和有名望的人、有錢的人。所以只要誰是富賈多金，或者權位很高，譬如說行政院長、總統、總書記、總理，如果他們的助理打個電話來說：「某某大師，總統某個時候要來見您。」他一定恭候大駕，或者聽命前往晉見，但他爲的不是正法的久住，而是貪緣。這樣的大師就是求名利無厭，這叫作「多遊族姓家」。如果總統、行政院長、立法院長，或者說在大陸的話，例如總書記、總理或者部長的助理，打個電話說：「您大師，什麼時候有空啊？來會面一下好不好？我想請益一下。」「沒問題！沒問題！明天就可以。」甚至於早上接到電話，說：「下午也行！」就把與別人的約會取消掉。雖然是如此，也不完全是負面的，因爲他們「亦行眾善業」，一世又一世度化眾生：捐了錢又發動信徒們去救災，這也是「行眾善業」，所以我們都同樣讚歎，因爲他們證悟之前一定要先有這個修集資糧福德的過程。

不要笑人家，因爲咱們在無量世以前也經歷了這個過程。如果笑人家，就是嘲笑無量世以前的自己；就像是用自己的烏龜之身笑人家那一隻鱉尾巴很短，是一樣的道理嘛！大家都同樣要先「行眾善業」，然後「得見無數佛」。你們以前見過無數佛，已經行過無數善業；而他們如今正在行的善業，你們已經知道自己在過去世都行過了，也就不必笑他們；因爲自己的過去世何嘗不是如此？所以就見怪不怪。這位求名菩薩這樣遇見無數佛之後，「供養於諸佛」，同樣隨順行於佛菩提道，布施、持戒、忍辱、精進、禪定、般若，就這樣一度一度去修，到這一世終於遇見了雄獅 釋迦牟尼佛。

「**其後當作佛，號名曰彌勒，廣度諸眾生，其數無有量。彼佛滅度後，懈怠者汝是；妙光法師者，今則我身是。**」終於爲大眾揭曉了！講了好長一段無數劫前的故事以後，現在 文殊菩薩爲大眾揭曉說：這位求名菩薩供養無數諸佛以後，現在終於遇見了正法雄獅 釋迦牟尼佛，被授記爲當來成佛的一生補處菩薩。如今終於瞭解來龍去脈了，所以這位求名菩薩接著在 釋迦牟尼佛以後，即將會下生人間示現成佛，名號爲 彌勒佛。他將會廣度諸眾生，所度的眾生其數多到很難計算出來。爲什麼難計算？因爲他很多世以來就是好遊族姓家，到處攀緣。

這樣看來，有時候你輕嫌說：「這位同修爲何那麼喜歡攀緣！」這時候你想通了，以後就別笑他了，因爲他未來成佛時的弟子無量無邊喔！就是這樣啊！所以每一件事情都有兩面的結果，你很精進都不攀緣，將來你的徒弟就只是一千二百五十大阿羅漢，剩下的菩薩眾也不會比他的弟子多，因爲你攀緣的比他少。這樣道理想通了呵！想通了以後，從此以後就不必再去分別：「這個傢伙好愛攀緣！」你就不必看輕他了，因爲你如果度了這麼一個愛攀緣的徒弟，將來你成佛的時候，他就帶來一大票人成爲你的弟子，這有什麼不好？（大眾笑…）所以就像孔老夫子講的，應該「有教無類」；你對什麼樣的人都得要攝受，不能夠說「這麼愛攀緣的人，我不攝受」，每天見了就罵他，不應該這樣。不論什麼樣的徒弟，你都應該要攝受。

所以有時候人家會說：「老師！你爲什麼都不管一管？他一天到晚攀緣，你都不罵他。」我爲什麼要罵他？（大眾爆笑…）想通了呵？然後謎底揭曉說：「那個時候的求名菩薩，就是你彌勒啊！」大眾聽了，眼睛都亮起來：「喔！原來是彌勒菩薩。」「當時佛陀滅度以後，那個最懈怠的人就是你；而當時統領大眾，爲大家說《妙法蓮華經》的妙光法師，就是我文殊師利。」

「我見燈明佛，本光瑞如此，以是知今佛，欲說法華經。今相如本瑞，是諸佛方便；今佛放光明，助發實相義。」文殊菩薩說：我當時看見 日月燈明佛那時所顯現的光明瑞相，就是現在這樣的情況；由於我當時所見的情況是那樣，所以如今看見 釋迦牟尼佛同樣向東方照耀出一萬八千佛世界，而顯示出種種佛土的相貌，種種菩薩聲聞眾的相貌，就知道今天 世尊是想要宣說《妙法蓮華經》。如今所看見的這個瑞相，就如同當初在 日月燈明佛的時候所看見的瑞相是一樣的，而這都是諸佛所顯示的方便；如今 釋迦牟尼世尊放出這樣的光明，目的也是爲了助發大眾對實相的眞實義生起希求之心。而這樣的光明所映照出來的那一些諸佛土的法相，就是在告訴大眾：佛法中不是只有聲聞道，也不是只有一尊佛出現在人間，而是有許多佛繼續示現著；而且有很多的聲聞眾，還有更多的菩薩眾，都在精勤修道，在修道的過程中也會有種種的差別不同。

「諸人今當知，合掌一心待，佛當雨法雨，充足求道者。諸求三乘人，若有疑悔者，佛當爲除斷，令盡無有餘。」文殊菩薩最後作了吩咐說：「諸位大眾啊！你們現在應當了知這個道理，」因爲諸佛凡有放光而示現瑞相，或者諸佛示現出笑容時，一定是有道理的；平常要看見 佛笑，是不可能的，諸佛都不會輕易顯出笑容，永遠都是一味平懷。如果看見 佛陀微笑了，一定有原因，一定有什麼事情發生了，所以看見 佛陀笑的時候就要趕快請問了。阿難就很清楚這一點，所以只要 世尊看見某一件事情而微笑，他就趕快請法，一定有法。文殊菩薩接著說：「既然有這個瑞相，大家要恭敬合掌，一心不亂來等待，因爲釋迦牟尼佛即將降下大法雨，讓所有求佛道的人都能夠充足。」

所有求證三乘菩提的人，假使到了這個時節，把《無量義經》聽完了，心中都還有懷疑，或者心中仍有掉悔，掉悔就是心不決定。這時 釋迦牟尼佛就會爲大眾除斷一切的懷疑以及掉悔，讓大家對佛菩提道「心得決定」。不管誰對三乘菩提心中有疑——最主要是針對佛菩提道心中有所懷疑，心中還不能得決定，還沒有定心所，也就是心中還在猶疑不定：到底我要走聲聞道？或者要走佛菩提道？當他心中還有疑惑，不能心得決定時，這時 釋迦牟尼佛會爲大眾決斷所疑，讓大眾對佛菩提道心得決定，這叫作「令盡無有餘」。然而大前提是：要留下來聽完《法華經》，別在 佛陀即將開講前就不信受而離開。今天講到這裡。

中秋節要到了，所以到處塞車；郊區不會塞，市區都會塞車。我記得退休以前，中秋節總是要去送禮，這時節，我也跟著大家塞在路上。退休下來弘法二十年了，不必塞那個車，可是卻比退休前更忙。沒辦法，大概就是該忙到捨命爲止吧！因爲弘法這事沒有退休的時候。《妙法蓮華經》今天要從〈方便品〉第二開始（詳下一品〈方便品〉詳解。）：

《妙法蓮華經》

〈方便品〉第二

經文：【爾時世尊從三昧安祥而起，告舍利弗：「諸佛智慧甚深無量，其智慧門難解難入，一切聲聞、辟支佛所不能知。所以者何？佛曾親近百千萬億無數諸佛，盡行諸佛無量道法，勇猛精進，名稱普聞，成就甚深未曾有法，隨宜所說意趣難解。舍利弗！吾從成佛已來，種種因緣、種種譬喻廣演言教，無數方便引導眾生，令離諸著。所以者何？如來方便、知見、波羅蜜皆已具足。舍利弗！如來知見廣大、深遠、無量、無礙，力、無所畏、禪定、解脫三昧，深入無際，成就一切未曾有法。舍利弗！如來能種種分別，巧說諸法，言辭柔軟，悅可眾心。舍利弗！取要言之，無量無邊未曾有法，佛悉成就。」】

語譯：【這時世尊從三昧中安祥而起，告訴舍利弗說：「諸佛的智慧甚深難測而且不能測量，諸佛的智慧之門很難理解、很難進入，一切聲聞聖者、獨覺聖者所不能了知。爲何是這樣的呢？成佛的人都曾親近過百千萬億無數諸佛，全部實行了諸佛所教授的無量佛道之法，都必須有勇猛心而精進實修，才能成佛而得名稱普聞於十方世界，成就世人所不曾了知的非常深奧微妙的佛法，若是隨著各類根機所宜而爲眾生所演說的法，其中的意旨與妙趣都是很難理解的。舍利弗！我自從成佛而到現在，藉種種不同的因緣、以種種譬喻來廣爲演說各種言語教誨，用難以計數的各種方便來引導學法的眾生，教令大眾遠離各種執著。這是由於什麼原因呢？如來的方便善巧、所知所見、到達無生無死彼岸的解脫都已經具足了。舍利弗！如來的所知所見非常廣泛偉大、深妙幽遠、無法計量、沒有障礙，具足十力、四無所畏、各種禪定、解脫的三昧，深入到沒有邊際的境界中，成就了一切世人所未曾知道的諸法。舍利弗！如來能夠作種種分別，巧妙地演說一切法，又能言辭柔軟，來歡悅大眾之心而使大眾都會認可。舍利弗！若從重要的方面來簡單地說明，就是無量無邊的眾生所未曾知悉的一切法，佛陀全部都已經成就。」】

講義：接下來是第二品〈方便品〉，主要就是說明　世尊度眾說法的方便。這個「方便」在弘法過程是很重要的，如果沒有善巧方便，可能在弘法的過程會產生對自己、對徒眾、對道場的衝擊，因此會使正法的弘傳受到損害，所以弘法者一定要有方便。我們也一直不敢疏忽這個部分，所以在有次第的弘法過程裡面，同修會都沒有受到什麼外來的損害。有損害的反而都是來自內部自己，這要叫作什麼呢？有一句成語叫作「禍起蕭牆」。所以我們沒有外部來的挑戰，都只有內部的人由於性障的緣故，所以前後共有三批退轉的人出來挑戰。不過，有一句閩南語說：「**打斷手骨顛倒勇。**」所以只要你是眞金，不怕火煉；就怕是電鍍的假金，火一燒煉就完了。諸佛弘法也都是要有種種方便，不但在說法上面觀察眾生的根基，所以施設了三轉法輪的次第，並且先由頓教開頭，最後以圓教作個結束，這就是方便施設。

那麼，我們正覺同修會也是一樣，經過將近二十年生聚教訓，這一次才算有人能主動去抗議達賴。這種動作，以前是不可能會作的。但現在也是個時候，因爲這是一個機會，等於是全球媒體都在注意著。我們把握這個焦點，讓全世界大眾知道：達賴不代表佛教，他們不是佛教。我們正覺也是從前年才開始正式進入開展期，開展期就該有開展期的作爲，跟以前一向行事低調的作爲不太一樣。破斥達賴的事，也是我們計畫中應該要作的事情；這樣觀察因緣而作，就不會使同修會受到損害，我們的同修們也不會受到損害。這就是觀察時節因緣，看是走到什麼地步，我們可以作什麼。

同樣的道理，《法華經》要宣講之前，一定要先有方便善巧，因爲聲聞人——特別是凡夫位的聲聞人，根本沒辦法信受大乘妙法。所以，先講了《無量義經》讓大眾瞭解：有一法可以開展出無量義，因爲這一法就是一切法——一切法莫不從祂生。以這一部經作爲序經，然後還要方便放光照耀一萬八千佛世界，讓大家看得清清楚楚：原來佛教是這樣，原來有那麼多的諸佛，證明　釋迦牟尼佛在這個人間的示現不是偶然；十方世界也有那麼多不同層次的菩薩，所修之道也是有著無量差別。這樣示現完了，然後再讓　彌勒來問一問，文殊來答一答。這樣把本末因緣說清楚了，然後準備要講《法華經》了，卻還不許立刻就開講，還得要再有一些方便。這時　世尊已經知道　彌勒與　文殊對答完了，已經把因緣說清楚了，解答了法會中大眾心中的疑惑，表示說不是只有　釋迦佛才這樣作，過去佛就已經這樣作，現在東方許多世界中的諸佛也是這樣作，而且這還是在法會現場的　彌勒與　文殊親自經歷過的眞實故事。

那麼，這樣就有很大的證信功德，讓大眾信受即將會開演的妙法。可是，因爲　世尊很清楚當時在座的大眾中，有許多聲聞法中的凡夫是不可能信受的，所以當然還得要有一點方便善巧的施作。所以，這時候　世尊從三昧中安祥而起，向舍利弗說：「諸佛的智慧甚深而且無量無邊，諸佛的智慧法門也是很難理解、很難以趣入，一切的聲聞阿羅漢們、以及一切的辟支佛們都無法了知。爲什麼會這樣呢？」乃至於說：「舍利弗啊！如來能夠作種種的分別，以種種善巧來演說各種法門，所說言辭柔軟而不粗鄙，能夠悅可大眾之心。舍利弗！簡單地說，無量無邊的大眾所不曾聽聞的法，我釋迦牟尼佛已經全部成就了。」

諸佛的智慧甚深而又無量。「甚深」不必講很多，單說般若的入門，也就是開悟實相智慧這個法，就有多少人錯會了。世尊演說般若的時候，大部分人是錯會的，正確領會　世尊意旨的人一直都只有少數人。且不說　世尊講的法，單說我寫的書，那比起　世尊的法，可是粗淺到不得了。可是粗淺法義之中的最粗淺部分，會外都有許多人依舊誤會了，卻反過來罵我。譬如我早期寫的書，我說：「意識是虛妄的，那麼開悟呢，就是要用這個虛妄的意識心來找到一個離見聞覺知的如來藏。」這是很簡單、語意明白的話，理論上說，應該不會有人讀到誤會吧！可是網站上，前些年還常常有人罵：「你既然說意識是虛妄的，你又說入涅槃時要捨掉意識，那你要怎麼開悟？」可是，我明明說：「要用意識來找到真實不壞的如來藏，意識本身是虛妄的。」這有什麼矛盾呢？可是，他們聽不懂、讀不懂，就說：「意識是虛妄的，要滅掉；滅掉以後，你還能夠學佛嗎？你還能夠說法嗎？你還能寫書嗎？」還在網站上罵得振振有辭呢！你看，這麼簡單的一句話，他們讀了都能誤會，何況是 佛陀說的深妙法呢！單單是實相般若的總相智慧就已經全面誤會了！所以 佛所說的法確實甚深，而且甚遠，因爲悟後還有更多法需要長劫修證呢！假使讀不懂，就說那是後人創造的，那他們就永遠不可能體會什麼是甚深法。

莫說他們沒有證悟如來藏，沒有般若智慧而讀不懂，乃至已經明心之後都不可能把所有經典讀懂；因爲在第三轉法輪的經典之中，有許多境界是八地、九地、十地菩薩都還要修學的。那，明心後都還沒有入地，憑什麼就能懂得八、九地菩薩要學的那些內涵呢？所以諸佛的智慧確實是甚深、無可測量。假使有誰說他能測量諸佛的智慧，那一定只有凡夫，因爲凡夫都這麼想：「我知道的佛法是這樣，諸佛所知大概也就是這樣。」所以他認爲自己能夠測量諸佛的智慧。可是當我們悟了以後，才發覺諸佛智慧不可測量。莫說悟了進入第七住位，等覺菩薩都還無法測量諸佛智慧呢。所以諸佛智慧確實甚深，而且又加上「無量」，因爲：同樣是如來藏，可是圍繞著如來藏有無量無邊法，而諸佛莫不究竟了知，等覺菩薩卻依舊還有許多的不知。

所以淺見之人，我們稱他爲新學菩薩；當他在禪三明心了，下山回來就想：「我知道了，佛悟了以後就是這個啦！」然後心裡面就想：「我再來參加增上班的課程，看蕭老師在講什麼，如果沒有什麼好學的，我就跟蕭老師說再見。」上過一堂課、二堂課，覺得好像沒什麼，然後想：「我就請長假，以後有講到特殊的法時，我再回來。」可是那一些沒什麼的課程，他沒來學習的看來「沒什麼」的二年課程，人家學了二年以後，他一見面才知道說：「怎麼我的智慧差這麼多？」這時候終於知道眞的有什麼，想要回來增上班。那我也歡迎啊！可以再回來啊！因爲既然是家裡人，生了個兒子，不管他乖不乖、孝順不孝順，終究是自己的孩子嘛！隨時都歡迎他回來。他這一回來就安下心來，越學越發覺佛法無量無邊，而且其中許多法都要悟了才能聽得懂的。那麼剛剛證悟了，來參加增上班的課程，以前我們開始講解《成唯識論》的時候，有一段時間，大家整整三個月聽不懂。都已經證悟了還會聽不懂，將近三個月以後說「才終於聽懂一些」，可是那都還沒有講到佛地的境界。

那你想想看，諸佛的智慧當然確實無量，不可猜測、不可揣摩。而且諸佛的智慧門難解又難入，智慧門就是實相般若，說穿了就是禪宗的明心開悟。可是好多人學禪宗，不知道禪宗證悟了就是悟得般若。好多人學《般若經》時都不知道，《般若經》的證悟、《般若經》的實證，就是禪宗的開悟智慧。這道理好多人都不知道，包括現在有好多大山頭的堂頭和尙竟然都還不知道，所以他們認爲「般若是般若，禪宗是禪宗」，卻不知道說「禪宗開悟了就是證得實相般若」。好不容易終於讀到正覺同修會的書，漸漸瞭解了，終於瞭解說：「啊！原來禪宗的開悟就是般若禪。」你們別說這是很容易懂的事，十年前雲林老人有一天打電話來，開口說：「蕭老師啊！原來你講的禪就是般若禪。」我說：「王老哥！您知道這一點倒是很可喜，禪宗的禪本來就是般若。」諸位想想，佛教界的老前輩都還讀了我的書才知道。現在電視上那些宗教台上的法師們，其中有幾位法師當年想要出來弘法時，都還先去向他拜碼頭。你們是不太瞭解他，那是台灣佛教草創期很有名的人物，那麼很晚輩的法師們就不知道王老師了。

那麼 佛說的「智慧門」其實有三種，因爲總共有三乘菩提。大乘法的智慧就是般若，它的入門就是禪宗的開悟，而禪宗的開悟是要明心。可是想要明心，看見禪宗祖師那些開悟的公案，眞叫人無法揣測，因爲禪師們常常是答非所問，明明你跟他問佛法大意，他卻告訴你「露柱」，不然就告訴你「綠瓦」，不然就說「乾屎橛、花藥欄、胡餅」，什麼花樣都有。奇怪了，佛法大意爲什麼是胡餅？單單是般若的入門，這個「智慧門」想要進入就很難理解。後來聽說正覺同修會有個蕭平實自稱開悟，闖上門去問問看吧：「請問蕭老師，如何是佛法大意？」「七七四十九。」你說，究竟是易解或者難解呢？眞的難解啊！

大乘法入門是這麼難解，那不然，談淺一點的好了，說緣覺菩提好了。「緣覺菩提？我知道啦！就是十二因緣啦！不過就是無明緣行、行緣識，乃至生緣老病死、憂悲苦惱嘛！這我還不知道？」「問題是，你知道了，爲什麼還不是辟支佛？這還能叫作知道嗎？」原來還是不知道。可是這因緣法爲何那麼難證？它都還不必像禪宗的開悟這樣，可是因緣法到如今又有誰眞正傳了下來？還是沒有啊！經典寫得那麼分明，爲什麼大家依舊讀不懂而無法實證？因爲難解難入。明明就告訴大家，一定得要修十因緣的黑品法、白品法，然後再修十二因緣的黑品法、白品法，明明就寫在四大部《阿含經》裡面，又不是沒寫，爲什麼白紙黑字寫在那邊，大師們還是沒有辦法成爲緣覺？你看印順法師，據說他把《大正藏》四部阿含那二大冊都翻到快要爛了，可是爲什麼還是無法證緣覺果？依舊落在常見外道裡面？因爲緣覺法門這個智慧門也是難解難入。

再不然，談最淺的聲聞菩提好了，這個智慧門是最簡單的。四阿含諸經中也寫得清楚分明，都說六識是虛妄的；爲什麼釋印順領頭的這些大山頭堂頭和尚們，各個都還堅持意識是常住法？爲何如此？這表示，即使是最粗淺的聲聞菩提智慧門，都同樣是難解難入，無怪乎大乘法的般若，他們都無法理解；無法理解當然就更難入，套一句俗話說「門都沒有」，因爲他們根本不知道門在哪裡。少小出家，而今垂垂老矣，已經弘法幾十年，竟然都還不知道大乘法要入門的時候，那一個門在哪裡。那就表示，他們一生都想要進入大乘法之門，可是每一年、每一天都在碰壁，因爲他們都找不到門，不斷地去碰壁，看能不能給他碰見門。難的是，這大乘法的智慧門是「無門爲法門」，你看《楞伽經》這一句話就點出了它的難解難入。因爲「無門爲法門」，所以你只要智慧夠了，不論哪一面牆壁的哪一個部分全都是門，你一穿就過去了。如果智慧不夠，把門畫在那裡、做在那裡，他也看不見，因爲大乘法的智慧門是「無門爲法門」，無門可入。

我記得以前，釋昭慧曾經在香港說：禪宗都是無頭公案，全靠禪師自由心證；人家次第禪觀至少還有個入手處，可以依照次第去修證。禪宗根本沒有一個方法，然後就說他們悟了，憑的是禪師的印證，那叫人家要怎麼悟？她倒點出了當代所有大法師們的困境，難就難在這裡啊！它沒有一個門可以給你入，也沒有個次第，因爲開悟就是一刹那，要什麼次第？就好像你從來沒有吃過芒果，人家跟你怎麼形容，你都會誤會啊！可是，有一天突然間在一堆水果裡面弄清楚：啊！原來這就是芒果。那就是一剎那間的事，難道你知道芒果，需要先知道它的蒂頭嗎？然後再看見一點、一點、一點，最後再看見整體嗎？需要這樣嗎？不需要欸！你找到芒果的時候就整顆現前了，那需要什麼次第？根本就不需要次第。

所以它沒有法門，你悟了就是悟了。然後禪師之所以尊貴，也就在這裡，因爲沒有法門，不對就打回票。等你弄清楚了，我就跟你蓋章；可是要等我蓋章很困難，我不隨便給你。你怎麼參怎麼不對，等你參對了，可能是二十年後、三十年後，我輕鬆跟你蓋個章就結了。全憑禪師一句話，所以你說禪師尊貴不尊貴？當然尊貴啊！因爲沒有門可入，所以智慧門眞的難解難入，諸佛的智慧門不在二乘菩提而在大乘菩提。那麼話說回來，釋昭慧講說次第禪觀，那我倒要這麼說了：這個有法門、有次第可入的次第禪觀，請問妳入了沒有？莫說妳沒有入，連那個想要教妳實修的葛印卡或是帕奧大師自己也沒有入。好在妳沒跟他學，否則還眞是枉費一場力氣！就算是要學次第禪觀，妳也只能到正覺來，別無分號，其他諸家賣的都是贗品。

所以說，諸佛的智慧門確實難解難入，單單要理解就好難。好多人都不知道，原來實相般若的親證就是禪宗的開悟，所以一天到晚把《般若經》背得滾瓜爛熟，甚至於有時候還可以號稱倒背如流，人家告訴他：「你要證般若，得要去學禪宗。」他一聽禪宗，扭頭就走，後面跟你撂下一個字：「哼！」那你說，他還有什麼因緣可以開悟般若？不幸的是，二十世紀的佛教，整個世紀都如此。一直到二十一世紀開頭，正覺響亮地冒出頭來，大家才終於知道：喔！原來實相般若的親證就是禪宗的開悟，禪宗開悟就是入門了。講起來，大乘佛教的學人還眞可憐，因爲這個如來藏法被打壓已經四、五百年了，明末及清朝都是密宗的天下。清朝將近三百年，民國也將近一百年，一直被打壓著。民國以來雖說沒有人打壓，但問題是不停地戰亂。好不容易來到蓬萊仙島，我終於度了這麼多仙，這叫作古仙。因爲我們將會遇到這個好時節，佛早就看清楚了，事先安排我們到這裡來，有這麼個言論自由、宗教自由的環境，才終於可以弘揚起來，不必借助於政治勢力。

清朝三百年全部都是密宗的天下，因爲清朝皇帝都是學密的；他們學密是其來有自，因爲他們在塞外時就跟蒙古人一樣學密宗了，所以那是清朝皇帝們的家風與傳統；來到中原，禪宗不管是誰，只要弘揚如來藏的，就要被皇帝打壓。最有名的是雍正皇帝，他還寫了《揀魔辨異錄》，罵人家是魔，結果現在證明他自己才是魔。因爲凡是弘揚如來藏的人，他都罵是魔，極力取締打壓；那你說，大乘佛教學人，四百年來可不可憐呢？眞的可憐啦！好在我很有耐性，在西藏失敗以後我就等待。你不讓我弘揚，我就等，我總會等到時節因緣，所以如今來到台灣開花結果，這個果實可香呢！現在他們聞到香，吃不到。現在很多人想要證如來藏，可是拉不下那一張老臉來正覺，所以他們只能聞香，吃不到嘴。那也沒辦法，我就是這樣的原則：你要顧戀那張老臉皮，我這香甜水果就不讓你吃。很簡單，如果能夠拉得下老臉，這水果就保證他吃得到，因爲我這個人不吝嗇。

從這裡來看，說四百年來，如來藏妙義無法弘揚出去，大家抱著《般若經》，結果每天課誦也沒用。那《心經》不是寫得明明白白嗎？可是爲什麼他們都悟不了？因爲眞的難解難入。這個難解難入是阿羅漢們所熟知的事，菩薩們就覺得稀鬆平常，因爲已經入了門就不覺得有什麼稀罕。譬如你們出家前，覺得說：**「出家很尊貴，好難得，我有沒有機會出家？」**一定這樣想嘛！出家了以後，現在出家二十年，你就覺得：「出家也沒什麼啦！」對不對？對嘛！同樣的道理，就好比世間法，每一期樂透都去買，一個月花上好幾千塊錢，只能感嘆：「唉呀！始終是肉包子打狗。」突然間有一回中了，而且還是第一獎獨得，沒有別人來分享；唉呀！歡喜了好久。好幾個月都還在歡喜，可是十年後還歡喜不歡喜呢？縱使那些錢都還在，也不怎麼歡喜了，因為習慣了。

菩薩覺得實相般若沒什麼，可是阿羅漢們都很清楚「菩薩可畏」啊！他們見了菩薩來，都閉嘴不再講話了，都不說法了，為什麼呢？因為一說錯了，菩薩就會指出來。即使沒有說錯，菩薩也會講：「你將來入了涅槃，那涅槃裡面到底是什麼？說來聽聽。」這一下，啞口無言，因為涅槃裡面是什麼，他們所有聖人都不知道啊！那你叫他們怎麼辦？所以，只要看見菩薩遠遠來了，阿羅漢們就閉嘴；所以，阿羅漢們很清楚知道諸佛的智慧門難解難入，因此說「一切聲聞、辟支佛所不能知」。因為辟支佛縱使知道十因緣推窮到底就是那個能夠出生名色的識，然而那個識在哪裡？當他為人家解說十因緣的時候講得口沫橫飛，遠遠看見菩薩來了，音量就放小了，然後趕快把它結束了。佛陀時代的阿羅漢們也都是辟支佛，但因爲他不是獨覺，所以仍然屬於聲聞而被稱爲緣覺；可是遇見了菩薩來，大家都閉嘴。又看見那些菩薩們見了 文殊、彌勒時，又像他們一樣是閉嘴；文殊、彌勒二位大士，如果 佛陀沒有交代，他們也不敢開口。想一想，佛世尊的智慧門確實是難解難入，光要理解就難了，何況入門！所以說，佛所知的諸法是「**一切聲聞、辟支佛所不能知**」。

世尊爲了要讓大家瞭解，因爲 世尊並沒有像我這樣解釋，所以爲了讓大家瞭解，就講了一些理由出來，說諸佛都是已經親近過百千萬億無數諸佛。不是只有一個無數諸佛，而是百千萬億的無數諸佛。所以，成佛不是那麼簡單的，不能像那一些愚癡人一樣，動不動就說他成佛了，更不能像一貫道推崇老母娘而謊言說：「**唉呀！那釋迦牟尼佛是我們母娘生的。**」她何德何能？她連聲聞初果的斷我見證量都沒有，還能出生 釋迦牟尼佛？她又不是摩耶夫人！所以那都是不懂事的胡人在說八正道。因此，凡是要成佛，必須要經歷過百千萬億的無數諸佛，供養、奉侍、學習，至少三大阿僧祇劫熏習累積下來，到最後才有可能成佛。

成佛不是小事，哪像印順那樣隨隨便便就說他成佛了，哪裡像密宗那樣隨隨便便就說成佛了，那都叫作凡夫佛。凡夫佛是什麼佛？叫作「名字即佛」，因爲他們連「觀行即佛」都談不上。爲什麼我這麼說？因爲他們的觀行方向都錯了，應該往這一邊作觀行，他們卻往岔路那一邊去了；連觀行方向都錯了，怎麼可能成就「觀行即佛」的功德呢？像你們這樣實證的「相似即佛」，他們也就別提了。所以，成佛不是他們所知道的那麼粗淺。

親近過百千萬億無數諸佛以後到現在才能成佛，這表示在那一段很長很長的時間裡面，已經究竟行盡了一切觀行，諸佛的無量法義、無量行門，都已經勇猛精進修學完成，才有可能成佛。如果往世學佛以來到現在，只曾經供養過一萬佛、一千萬佛，或者一億佛，或者百億佛、千億佛、萬億佛，那都還「不足以言道」，因爲他只是隨學過百千萬億佛，都還不到一個無數諸佛。「百千萬億佛」的萬億佛，也不過就是一個萬億佛，還算不上無數諸佛。人家成佛是承事供養過百千萬億的無數諸佛。那麼想一想，如果人家到處去鋪橋造路救濟眾生作得很歡喜，都不會想一想說：我這樣叫作修學佛法嗎？那就表示，他還沒有供養到第一個無數諸佛，所以你應該隨喜他：「你好好繼續作。」要鼓勵他們，所以如果他們問你說：「我去幫忙八八風災的地區作義工好不好？」你說：「好啊！你應該每天去，要常住在那裡好好作。」因爲他們作得還不夠。

等到他哪一天突然想起來：「我很努力這樣作事，這樣眞的叫作學佛嗎？」你就知道說，原來他已曾供養過幾個無數諸佛；也許是三個、五個、八個、十個不等的無數諸佛，就是很多個無數諸佛。你就說：「對啊！你聰明。你現在這樣不叫作學佛，這樣叫作累積學佛的資糧。」他就問你：「那我該怎麼學佛？」你就說：「你首先就要把你修集的福德資糧作個總迴向，看是要迴向二乘法中的見道，或是迴向大乘見道。」他一聽就好奇了：「那請問什麼是二乘見道？又什麼是大乘見道？」你就爲他嘗試著說說看，看他聽不聽得進去。如果他聽了修學諸法的事情就起煩惱，你就說：「原來你只供養過一個無數諸佛，那你就回去原來的善業上面繼續再努力。」所以成佛不是那麼容易的事，爲什麼那些阿羅漢們恭恭敬敬地對待菩薩們，而菩薩們恭恭敬敬地對待　文殊、彌勒，而　文殊、彌勒、維摩詰卻又恭恭敬敬地奉侍釋迦牟尼佛？這一定有道理。所以由此可見，一定曾經親近過「百千萬億無數諸佛」，並且「盡行諸佛無量道法」，而且是勇猛精進完成了才能成佛。這時候「名稱普聞」，十方諸佛世界的諸佛以及等覺菩薩們都知道某某世界又有一個人成佛了，沒有不知的。

成佛的時候成就了「甚深未曾有法」。甚深，剛才略說了就不再重複。未曾有法，也就是在等覺地乃至妙覺地都還不能得到的法，那就是說大圓鏡智生起了，成所作智生起了，而最後一分的妙觀察智、平等性智也具足圓滿了。這時已是行陰盡，又破了識陰的區宇，五濁全部斷盡無餘，這時會有什麼現象出現呢？第一個現象就是外表看得出來的六根互通，所以不管佛入了定或是入了什麼三昧中安祥而坐，但是祂都能了知大眾在幹什麼，因爲祂不用耳根聽聞、不用眼根看見，也可以知道，已經六根互通了。六根互通之後，自受用功德就是一一心都可以獨立運作，一一心所法都可以作任何變現。你說妙覺菩薩要怎樣想像？所以這些都叫作「未曾有法」。

單單說一個心所好了，好多人說：「唉呀！我去同修會聽法，我聽了都懂，回家以後卻都記不住。」原來他沒有聽懂，因爲沒有勝解，當然記不住。可是也有人眞的聽懂，還是記不住啊！爲什麼？因爲念心所還沒有具足。即使你念心所修得很好，你說：「上來作一場演講吧！你臨時可以講吧？」「你又沒有通知我準備，我怎麼講？」爲什麼呢？因爲沒有念心所，沒有在念心所上面得到大受用。所以如果我們想要上台講一個什麼法，得要準備個什麼法。當然也可以隨興而談，譬如說像以前我們去台南侯氏宗祠，那就乘興而談，連一個什麼大綱都沒有，靠在椅背上就開始講，直接談了整整一個下午，那也可以啊！後來整理出來就叫作《大乘無我觀》，那也可以啊！可是如果要講一些比較有次第性的，（也不是說《大乘無我觀》就沒有次第性，那還是有啦！）但是我們若是想要有一個完整的函蓋面，那總得要列個大綱吧？要嘛！如果要事先寫好，一字一字依照上面的字唸，那不能叫作說法，那叫作唸書、唸演講稿，這些層次差別就很大了。可是即使你可以上來都不必準備什麼，也不必有任何文字，你就在腦袋瓜裡一面構思、一面宣講，就能滔滔不絕講上四個鐘頭、五個鐘頭，你也還是沒有辦法跟諸地菩薩相提並論。即使到了妙覺位，聽見諸佛的說法，也都還是自慚……不叫作形穢，叫作什麼？都還覺得自愧不如。爲什麼呢？因爲諸佛的念心所具足。

所以念心所不夠時，會有一個很常見的現象；諸位也許看見人家說法，他說法時說著說著，天馬行空就拉不回來主題，跟剛剛講的那個主題兜不攏了。善知識說法，說某一個法時，他也許會講某一個譬喻，那個譬喻講完了隨即顯示與這個法是相關聯的，所以譬喻講完了就拉回來作出結論。如果沒有那個智慧呢？為了講這個法而說了一個譬喻，從這個譬喻又講到別的譬喻，更後面的譬喻又講到別的事情去，結果忘了自己講這些譬喻時是在說明什麼，得要問大眾說：「我剛才是在講什麼？」他忘了扣住主題，話頭拉不回來了。就是這樣啊！這就是念心所不好，然而諸佛沒有這些問題存在。所以，甚深的未曾有法都是在諸佛的證量之內，因為有這樣的甚深未曾有法，所以諸佛「隨宜所說意趣難解」。

不信的話，明心後，你把三轉法輪的經典請出來讀看看，有多少是你能懂的？真的不多啊！至於能夠把它拿來講解或者註解，那就不容易了；若是要講解得勝妙，又更難了，因為那要憑你的證量，不是靠意識思惟所能理解的。所以，如果你的智慧到某一個層次時，當你把《大藏經》裡面某些古德的註解拿出來讀，有時候你會啞然失笑。為什麼呢？因為他們的註解，往往一大堆文字都沒有搔到癢處。譬如說，你想要知道經文中一句或者一段的意思，結果三家、五家的註解你都讀過了，依舊搔不到癢處。你正因爲弄不清楚才去讀註解，結果你無法從他們的註解中弄清楚，因爲他們也是依文解義，所以你背後那個癢就繼續癢，沒有人能幫你搔到癢處；這都是很正常的現象，因爲諸佛「隨宜所說意趣難解」。多數人都弄不清楚 佛陀講那一句話的意思是什麼，爲什麼要講那一句話。往往你到了某一個層次以後，才知道：「唉呀！原來當時佛陀講這一句話，目的在這裡喔！」但是，爲了知道這個目的，你已經修了很多法而漸漸來到這裡，才終於知道 佛當時爲什麼要講那一句話，眞的難理解啊！

所以，眞正學佛的人要有一個觀念：佛意難知。佛每說一句話，從無贅語，都有目的，只是難知，所以不容易理解。就好像說，你不是寫書的人，就不會知道：人家寫書的人爲什麼某一些地方一定要講那一句話，看來好像不相干。所以，當校對就是有這個好處：本來弄不清楚啊！等到來跟我問了，才知道：喔！原來是這個原因才要寫那一句話。那麼自己的智慧又增加了。眞的，佛意即使是「隨宜所說」，也都是「意趣難解」。所以，假使你能夠好好把大乘經典一一正確地註解完畢，那一定是一件大功德；因爲 佛陀說法的時候，都是順應當時的狀況隨宜說法，往往不是事先特地施設要說什麼法。不是像《妙法蓮華經》一樣，這是故意要講的。但是，即使是「隨宜所說」都不容易理解，哪一部經不是因爲某一個因緣引發出來，才會使 佛陀講了那一部經？那也都是「隨宜所說」，卻是勝妙難解。

所以往往短短的一部經，佛陀不過是用二、三個鐘頭講完的經，我們講解後整理起來都是五、六冊以上。你看，《勝鬘經》不是很短嗎？那是 佛陀不到一個下午就講完了。我們卻要宣講那麼久，然後整理成文字也要六冊，這還只是那麼短的經。所以你看，像《楞嚴經》，也只不過是一個下午講到晚上，到晚上就講完了；可是我們也得講解很久，如今整理成文字，我又把它作了大幅度的增刪，成爲十五冊。爲什麼要大幅度增刪呢？因爲那是十幾年前，沒有十幾年吧？十年呵？十年前講的，是講完好幾年了。那是搬到承德路這裡來，沒過幾年以後講的。然後，講到二〇〇三年初第三批人退轉了，我還沒講完，繼續講。現在整理出來時，時空大大不同了，出版時的目的與當時宣講的目的大不相同了，所以我得大幅度增刪。一增一刪以後，其實文字的量是相當的，不是大變動的，原來多少文字就取代多少文字，大約是這樣子。可是要印成幾冊呢？十五冊。那十五冊，表示我們的註釋很詳細，而佛陀只是吃過午飯以後開講，只講到那個晚上而已。眞的，雖然祂是「隨宜所說」，因爲是阿難尊者出了事，所以 佛陀才講了《楞嚴經》，眞是「隨宜所說」，可是我們講解後整理成書總共要十五冊。

你們都知道，我的書不像人家五個字、八個字就是一行，也有人更荒唐地大賺稿費，只有一個字也可以單獨成爲一行，我的書可幾乎是每行滿滿的；這樣詳細註解出來，都還有許多人讀不懂呢。那你說諸佛講的經容易理解嗎？一定是不容易理解。若是依文解義的註解，其實是沒有什麼功德的；因爲他註解了，人家讀了還是不懂，那他註解出來幹什麼？註解出來只是取一個名稱說：「我有註解某某經，你看我夠厲害吧！」就只有這個意義而已。可是，你註解出來以後要人家可以讀懂啊！這才是重要啊！所以，我現在有些懊悔說：「當初註解《楞伽經》，如果那時候不考慮字數太多，用白話直接註解會有多好。」現在就是這麼想啊！所以現在都用講經的方式來整理，這樣就最白話了，因爲講經時總不會從頭到尾都掉文吧！那就全部用白話來說明，若是偶然有一兩句文言文，諸位就包涵一下，因爲積習難改，諸位就包涵一下。

這就是說，諸佛的境界不可思議，千萬不要說：「啊！我明心了，我知道了，佛陀的智慧就只是像我這樣啦！」何止這樣？我當年明心、見性二關一次解決的時候，我馬上知道距離佛地還很遠，馬上就知道了。你要有這樣的見地，才表示說你是久學菩薩。可是有一些人才剛悟了，就跟我說：「老師！我知道了，諸佛就是什麼樣的境界。」我心裡面就爲他捏一把冷汗，因爲怕他會退轉。這表示他是新學菩薩，果不其然，後來也就退轉了。

那麼接著呢，佛陀說：「舍利弗啊！我從成佛以來，以種種不同的因緣、用各種不同的譬喻，廣泛地敷演出各種言語和教誨，用無數的方便來引導眾生，教令眾生遠離各種的執著。」世尊講過諸佛了，接著就是以他類己；不能從自己先開始講，要先從諸佛講起。先從諸佛講起的時候，那些凡夫們不會想說：「唉呀！佛陀都是在自我標榜。」說法一定要這樣作。如果直接就講「我釋迦牟尼如何、如何……」，那些聲聞凡夫們會認爲是 佛陀在自我標榜，因爲他們不知道 佛的境界。菩薩們聽了可都知道那是如實語，可是聲聞凡夫們會懷疑，因此先談過諸佛以後再來談自己。而 佛說法的這一些弘法事相，正是 釋迦牟尼佛一生的過程，因爲講《法華經》時已經是到晚年的事了。

所以，這樣說完之後如實敘述，接著解釋那個道理說：「我釋迦如來的方便善巧已經具足了，我釋迦如來的所知所見也已經具足了，我釋迦如來的各種到彼岸的證量，也已經具足了。」這就是提出三個具足：方便具足、知見具足、波羅蜜具足。所以一切法，如來無有不知；一切解脫境界，如來無有不知；一切方便善巧，如來無有不知。這樣宣示自己的境界之後，再來作解釋說：「我釋迦如來的所知與所見有這一些特性，叫作廣大、深遠、無量、無礙。」廣大是說函蓋面非常之廣，不可限量。這個廣大，你們沒有來同修會以前體會不到，因爲在外面談到佛法時，他們都是說：「我知道了，佛法就是四聖諦、八正道、十二因緣。」就只有四聖諦、八正道、十二因緣，以外沒有別的法了，對不對？就沒有了。來到正覺同修會時聽說有如來藏，就問：「什麼叫作如來藏？聽都沒聽過。」以前是這樣啊！你們現在來參加同修會，不會這樣問了，因爲都讀過我的很多書了；把我們的書一本又一本一直讀，早就知道同修會是專門弘揚如來藏的。可是進了同修會以後，才知道：

原來如來藏不是只有一個法，而是如來藏裡面有無量無邊法。喔！終於知道這才叫作廣大。等你進入增上班修學久了，更會知道如來藏妙義裡面的法，眞是無量無邊的廣大。

可是，以我們現在這個「廣大」，放到 佛的智慧裡面就只是那麼一點點；這才知道 佛的智慧眞的叫作廣大，所以諸佛的知與見都不可限量。但這些「廣大」還不算究竟的勝妙，必須「廣大」所函蓋的每一個部分都很深遠，既深又遠；深是不可測量，遠是很難到達。也就是說，諸佛的所知所見是那麼的廣大，而那麼廣大之中的每一個小部分，都是既深又遠而難以到達；可是，等你眞的想要去探究的時候，一請問下來，佛陀開示的時候都是無量無邊法；每一個部分都是無量無邊，所以是「無量無邊廣大」。那麼問題來了，爲什麼會無量無邊？每一個法的深遠都會成爲無量無邊的原因，就是因爲每一個法都四通八達，四通八達時又有不同的層次；而每一個層次裡的法也都四通八達，所以諸佛都能從一個法演述整體的佛法出來。

不像是聲聞法的狹窄粗淺，佛法就是這樣的特性：廣大、深遠、無量。這三個具足了，就會有一個現象出現：無礙。所以，諸地菩薩說法都會有一個特性，因爲都從 佛那裡學到這一招，隨便某一個法可以談出無量無邊法。任何一個法都可以通二乘菩提、也通大乘菩提，還可以通總相智、別相智、種智（編案：道種智、一切種智之泛稱），所以才能成爲諸地菩薩，不再叫作賢位菩薩，原因就在這裡。因爲廣大、深遠、無量，四通八達以後，每一個層次都通，每一個層次都四通八達，而每一個層次的每一點也都四通八達。那你說，你要跟他請法，可以請得盡嗎？當然請不盡；因爲從這個法，他可以講出無量無邊法。你再問另一個法，也可以講出無量無邊法，只要時間夠、體力夠就行；時間不夠就拉倒，講到哪裡算哪裡。體力若是不夠了，講到餓了，先吃完飯再接著講。吃完飯以後，有體力了再來繼續講，就可以說法無礙。這都是從諸佛學來的，不是諸地菩薩自己厲害。所以，你如果問到諸地菩薩，他說：「這都不是我的，都是佛的。」不自邀功。

那麼，由此才會知道：如來的知見有多麼廣大，多麼深遠，多麼無量、無礙。諸佛因爲這四個因素，所以就有了：力、無所畏、禪定、解脫三昧。諸佛都有十力，這十力顯示出祂的威德力。諸佛之所以有大威德力，就是從這十力來；譬如處非處智力，自業智力、禪定解脫智力、種種界智力等等，總共有十種。單單一個處非處智力就不容易學了。什麼場合可以說什麼法，不可以說什麼法；造作什麼業會往生去正處，造作什麼業會往生非處，諸佛無有不知，你們大家就要學這個處非處的智力，你可別遇到一個在市場勒索保護費、無惡不作的人，卻告訴他說：「你要參禪、要求開悟啊！」那你是在找罵挨，他一定脫口就罵你：「悟你個頭！」你遇到一個聲聞人，告訴他說：「你要對眾生慈悲，不要當自了漢。」那你是白說了。然後遇到了個菩薩，你教他說：「你要好好修學解脫道，可以出三界。」他聽了轉頭就走。這表示，你如果像這樣講，就沒有種種根智力中的最基本智力。

所以，佛陀看到某一個人，遠遠看見了就知道該說什麼。往往 佛陀遠遠看見一個人來，就吩咐大眾：「你們要如何如何對待他。」因為 佛陀有宿住隨念智力，這就是十力的威德之一。因為有十力，所以威德無量無邊，不管誰見了 佛陀，都不敢放肆。為什麼不敢放肆？因為祂的威德力就是這樣，佛陀不會擺臭臉給人家看而讓人家恐懼，永遠不會，總是一臉的慈祥，可是為什麼大家又愛又怕呢？因為祂的威德力就是這樣，原因之一就是因為祂擁有十力。這十力，我們就不一一解說，因為我們不是在解釋佛法名相；我這裡開這個講經的課程，不是佛法名相解釋。

又說「無所畏」，佛陀有四種無所畏，是在講正等覺無所畏、漏盡無所畏、障道無所畏、出苦道無所畏，有四種無所畏。這是說在這四種法上面都具足親證了，所以談到這四個法時都無所畏，沒有任何的畏懼。如果要談到說親證正等正覺，不管誰這麼一問，都說：「喔！那我還不行、還不行。」無法為人解說，這不就是有所畏懼了嗎？連等覺菩薩一聽到這個，也都得說：「我還不行。」為什麼呢？因為他百劫修福德還沒有完成。所以同樣的道理，漏盡的無所畏、障道的無所畏以及出苦道的無所畏，諸佛都已經具足完成的。釋迦如來已經圓滿完成這一些道業，當然可以講：「我有四種無所畏。」至於禪定，那並不是只有四禪八定，還有四無量心、一切處觀，然後再經由無生法忍去綜合演變出來，成為三明六通以及諸菩薩所無法想像的禪定境界，這些也是 如來的「未曾有法」，不是諸菩薩之所能知。

然後，解脫的智慧境界一樣是如此，都是「深入無際」。所有一切之所應知，都已經具足了知，所以是「深入無際」，這樣才叫作「成就一切未曾有法」。世尊這樣說明完了，就吩咐舍利弗說：「我釋迦如來能夠作種種的分別，一切諸法無有不能分別者。」已經分別完成就表示，能夠為一切人方便善巧解說諸法，並且解說的時候言辭柔軟，讓大家聽了都歡喜。如果有人說法的時候像我這樣動不動就咳一下，而說他已經成佛了，你就別信，因為諸佛不會有這個現象。諸佛說法時如同迦陵頻伽音，大眾聽了都歡喜，這叫作「悅可眾心」，不是單單在法義的勝妙上面「悅可眾心」。

所以，接著說：「取要言之，」就是簡單地說：「無量無邊的未曾有法，我釋迦牟尼佛都已經全部成就了。」我們由 佛陀這一些從自現量而說的開示中，來反觀當代所有自認為成佛的人，他們敢這麼說嗎？沒有一個人敢這麼說啊！假使明天、後天有誰敢這麼說，我真的要登門跟他討論：「無量無邊未曾有法，你成就了嗎？你昨天這麼說、前天這麼說，我今天考一考你，你真的成就了嗎？」我一定要請哪一位義工菩薩跟他聯絡說：蕭平實要去找他。要確定這一點。因為他既然敢自稱成佛，如果還不敢見我，就請他把這一句話吞回去，即使是覆水也得要收回去。

到這個年代，竟然他還敢自稱說已經成佛，想要呼嚨誰呢？如果是我們正覺還沒有弘法以前，他怎麼呼嚨誰，沒有人會理他。可是，今天我已經把諸佛的境界講到這麼多了，他還敢說已經成佛了，那我就要去考他了。首先考考，看他有沒有斷我見再說。保證第一關就過不去，還談什麼「未曾有法」呢？一定要「無量無邊未曾有法，佛悉成就」，才可以自稱成佛。所以不管誰，只要自稱成佛了，那就要攤在陽光下接受檢驗。就好比說，你如果自稱證得初地眞如，你就要有初地眞如的證量給人家檢驗。不可以自稱有了，結果拿出來是空無。只有親證的人才可以這樣宣稱，所以如果人家問禪宗祖師說：「您開悟了沒？」他可以告訴你：「無。」他可以這樣講，因爲當他說「無」就是說「有」。如果沒有那個證量，你就不要示現那個機鋒；因爲人家接著會考第二題、第三題。禪師家面對外人時都是勘驗再三的，沒有一招就解決的；一定會翻來覆去，重考、三考、四考、五考。你若有那個證量，考得過去，香噴噴底；考不過去，就燒焦了。所以現在不許有誰隨便講大話，因爲我們已經把三乘菩提講這麼多了，他們也讀過了；如果還要講大話，我們就要考他。所以說，只有能夠當眾宣稱說：「無量無邊未曾有法，佛悉成就。」這樣的人，才有資格說他眞的成佛了，否則都是大妄語業，成就地獄種姓。

經文：【「止！舍利弗！不須復說。所以者何？佛所成就第一希有難解之法，唯佛與佛乃能究盡諸法實相，所謂諸法如是相、如是性、如是體、如是力、如是作、如是因、如是緣、如是果、如是報，如是本末究竟等。」】

語譯：【「停止啊！舍利弗！你不需要再講了。爲什麼呢？因爲佛所成就的第一稀有的難解之法，只有佛與佛才能夠究竟了知、窮盡諸法的實相。這就是所說的諸法各有這樣的法相，各有這樣的自性，各有這樣的所依之體，各有這樣的功德力，各有這樣的所作，各有這樣的因、這樣的緣、這樣的果、這樣的報，每一個法都是具有這一些特性，這樣才能夠本末究竟。」】

講義：所以每一個法，譬如我們舉一個最簡單的法好了，大家最常聽見說「佛法」，「佛法」本身就是一個法，對不對？這個法有什麼相？一定有個法相，大家最容易瞭解的就是「講解成佛的法門」，這就是「佛法」這個名詞的法相，這就是佛法的「如是相」。佛法的如是性，是什麼樣的性叫作佛法的「如是性」？它一定有個特性，這個特性就是在解說讓人家得以成佛的特性。這個「佛法」在解說的就是使人如何可以成佛，一定具有這個特性，這就是佛法的「如是性」。如果講出來的佛法是可以使人成爲阿羅漢，而不能使人成佛，那就表示它沒有佛法的「如是性」，只有聲聞法的「如是性」。如果講出來的佛法，連成爲阿羅漢都不可能，就更沒有佛法的「如是性」了。有沒有現成的例子？有啊！印順寫的《成佛之道》，能不能使人成阿羅漢？不能欸！那當然更不能使人成佛，那怎麼能叫作成佛之道？那只能叫作成印順道，因爲只能成就印順的思想而已，連成阿羅漢都成不了。如果有一位阿羅漢講出來的解脫之道，確實可以使人成爲阿羅漢，那有沒有具有佛法的「如是相」？也沒有，只有具備了成就阿羅漢法的「如是相」。所以講出來的那一些法，是具備了可以使人成就佛法的那一些言辭內涵的法相，才可以叫作佛法的「如是相」，而「如是相」顯示出來的特性，是可以使人成就佛法的實證，那就叫作佛法的「如是性」。

接著說佛法的「如是體」，佛法以什麼爲體？佛法是以成就究竟佛果爲體，它所說的內涵不是只有讓你成爲菩薩而已。譬如說體，從二乘法來講，聲聞法以什麼爲體？以無餘涅槃爲體。涅槃以什麼爲體？從二乘法而不是從大乘法，是從二乘法來講，涅槃以什麼爲體？以斷我執爲體。如果不是斷我執，不可能得涅槃，所以二乘涅槃以斷我執爲體。如果從大乘法來講，三乘聖者所證的涅槃以什麼爲體？（有人答：語音不清楚。）大聲一點！（有人答：如來藏。）對啦！有把握就大聲一點。如果不是如來藏，哪能有涅槃的成就？所以依大乘法來講，涅槃以如來藏爲體。同樣的道理，佛法以什麼爲體？以讓人具足成就佛果爲體，所以佛法之體是什麼？就是可以令人成就佛果。

「如是力」，佛法以什麼爲力？以智慧爲力。如果佛法學了、證了以後沒有智慧生起，那麼佛法還能有什麼力？根本沒有力量可說。佛法親證了以後會有智慧力，有智慧就有力量，沒有智慧就沒有力量。你看，譬如說在一個事業團體裡面，不論他是包工程或者作什麼事業，發號施令的人是最粗壯有力的人嗎？不是欸！是最有智慧的人。所以佛法以什麼爲力？以智慧爲力。爲什麼你演說佛法時，人家要聽你的？換了某甲上來，結果人都走光了。爲什麼呢？因爲你有智慧啊！當你有智慧時，你就有力量，所以佛法以智慧爲力。

可是，佛法是不是一蹴可幾？是不是一悟就成佛了？不是啊！所以一定要有修爲、有所作的一個過程。開悟當然是一悟就解決了，但問題是悟了並不等於佛。《六祖壇經》講「一悟即至佛地」，聰明人都知道那是接引眾生的方便說，理上是一悟就到佛地，然而智慧依舊不等於佛，各種證量也都還不等於佛。偏偏就有糊塗蛋主張說：「你看，《六祖壇經》明明講一悟就成佛了，所以如果還有誰在講悟後起修，他就是沒有悟。」有沒有人這樣罵過？有啊！因為我曾經被罵過。誰曾經這樣子罵人？自在居士曾經這樣隱名暗喻而罵人，因為以前包括我在內，有許多人都說要悟後起修。他還有內部的文字指名道姓指責惟覺法師，但我當時說他沒有資格罵惟覺，因為他的落處跟惟覺一樣，兩個人是半斤八兩。所以「一悟即至佛地」是個方便說，只有最後身菩薩示現降生於人間，明心以後眼見佛性的那一悟，才能成佛，否則都不可能成佛。所以凡是佛法講出來時，一定都有應作之事、應作之法；如是應作，哪一些是應該作的，次第都得列出來。每一個次第的內涵有什麼，都得弄清楚了，這才能叫作「如是作」，這樣才能說它是真正的佛法。

上週《妙法蓮華經》講到十四頁第二段的倒數第二行，今天要從「如是因」開始說起。諸法的實相有：相、性、體、力、作、因、緣、果、報。諸法的「如是因」，到底是說什麼？一般說的因與果，都是在三世輪轉的異熟果報上面來說因果，然而諸法之間也是互有因果。譬如說涅槃，上週講的，涅槃以什麼爲因？然後涅槃以什麼爲體？接下來說涅槃是什麼果。我想諸位可能沒去想到這個問題，少數人會有想到。我們就以涅槃來說吧！涅槃這個法它以什麼爲因呢？從二乘法來講，是從斷我見、我執，或者再加上斷我所執爲因，而能取證涅槃。

然而，這一個涅槃的本質是以什麼爲體呢？依二乘法來講，其實就是斷我見的解脫功德，就是遠離了三界愛的執著；可是無餘涅槃自身不能無因，因爲不能夠說我見、我執斷了以後「不受後有」，然後變成斷滅空。所以把我見、我執斷了，滅盡十八界以後，不可能是斷滅空才對，因爲斷滅空並不符合涅槃不生不滅的特性。涅槃就是不生不滅，既然祂不生不滅，一定有個因，那就依大乘法來說，涅槃還是以如來藏的本來自性清淨、不生不滅作爲因；而涅槃裡面不可能是斷滅，那是以什麼爲實質呢？實質就是體，所以是以如來藏爲體。

同樣的道理，譬如說佛法以什麼爲因呢？如果佛法沒有某一法爲因，那就不能成就佛法的法相。所以佛法的成就，你還是可以把它歸結到以如來藏爲因。但是若只以如來藏爲因來說，那就會太籠統；而且如來藏本來就是體，所以佛法就要把它分成三乘菩提來說，然後說大乘菩提的實證是以什麼爲因，二乘菩提又以什麼爲因。那這樣來看，聲聞菩提四諦八正，也就是說，在四諦八正的實證上面，就是實證聲聞菩提的因，果就是四雙八輩的聖者解脫境界。所以聲聞菩提的實證，不可能無因而證，也不可能單靠一個想像或語言文字名相的理解、學術的研究就能夠達成，一定有達成的因，那個因就是聲聞菩提的智慧或者證得果德。緣覺菩提又以什麼爲因？就是以因緣法的證得、因緣法的智慧，作爲所證緣覺菩提的因。大乘佛法的佛果又是以什麼爲因呢？以一切種智的實證爲因，也就是一切種智的功德智慧已經具足獲得了。所以諸法的實相裡面，你如果要說諸法的因，那你就看是哪一個法的因，一定都有一個因。譬如說成佛以什麼爲因呢？你可以說具足三乘菩提的實證爲因；如果成佛了，竟然沒有三乘菩提的實證並且圓滿，那就不能稱爲成佛。

如果有人宣稱說他是三界至尊，我們聽了以後，不能再像以前單純仰信的那個時節或者年代，心性太單純，聽了就信。以前沒有學佛以前，人家說什麼，我們就信什麼，因爲都不懂嘛！可是現在至少你來到同修會了，你學了不少了，當人家說：「我是三界中尊，十方諸佛是我兒子，一切教主是我兒子。」所以他自稱三界之尊，你聽了以後，不要直接就否定，因爲還沒有道種智以前無法分辨，搞不好眞的有個三界尊，那你怎麼辨？你要有能力先去檢查他，一定要有一個宗本，那就先檢查他：他說證得三界中尊，這個三界尊，他有沒有那個因？然後再來看他宣稱的那個果。因是指什麼？他有沒有所證得三界尊的功德，要看他有沒有證得？果呢，譬如說什麼樣的智慧可以叫作三界尊？那這樣子，你就可以檢查出來：這是眞的，這是假的。由自了知，不由於他。來到正覺學法以後就是要有這樣的智慧，不然你來正覺學法，是想要作什麼？如果是一般人說的：「『是心是佛、是心作佛』，我知道就是這個覺知心啦！」那就跟那些大山頭一樣了，不必來正覺學法，因爲正覺名氣並沒有比他們大。可是你選了正覺，一定有因，所以你來正覺的因是什麼？來正覺學這個法相的因是什麼？是「智慧」，「我來這裡就是要求智慧。」所以，每一個法，都有一個因。

諸法，每一個法都各有其因。你就去檢查看看，這個人自稱他成佛了（因爲現在到處滿街都是即身成佛的人），那他宣稱成佛了，他應該以什麼爲成佛之因？成佛的首要有三：聲聞菩提、緣覺菩提、佛菩提。他哪一個部分有去實證？這三乘菩提的智慧，他有哪一個部分具足了？再看他是否全部實證，而且要看他是否每一種菩提全部具足圓滿了？你先得要加以求證，總不能夠人家說了，咱們就信。現在二十一世紀了，不是愚民時代了，我們不想當愚民。所以「如是因」，就是要讓你去探究他們所謂成佛的因是什麼，如果沒有成佛之因，不可能現在有成佛之果，所以「因」一定要弄清楚。成佛之因就是實證般若，證般若之因就是證眞如，證眞如之因就是證第八識如來藏，證得以後將來才有可能成佛。究竟成佛即是佛果，證如來藏則是成佛之因；可是從因要到果之間，中間有一段很漫長的過程，藉著那一段過程的悟後修行爲緣，才能成就最後面的佛果，不能單有因就有果，所以也不是一悟就成佛了。成佛的世出世間一定有因也有緣，才能成就最後的果，這就是成佛的「如是因」。

人間有情五陰世間的成就，也是要有因和緣會合，才能成就，所以 佛說：「有因有緣集世間，有因有緣世間集；有因有緣滅世間，有因有緣世間滅。」依這樣的道理，有情世間是這個五陰，有了五陰才會有世間，沒有五陰就不可能有世間。唯緣無因不能成就五陰世間，同樣的，不可能說有因無緣世間集。有因無緣不可能讓你有這個五陰，有因無緣也不可能讓你滅這個五陰，具備了因以後，一定同時要有一個緣和合才能成就。那緣的變化可就很多了，千變萬化說之不盡。因爲緣很多，所以同樣的因、同樣的緣，讓你成爲人以後，人之不同各如其面，你要找到一個臉龐跟你完全一樣的，找不到。如果有另一個人的相似度百分之九十五，大家就說：「喔！太像了。」可是像，是你外人說像，他們家裡父母親、兄弟姊妹、妻子都認得清楚：這不是我老公，那不是我老婆。他們都認得清楚，可見還是有許多不像。那表示說，由於因的不同，也因爲有很多不同的緣，所以導致他們兩個人雖然是同胞兄弟，還是有許多不像。同樣有因有緣，同樣也出生爲人，可是人人各不相同，這表示其中的緣有非常多的差異。

因此，就要探究它的緣，某一個法，這個法是有多少緣才能夠成就？那一些緣就叫作「如是緣」。很多很多的法，都不是單一的法所能成就的，所以不可能單單有因而無緣，便能成就某一個法；這是我們學佛的人一定要有的基本智慧。譬如說成就聲聞果，以初果來說好了，除了想要求得解脫的因以外，學習四諦八正也是緣，但他還得要有什麼緣才能成就聲聞初果？除了要有四諦八正的實修，還要有實際上觀行的過程，也要有事先修得的可以和初果配合的未到地定，要有這些緣才能成就聲聞初果，所以不可能讀完而理解了就變成聲聞初果人了。

即使是善來比丘，那也是 佛陀在說法的時候給他一句「善來比丘」，在那個過程裡面使他作了抉擇，才能成爲阿羅漢。那也有一個緣，只是那個緣的時間長或者很短，只有這個差別；也必須要有 世尊先前爲他說過法，或是他事先有聽過別的阿羅漢爲他說過法，或是他事先有聽過傳說中 世尊的法是怎麼說的，然後心中愛樂，前來面見。當面見了，如果是阿羅漢對他說「善來比丘」，他會成阿羅漢嗎？不會，還得要 世尊親口告訴他「善來！比丘！」他才能心得決定而成爲阿羅漢。所以說，要有許多的緣，才能成就那一個阿羅漢的善來比丘果。

同樣的，你要成爲眞實義的菩薩而不是假名菩薩，除了要有事前學習的因以外，也要有一個與實證境界可以相應的定力，然後必須要有實證的一個過程；沒有實證的過程等等，缺了「如是緣」，你也無法成爲實義菩薩；縱使眞的知道實相般若的密意了，也不是開悟，因爲沒有實質而無法使般若智慧證轉。這就是諸法的「如是緣」，親證實相法界的這一個法是如此，其他的每一個法莫不如此，都要有緣。你要談世間法或者談出世間法，也都一樣，都必須有緣，沒有緣而單有因，也是不可能成就的，不可能獨因無緣就成就某一個法。「如是因，如是緣」，把它們顛倒過來說，沒有因、單單有眾緣，能不能成就諸法？譬如五陰好了，單有父母爲緣，沒有你上一輩子造了淨業、惡業、善業的業種而去投胎，會有這一世的五陰嗎？不可能嘛！沒有如來藏持受五陰種子爲因，單有父母緣、四大緣、業緣，也無法成就五陰。如果無因唯緣就能成就五陰，那麼同一對父母所生的一切子女，應該是同一個模子鑄出來的，色身應當完全一樣，而且應該心性果報也都一樣，因爲沒有因，單憑父母爲緣來生，那就應該像工業產品，每一個都一模一樣，對不對？因爲無因唯緣。

這個無因唯緣論，有沒有人提倡？有啊，就是釋印順啊！印順的這個無因唯緣論的本源從哪裡來？一直往上推（如果他現在還活著），他還有個伴，叫作達賴；再往上推呢，宗喀巴、阿底峽、寂天；再推上去呢，月稱、佛護。這個無因唯緣論，不單單是應成派中觀，自續派中觀也是一樣。密宗四大派就只有這二派中觀，應成跟自續。自續派創始人是清辨論師，清辨也是六識論者。在那六識論中，意識是世世新生的，那表示單憑父母爲緣就出生了子女；可是明明是同一對父母生出來的子女，個性不一樣，長得也不一樣，果報也不一樣，爲什麼會這樣？這顯然不是工業產品，不是醫學家講的說一個精子、一個卵子就能成爲一個人。那爲什麼會不一樣？即使是複製人、複製羊、複製牛，複製出來的跟原來的本尊個性也不一樣，爲什麼？因爲有個如來藏入胎，入胎的如來藏帶著自己前一世的業種和五陰種子來，才能成就這一世的五陰與果報；所以，源於密宗的應成派、自續派等無因唯緣論，是不可能成立的。學佛的人既然號稱學佛，當然應該要依照 世尊的聖教量來修行，世尊明明說：「有因有緣集世間，有因有緣滅世間。」爲什麼釋印順他用「無因有緣」來集世間？還要用「無因有緣」來滅世間而得解脫？這是違背聖教量，所以在教證上是講不通的；那麼從理證上，我們剛剛講過了，也是不通的。

所以每一個法的出生與異、滅，都有緣。譬如說，我們講唯識增上慧學的時候說到眼識，眼識除了如來藏爲因以及如來藏的眼識種子爲因以外，還要有別的許多緣。眼識的緣是這麼多，耳識的緣就不一定這麼多，鼻、舌、身、意識的緣又不一樣，各不相同。所以，每一個法雖然同樣都以如來藏爲因，卻都有各自不同的「如是緣」；所以緣各不相同，這也要弄清楚。

假使有人宣稱他證得十地菩薩的證量，結果你問他說：「請問大菩薩，您是怎麼樣達到這個層次的呢？因爲既然您今世還有胎昧，一定有一個修行的過程才能完成現在的果，您又不是生來就知道您自己是什麼人，請問您的過程是怎麼修的，能不能教教我啊？」結果他說：「我也不知道啊！我糊里糊塗就能夠這樣啊！」那你就知道，就對他說：「你沒有『如是緣』就自然成就，原來你是自然外道，胡說八道！」就知道了嘛！對不對？這可以很清楚瞭解。你不要看說佛法經典裡面這麼二三個字好像沒什麼，就說：「這個我知道，就是『如是緣』。」不能輕易這麼說，你一定要講出從那一個原因到現在的結果，它有很多的過程。你經由這些過程來作爲助緣，來完成那一個果實。一棵樹種了以後，總不能夠說，我剛剛才種，馬上就罵它：「你爲什麼不結果給我！」你不能這樣，你要讓它有一個過程，它的過程需要藉很多的緣來長大、來開花，然後蝴蝶、蜜蜂來授粉，然後結成果實，那麼所結成的果實還得要一段時間才能圓滿成熟。所以除了因以外，一定還要有緣，不能夠說我把果樹種了就應該立刻有水果。

講一個笑話，五十幾年前，有一些老兵剛剛來到台灣中部，看見人家水龍頭一開就有水，他也去水電行買了一個水龍頭，回到軍營裡面牆壁挖了，水泥糊上去，打開怎麼沒有水？這表示什麼？他不知道那個緣，人家是要先拉了水管，再從水管去接到水源，這邊水龍頭才能開了有水。他只看到表面，只是有個想要有水的因，可是缺了水管去接水源的「如是緣」。同樣的道理，你想要成佛，以證得如來藏爲因；但悟後到成佛一定要有過程，就是要以五十二個位階的具足實修過程作爲「如是緣」。

三乘菩提的聲聞菩提、緣覺菩提、佛菩提，你有沒有具足實證，都要觀察自己是否有一個具足的過程，不可以說：「我現在悟了，我明心了，爲什麼沒有成佛？你蕭老師騙我！」不能這樣講。因爲你現在明心才是呱呱墮地，剛剛出生而已，不能夠要求我說，讓你一出生馬上就長大可以結婚；不許這樣，一定要有個出生後的成長過程。在這個過程裡面，你除了要吃很多飯，也要學很多東西；這就是「如是緣」。獨因無緣或者無因唯緣，都不可能成就諸法，因爲三界中沒有這樣的法。如果有人硬要狡辯說：「如來藏可以啊！」但如來藏是萬法之因，祂根本不必緣也不必因，祂因緣都不要，就可以自行存在；所以也不能說：「如來藏可以無因唯緣出生，或者如來藏可以獨因無緣而出生。」祂跟因緣扯不上，因爲祂是法爾如是的存在，不曾出生，何須要有什麼藉緣才出生？因爲祂是萬法的根源，不攝在一切法之中，所以法爾如是、本然自在。

接著說「如是果」，有因有緣才能有果，沒有因或沒有緣就不可能有果。譬如說修學四諦八正，以這個作因，然後有實際上的一段修行的過程以及觀行過程作緣，能夠達到阿羅漢的果報。那個過程是緣，而阿羅漢的解脫就是果。因爲有現觀因緣法，所觀的那個因緣法作爲學因，而他有一個過程去觀行完成，獲得緣覺的智慧，果報就是成爲辟支佛。同理，因爲有先修集種種的資糧，所以能夠聽到菩薩六度的法開始實修，在第五度的觀修之中也實證未到地定了，再實修般若以後終於可以證悟了，才能成爲不退的第七住位實義菩薩。然後進入內門再修六度萬行，更後面成就了初地心，接著再修十地所修的十度波羅蜜都完成了；有這樣的修行諸緣還不夠，還要再百劫修相人身才能成佛，這也是緣。

好。百劫修相好，無一時非捨命時，無一處非捨身處，這樣把你對識陰異熟種子存在的習氣全部滅盡；滅盡了以後再示現於人間，還得要來人間來取得人身才能成佛，這也是緣。

成佛是三界中的大事，得要藉著成佛來度很多的人，所以這還要有個什麼緣？還要有人間父母的緣，用人身才能把人類也度了。那就要好好挑一挑，哪一對父母有資格。那得要七世以來身業清淨、意業清淨，得要挑選啊！這個家族七世以來父母清淨，就是說連著七代都是清淨的，要這樣才可以來他們家中受生，然後還要有一段示現的因緣才能夠成佛，有這樣的過程就是緣，這就是成佛的「如是緣」。然而是以什麼為因呢？以前面說的那一個修三乘菩提為因，最後一世在人間示現成道，這才叫作成佛時的「如是果」，所以果的前面一定有因有緣。

那麼成就了果以後就有「如是報」，譬如成為阿羅漢。阿羅漢有什麼報？以世間法來講就是人天應供，一切人、一切天主天人，見了都應該要供養他。假使他需要這一餐飯，因為阿羅漢不求什麼，既不積蓄錢財，又什麼都不要，他是可以活命就行了；那麼他需要這一餐飯，一切人天若遇見了都應當供養，所以稱爲應供。那麼，從他得果來說表相，就是殺賊——殺盡煩惱賊；從他的果來講，又叫作無生；可是他的報呢，從世間法來講，是得一切人天之所應供；然而如果以出世間的果來說，就是解脫三界生死，這就是他的報。證得阿羅漢果以後，這就是他的「如是報」，所以最後的「報」就是入了無餘涅槃而滅盡十八界。

大乘佛教界最初聽到我說阿羅漢入無餘涅槃時，是要滅盡十八界，根本就沒有絲毫自我存在，當時好多人起煩惱，不能接受。剛開始，大陸也有人自行印了二千冊《邪見與佛法》，就往大陸所有道場都寄，他們是用照像翻版或是怎麼樣的方式重印，我不知道，他們自己印了就廣寄。當年大陸好多大山頭、小山頭拿到這一本書，讀了以後都罵：「邪魔外道！什麼涅槃是要叫人家要把十八界我全都滅盡。」都不能接受，然後燒啊！好多道場都公開燒這本書，我想那二千冊大概留下不到一半。因爲他們從來沒有聽說過，入無餘涅槃是要滅盡十八界自我，在他們的想法是：「把其他的滅掉，留著意識覺知心不滅，住在無餘涅槃裡面還知道六塵境界而一念不生；你蕭平實怎麼敢說入涅槃要滅盡十八界？假使連意識也滅了，那不就變成斷滅空了嗎？」哇！他們好煩惱，所以把書本收集起來，公開燒啊！

假使你已經在作觀行，結果心裡面想：「入涅槃時好像是應該要滅十八界，才能成爲無我。」但是心裡面又掙扎：「我要不要當阿羅漢？我如果當阿羅漢，死後要滅盡十八界，可是聽說阿羅漢是人天應供，我不當不行啊！那該怎麼辦？」所以成不了阿羅漢。成阿羅漢的時候就要守本分，什麼本分呢？死了就是把自己滅掉，永遠不受後有。不受後有是什麼意思？就是把自己滅盡，自我永滅嘛！你要當阿羅漢，你的本分就是要滅盡自己，那你爲什麼還要留著意識心自我？是要幹什麼？那叫作不守本分，是假阿羅漢。所以，既然要當阿羅漢，阿羅漢的「報」就是這樣，你就是要滅盡。如果不肯滅盡，偏偏要再設法留下一點意識心：「這個意識心，我把祂切一分下來，其他的給你滅好了，這一分意識我不想滅，叫作意識細心。」那麼這細意識是不是意識？依舊是意識啊！然而意識不滅就不能當阿羅漢，可是他想當阿羅漢，因爲釋印順認爲阿羅漢就是佛，所以他的佛叫作阿羅漢佛；但「阿羅漢佛」的本分就是要把意識滅盡，偏偏釋印順又不守本分，他想：「我把意識割一半留下來，成爲細意識；其他的粗意識就依你的說法，在死後滅盡好了，那我還可以擁有直覺。」他是這樣的想法，就表示他的阿羅漢報沒有獲得，就成爲凡夫妄想的「如是報」，不是眞正阿羅漢的「如是報」。

所以，諸法一定都各有很多的面向，那麼諸法「如是相」，譬如說阿羅漢，阿羅漢有什麼「相」？無著之相。阿羅漢有什麼「性」？解脫生死之清淨性。阿羅漢有什麼「體」？斷我執的體。阿羅漢有什麼「力」？解脫智慧力。阿羅漢怎麼「作」？修四諦八正而有實際上的體證才能成功，總不能夠說不修行，光憑想像或觀想的就成，也還是不行啊！那阿羅漢以什麼爲「因」？斷我見、我執、我所執爲因。他有什麼「緣」？有斷我所執、斷我見、斷我執等修行的過程作「緣」，得到的就是阿羅漢「果」，在人間的異熟果報是人天應供。阿羅漢有什麼「報」？世間報就是所有人天都應該供養他，恭敬禮拜；最後的出世間「報」就是把自己滅盡，不受後有，解脫三界生死，永遠都無後有再出生。所以，每一個法都有這樣互相連帶的種種法相在裡面，這樣才叫作「諸法如是相」，要如此才能叫作「如是本末究竟」。所以阿羅漢法的實相是什麼？就是「如是相、如是性」乃至「如是果、如是報」。

你看，這樣子，世尊簡單這幾句話，原來就有那麼多內容。可是大家課誦的時候，這麼一會兒就誦過去了，那裡面的內容都不管它。爲什麼不管它呢：「唉呀！那是大菩薩的事，干我們什麼事？」都是這樣想嘛！對不對？對啊！我記得十幾年前，去杭州南路見淨空法師，想要把了義法送給他的時候，爲他講無相念佛、體究念佛、實相念佛，他馬上就打斷了我的話：「你講什麼體究念佛？那是大菩薩們的事，輪不到我們。」他不知道，當面這個名不見經傳的人，正要把實相念佛送給他，豈止體究念佛？如果他那時候姿態沒那麼高，得了法（那時候要得我的法很容易，因爲我送不出去，急著要送給法師們啊！）那他得了法，不就變成摩訶薩了嗎？那就是大菩薩了嘛！原來他不想當大菩薩，他只想當凡夫位的小菩薩（註）。這就是如是因、如是緣，所以今天他得如是果，他的報就是依文解義，就是這樣啊！（註：淨空法師已經投入外道法中，猶如一貫道一般，把外道法與佛法混濫不分而成爲一鍋廚餘了。）

所以，世尊說法有時候不要輕易放過，要好好聽取。只有已經在演說深妙法的人，才會知道 世尊這裡爲什麼要放上這一句，那裡爲什麼要講那一句，一定都有原因的，不是隨隨便便去講它。特別是有時候，其中有一句很奇怪，好像前後都不搭嘎（「不搭軋」知道嗎？就好像是沒有關聯的意思），前後不很連貫啦！但為什麼特地要說那一句？一定有原因，所以有許多的佛法名言在經典裡，不要隨便去月旦。要作評論的時候一定要有一個根據，而且你要評論它的時候，你的見地一定要比它高，才有資格評論，否則你沒有資格評論那一句或那一段。可是有多少人知道這個道理呢？所以越是懂佛法，層次越高的人，聽到 佛所說法，他可以去體會：佛為什麼要講這一句，為什麼剛才要特地講那一句，一定有它的因緣果報在裡頭；而其中的相、性、體、力又是如何，然後是憑什麼而能夠有所作，都有它的道理在裡面。

可是這個道理，都是菩薩摩訶薩才會知道，凡夫是不懂的。可是凡夫偏又膽子最大，菩薩摩訶薩膽子全都很小，小到幾乎看不見，佛說怎麼樣，菩薩摩訶薩就怎麼樣，沒有第二句話。最多就是困惑著：「這一句是什麼意思，我為什麼不懂？」從來不敢懷疑說：「佛是不是講錯了？」可是凡夫們都很敢評論：「這段經文、這部經典，不是佛講的，是外道說的。」但明明是佛所講的聖教，佛竟被他講成外道了。不然就是更大膽指責：「佛陀亂講。」以前還有人寫信來給我，信裡面直接罵：「佛之將死，其言也亂。」那叫作標準的凡夫。這表示當初我的眼睛是被屎糊了，不觀根器就統統有獎，幫所有人全部開悟，就有這個後果，如今可是再也不敢重犯了。

所以說，學佛不是簡單的事，成爲菩薩摩訶薩之後，都還發覺經中的聖教有許多地方自己還不懂。如果有人告訴你說：「全部經典中所講的法義，我都懂。」你就知道他是凡夫，絕對沒錯！因爲菩薩都不敢說他完全懂。所以你看，即使 彌勒菩薩當來下生成佛，他有時候都說「世尊說法意趣難知」；就是說，世尊爲什麼要講那個法，祂的本意是什麼，內涵又是什麼，我們很難瞭解。連妙覺菩薩都這麼說了，竟然一個凡夫敢公開說他全部都懂。等覺、妙覺菩薩都還有不懂之處，而他竟然都懂；表示說，他認爲自己與佛的層次是一樣高；就變成在佛陀正法、末法時代也會有別的佛出現，這卻是二佛並世。可是這不符合聖教，也不符合 佛陀的授記。所以學佛時這一些知見諸位也要懂，順便把這一些知見說給諸位。接下來說：

經文：【爾時世尊欲重宣此義，而說偈言：

世雄不可量，諸天及世人，一切眾生類，無能知佛者。

佛力無所畏、解脫諸三昧，及佛諸餘法，無能測量者。

本從無數佛，具足行諸道，甚深微妙法，難見難可了；
於無量億劫，行此諸道已，道場得成果，我已悉知見。
如是大果報，種種性相義，我及十方佛，乃能知是事。
是法不可示，言辭相寂滅，諸餘眾生類，無有能得解，
除諸菩薩眾，信力堅固者。諸佛弟子眾，曾供養諸佛，
一切漏已盡，住是最後身；如是諸人等，其力所不堪。
假使滿世間，皆如舍利弗，盡思共度量，不能測佛智。
正使滿十方，皆如舍利弗；及餘諸弟子，亦滿十方剎；
盡思共度量，亦復不能知。辟支佛利智，無漏最後身，
亦滿十方界，其數如竹林；斯等共一心，於億無量劫，
欲思佛實智，莫能知少分。新發意菩薩，供養無數佛，
了達諸義趣，又能善說法，如稻麻竹葦，充滿十方剎；
一心以妙智，於恒河沙劫，咸皆共思量，不能知佛智。
不退諸菩薩，其數如恒沙，一心共思求，亦復不能知。
又告舍利弗：無漏不思議，甚深微妙法，我今已具得，

唯我知是相，十方佛亦然。舍利弗當知，諸佛語無異，
於佛所說法，當生大信力；世尊法久後，要當說眞實；
告諸聲聞眾，及求緣覺乘：我令脫苦縛，逮得涅槃者。
佛以方便力，示以三乘教，眾生處處著，引之令得出。

語譯：【這時世尊想要重新宣示這個道理，因此而說了偈：】

「如來是世間最具有威德的大雄，智慧與威德是不可測量的；諸天以及所有世間人，乃至一切眾生不論是什麼種類，沒有誰能夠了知諸佛的境界。諸佛都有十力、四無所畏，三種解脫、種種三昧，以及所有佛地所應該有的其餘諸法，三界一切有情都沒有人能夠測量。

之所以能夠到達佛地的境界，是在因地隨從無數億諸佛，具足修行種種的佛道，所得的甚深微妙諸法，世人很難以看見也很難以了知；於無量無數億劫之中，修行了這樣的種種法道以後，坐於道場中才能夠成就的佛果，我已經全部了知也全部看見了。

像這樣佛地的大果報，種種的法性法相的眞實義，我釋迦牟尼以及十方諸佛，才能夠知道這一些事情。

這一些佛地境界法無法明白地示現出來，而宣說這一些法的種種言辭名相其實也是本來寂滅的，這個道理除了諸佛以外，所有的眾生種類，沒有人能得到眞實的證解，除了諸菩薩眾隨佛修學之中，信力很堅固的人以外。諸佛的弟子四眾曾經供養過諸佛以後，一切漏已經究竟窮盡了，才能夠住於最後身；像這樣的諸人等等，他們的智慧力也是不堪於了知佛地境界的。

假使世間遍滿了所有的人，而這一些人的智慧都如同舍利弗一樣，大家窮盡了一切思量來共同測量諸佛，仍然是不能測量佛地的智慧。

就算是遍滿十方世界都遍滿了人，而這一些人都如同舍利弗一樣有智慧；再加上這一些人的所有弟子，也都遍滿了十方的佛剎；這樣無量無數的舍利弗智慧與所有弟子們的智慧，究竟窮盡了一切思惟來共同測度思量，也無法了知諸佛的智慧。

辟支佛的智慧是很猛利的，當他也修行到最後階段而住在無漏法的最後身，假使遍滿十方世界之中的辟支佛數量，如同竹林一般無法計算；

而這一些辟支佛們共同一心思惟，經過一億個無量數劫，而想要思惟諸佛的眞實智慧，同樣是無法了知少分的。

如果是新發意的菩薩，自從初發菩提心之後已供養了無數佛，已經了達佛法的種種法義和其中的內涵，也能善於為大眾說法，像這樣的新發意菩薩如同稻麻竹葦那樣多，而且是遍滿了十方佛剎的每一方分；

這麼多的新發意菩薩共同一心以他們證悟的勝妙智慧，於恆河沙數劫之中，所有人一起共同來思量，還是不能了知諸佛的智慧。

即使是到了位不退的所有證悟菩薩們，數目如同恆河沙那麼多的人，大家一心專注共同來思惟、來求了知諸佛的智慧，一樣是不能了知。

我如今重新再告訴舍利弗：無漏而且不可思議的，甚深微妙的佛法，我釋迦牟尼如今已經具足證得，只有我具足了知這樣的眞實法相，十方諸佛也像我這樣究竟了知。

舍利弗！你應當要知道，諸佛所說的一切法語都沒有差異，對於佛所說的一切法，應當要發起最大的信受力量；要了知的是諸佛世尊說法時間久了以後，最後一定會說出眞實法與諸佛的眞實境界；

諸佛最後都會告訴所有的聲聞四眾以及求證緣覺乘的弟子們：我是幫助他們脫離三界生死苦的繫縛，而且是具足親證了涅槃的人。

我釋迦牟尼佛以方便力，開示三乘的法教來幫助眾生，可是眾生卻在我所説的三乘菩提諸法之中處處產生了執著，而我就這樣來引導大家，令大家可以出離對三乘菩提中的處處執著。」

講義：在前面的長行中講過正理以後，這時 世尊想要重新再宣示這個道理，所以就用重頌—就是用偈—重新再講一遍説：

「世雄不可量，諸天及世人，一切眾生類，無能知佛者。佛力無所畏、解脱諸三昧，及佛諸餘法，無能測量者。」如來是三界世間最雄偉而且不可測量的人，諸天以及所有的世人，乃至一切種類的眾生，全都不知道佛的境界。「世雄」就是指三界世間之最雄壯的人，也就是最有威德的人。譬如佛寺的大殿裡面都會看到一個匾額，上面都有四個大字：大雄寶殿。是因爲諸佛世尊的威德，從智慧的威德或福德所生的威德來講，三界世間都沒有人能超越，所以稱爲「世雄」。因此説，「世雄」是指 世尊，我們就直接以 世尊來講好了。

「世雄」，眞的是世雄，因爲三界世間沒有誰比祂更有威德；最有威德的人，一定是大家最恭敬也最畏懼的人。假使你遇到一個人，這個人只要輕輕吹一口氣，就可以把人吹死了，當你遇到這麼一個人，心裡面會不會有恐懼？不管他對你多好，你都還是有一分恐懼：「萬一他不小心吹了我，怎麼辦？」因爲他的威德力太大了。同樣的道理，諸佛福德是三界世間至尊，解脫也是三界世間至尊，實相智慧更是三界世間至尊；而諸佛座下都有無量無邊大菩薩，那些大菩薩們的威德我就不說了。又譬如應身佛，身後都有金剛力士，例如 釋迦如來背後有一位金剛力士名叫烏芻瑟摩，四時維護著應身佛 釋迦如來。那金剛力士的雄威，我們且不談他，單說 世尊座下目犍連尊者或者須菩提尊者，誰能得罪啊？沒有人能得罪。

須菩提尊者，他脾氣不太好，大家都怕他。目犍連尊者神通第一，小心他把你甩到鐵圍山外。我說眞的啊！有三十相的難陀尊者就是喜歡女眾，若是遇到男眾，他就不喜歡說法。遇到女眾時他就喜歡說法，他有這個習氣種子常常現行；他就想：「我哪一天先去爲五百比丘尼說法。」他想去跟比丘尼們說法，就聰明地先挑選：「今天是輪到須菩提尊者爲比丘尼們說法，明天是目犍連尊者，這二位尊者不好玩。須菩提尊者，我若去搶他的時間，他一定會來罵我，也許當眾大聲斥責我；如果是目犍連尊者，我去搶了他的比丘尼來說法，搞不好他會把我丟到鐵圍山外。」想一想：「第三天是舍利弗尊者，他的脾氣還算好。」於是第三天，舍利弗尊者還沒到，他就提前先去講法了。舍利弗隨後來了，看見這情況，就默默離開了，後來也沒斥責他。難陀就是這樣啊！你看，連難陀尊者都怕須菩提，那你說一般人呢？

這還談不上　世尊身後的護法金剛神，也還談不上　世尊座下那一些威德力無窮的等覺菩薩們，單單是聲聞相的阿羅漢須菩提，大家就怕死了；連阿羅漢難陀也會怕他，而這些阿羅漢們都是　世尊的弟子，阿羅漢上面又有無數大菩薩，威德遠勝於大阿羅漢們，那你說　世尊是不是當得上「**世雄**」這個名號？當然當得啊！所以，佛寺供奉　釋迦如來的大殿就掛個牌匾叫作大雄寶殿。如果要講威德，世間有誰比　世尊更有威德？當然可以叫作大雄寶殿，所以「**世雄**」或者「**大雄**」就是在稱呼　世尊的意思。

釋迦牟尼佛就用「**世雄**」這二個字，來說明諸佛世尊的威德。那威德是不可思量的。不但是一般人，那阿羅漢們、大菩薩們看見　世尊，哪個不會有恭敬心、清淨心以及畏懼心，一定會有。可是　世尊都沒有一點點意思要讓你敬畏，而你會覺得敬畏。就好像說如果一隻小寵物，譬如說有人養了一隻兔子或者天竺鼠，跟在主人身邊是不是要很警覺？因爲一不小心就被主人踩死了。寵物那個恐懼心一定要在，如果那個恐懼心不在，老是賴著主人，不一會兒就被踩死了，一定會這樣，可是主人並沒有傷害牠的意思。就像是這個道理一樣，所以說叫作世雄，威德使人不得不產生敬畏之心。所以，如果有哪一尊佛示現，結果你見了說這個人好親和，一點點敬畏之心都不會有，那絕對是鬼神化現的，因爲他沒有威德，只是空有那個模樣。這叫作「**世雄不可量**」。

諸天天主、天人以及世間人類都不過是凡夫，連測量聲聞初果的智慧都沒有；一切眾生類也是如此，怎麼能測量諸佛的智慧與福德呢？所以說這一些眾生都沒有人能夠知道佛的智慧與福德。到底佛是什麼境界？沒辦法測量。佛有十力、有四種無所畏，具足聲聞解脫、緣覺解脫、菩薩解脫，並且具有無量三昧；諸佛所有的其餘還沒有爲眾生演說的法，也都是沒有人能測量的。以前曾經有菩薩聽到 釋迦牟尼佛說諸佛有十地——也就是佛地的十種境界，有的菩薩很想要聽，那 世尊就開講，把第一種境界講完了，問：「**你們還要不要聽？**」所有菩薩們都不想聽了，因爲完全聽不懂。諸佛十種境界中的第一種境界都已經聽不懂了，等覺菩薩一樣聽不懂，接著再講下去就沒有意義了嘛！因爲聽完了也沒有意義，就等於在聽一堆吵雜的聲音一樣，聽不懂　佛陀在講什麼，所以只有講了第一地就沒繼續講。

「地」就是境界，諸佛的十種境界，連等覺、妙覺菩薩都不能測量，而等覺菩薩是十地菩薩所無法測量的，乃至二地不是初地所能測量的，初地不是十迴向位，乃至說十住位不是七住位所能測量；一樣的道理，七住菩薩的般若智慧不是阿羅漢所能測量，不是緣覺所能測量。你說那一切凡夫的眾生類，誰能測量呢？當然無法測量。如果有誰說他能測量，說「我盡諸佛境界」，那就表示他只是一個博地凡夫；因爲只有凡夫才敢這樣講，凡是實證的人都知道不可測量。所以說，諸佛這樣的境界當然得要「如是作、如是緣」。諸佛的境界相不是講過了嗎？那叫作「如是相」。

諸佛的威德力是世人無法想像的，因爲諸佛都有十力；而且還有四無所畏，並且也有三乘菩提所應證的三種解脫，也有佛菩提道中的無量三昧。除此以外，還有諸佛所證的其餘種種諸法，都是菩薩們所不知道的，所以三界世間「無能測量者」。所以依著順序接下來呢，才要告訴你：諸佛有什麼樣的體性？所以諸佛境界眞的沒辦法說，因為沒有誰能測量。

這樣子，諸佛要怎麼樣才能夠成佛的道理，是不是懂了？悟了就成佛了嗎？不是這麼簡單，都得無量無數億劫追隨諸佛不斷地修學，所以說：「本從無數佛，具足行諸道，甚深微妙法，難見難可了；」本來就是隨從無量無數諸佛，一世又一世、一劫又一劫，要具足勤行菩薩六度、菩薩十度，所證得非常深奧微妙的種種法，都是眾生很難以親見，也很難能了知的。在我們正覺開始弘法之前，各大道場都說佛法他們都懂，沒有一個道場說「還有很多我們不知道的佛法」，就只有我們公開說「還有很多我們不知道的佛法」。可是我們這個宣稱「還有很多不知道」的人，講出來的卻有很多法都是他們所不知道的，而他們竟然說「佛法他們都知道了」。我只能表達二個字，叫作「怪哉」，不然還能怎麼講他們？所以佛法眞的甚深難解，讀都讀不懂了，他們竟然說都知道；像這樣的人如今漫山遍野，在路上走著走著不小心撞見了一個人，你說：「對不起！對不起！」竟然他也是一個都知道佛法的人。等到正覺出世弘法以後，大家又都說自己不懂佛法了，末法時代就是這樣子，所以說「甚深微妙法，難見難可了」。

「於無量億劫，行此諸道已，道場得成果，我已悉知見。」佛陀這樣的智慧以及境界，那要有一定的過程才能證得，這就是「於無量億劫，行此諸道已」。在這裡面要學得很多的智慧，在這個過程中就是讓你知道：我作了什麼事，將來就會受生成爲什麼樣的有情；我修了什麼法，將來會成爲什麼樣的有情。各個不同的有情會受生在什麼樣的地方，都會讓你知道。最後一種你所應知道的，就是如何是最後身菩薩？自己是不是已經成爲最後身菩薩？這是最後應該知道的一種。也就是說，一定是某一尊佛公開授記你是當來下生成佛的人了，才是最後身菩薩。然後生到兜率陀天內院時再來觀察：跟隨自己學法的弟子們受生去人間以後，這些過去世自己所度的弟子們得度的因緣成熟了沒有？現在來下生成佛，時節因緣恰不恰當？觀察以後確定了，再來人間受生，那時候才降神母胎，才能夠示現成佛。

所以，怎麼樣去建立那個道場？不是蓋那個佛殿，是建立那一個讓你可以坐在那邊參悟成佛的那一個金剛寶座，那叫作道場。如何去建立你未來世那個道場，你要有一個過程；而那個道場是不是成就了，你要能夠觀察，當場完成。什麼時候是你坐在那邊成佛的時節因緣，都得要有智慧能夠觀察，這叫作「道場得成果」。世尊說：「這個我都已經全部了知，完全看見了。」從這裡來問一問現代那一些宣稱成佛的人，既然 彌勒菩薩都還沒有來成佛，他們就先成佛了，那要請問他們：「你們的道場在哪裡？你們什麼時候成就佛果？十力、四無所畏、三三昧、實相智慧，都說來聽聽吧！總不能你一個人獨享吧！因爲成佛了，就是要跟眾生分享啊！」等你這麼一問，他們就只好嘴掛壁上，嘴巴不再屬於他們的了。這時他們無法講話了，嘴巴已經被人掛到壁上去了。

所以成佛要有成佛的果德，那些果德你要能夠拿得出來示現，不能具足至少也示現個一分二分，讓人家足以信服。當然這個「信服」，不是講讓那一些迷信的凡夫信服，因爲迷信的凡夫只要你把聲勢排場弄得很大、很輝煌，他們就信了；我說的是要讓有智慧的人可以信服，什麼叫作有智慧的人？是親證三乘菩提的人；你得要使已經親證三乘菩提的大眾，對你說出來的佛法可以聽得進去，證明你確實成佛了。但是，如果這一些道理都不知不見，甚至於連我見還具足分明存在，明心與見性就更別說了，而竟然說他們成佛了，那就只有迷信的無智愚人才會接受。

「如是大果報，種種性相義，我及十方佛，乃能知是事。」世尊又說：「像這樣的大果報，種種性、種種相、種種行、種種作、種種緣、種種因、種種果、種種報等等，是我釋迦牟尼以及十方諸佛才能夠知道這一些事情。」也就是了知一切法，並且具足了知一切法的本末因果。具足了知一切法就很難了，然後還要具足了知一切法的本末因果，那眞的須要成佛才行。

「是法不可示，言辭相寂滅，諸餘眾生類，無有能得解，除諸菩薩眾，信力堅固者。」而這一些法的實相法是沒有辦法直接拿出來讓人家看見的。這個法是指什麼法？就是如來藏。也許你明心了以後，覺得「這一句話好像不太對吧？」因爲你認爲：「如來藏可以拿出來示現啊！」然而那是對你而言，如果是對阿羅漢們、對辟支佛們或者對凡夫們而言，你說：「我把如來藏拿出來給你們看，你們爲什麼看不見？」他們一定問說：「你說謊！你根本沒有拿給我看。」不論你怎麼拿給他們看，他們就是看不見。要是不信，我們作個實驗吧！如來藏在哪裡？在這裡啊！小心看好！我很小心拿著，我「生怕」把祂弄丟了，所以小心捧出來給大家看。小心看！有沒有？可是眾生有看見嗎？「沒有啊！你手上空空如也。」對不對？永遠都是如此，所以世尊說「是法不可示」。眞的不可示，只有你出生了慧眼時，才能夠看得見。不然，我一手不夠，我就用二手一起捧出來，二乘聖人所見也還是空空如也。可是有智慧的人一看：「喔！這麼清楚。」對不對？有慧眼就看得很清楚，沒有慧眼時要怎麼看？看不到啊！不論從哪一方面看都沒有如來藏：「我只看到你的手，你的手裡面也沒有什麼東西。」永遠是如此，眞的叫作「是法不可示」。

爲了說明這個難見、難知、難解的眞如、佛性，所以用種種言辭名相爲大眾解說，講了很久、很久，大眾聽來聽去，就想：「唉呀！世尊講那麼久，趕快把玉液瓊漿奉上去。」怕 世尊口渴。可是 世尊卻說：「你聽到我說什麼沒有？」大眾說：「有啊！講了很多啊！」世尊回頭又問菩薩們說：「你聽到我說什麼沒有？」菩薩們竟然說：「沒有聽到。」問到了中國禪宗的禪師們，禪師們也說「不審」，意思是不知道。「你爲何那麼笨？世尊講那麼多了，你不是開悟的禪師嗎？怎麼也不知道？」證悟的禪師還是大聲說：「不知道！」爲什麼不知道？禪師說：「我什麼都沒有聽見。」「世尊講了一個早上，我怕世尊口渴，還供上了瓊漿玉液上去，怎麼你都沒有聽到？」「不然，你去問等覺或妙覺菩薩，看他們有沒有聽到？」好，到了文殊菩薩面前，文殊竟然也說沒聽到，好像是一堆的聾子。「好奇怪喔！沒有開悟的人都聽見了，開悟的人卻都沒聽到，眞奇怪！」

開悟的人都說：「『言辭相寂滅』，我怎麼可能聽得到？」「你沒聽到？你怎麼會跟世尊回答？」菩薩卻說：「因爲我沒聽到，我才會回答啊！」這叫作「言辭相寂滅」；因爲 世尊所說的都是在講解那個眞如，而且眞如心顯示出來的佛性也是一樣寂滅；佛性不作這一些了知，所以一樣是寂滅。這二句「是法不可示，言辭相寂滅」，請問：除了證悟的菩薩以外，諸餘眾生之內，有誰能夠瞭解？確實「無有能得解」。可是「無有能得解」是有開緣的，就是「除諸菩薩眾，信力堅固者」；只有那一些已經證悟的菩薩摩訶薩們，信力很堅固，證得如來藏以後都不退轉的，才能「得解」。如果信力不堅固，證得如來藏以後又懷疑，不久又自我推翻了，那麼這一個「是法不可示，言辭相寂滅」，在他退轉後而自以爲增上的意識境界中就講不通了，只要自我推翻了就講不通。

所以眞實法是無二的，是絕待的，是不可改變的，所以眞實法沒有所謂的一代一代演變的事相可說。凡是會有演變的都是未悟言悟的凡夫大師們的事情，因爲徒弟覺得師父那個說法有漏洞，提出來說了，所以他們就演變改進，使得漏洞少一點了。到了第三代呢，又覺得第一代、第二代的說法都還有一些漏洞，於是第三代的凡夫大師們又得改進，就會一直演變。可是，如果從第一代所證的就是眞實法，那每一代下來都不可能改變，永遠如是，就像是 世尊傳下來，過了很久以後的龍樹、提婆，又到無著、世親，再到玄奘、潙山、大慧、篤補巴、多羅那他，乃至今天的正覺同修會，都沒有改變也不必改變，因爲都是同一第八識眞如心。

如果每一代傳下來都不可改變、都是眞實法，可是有一代傳到了某一個繼承者，他的信力不夠，心中懷疑：「這個就是如來藏嗎？這萬一不是，那我不是變成大妄語了嗎？」他心中本來就在疑著，後來遇到個凡夫大師說：「你這是大妄語，你這個不對啦！」這一下子生起恐懼了：「喔！那我要下地獄了。」趕快就自己否定：「好！我全部歸零，我從頭開始。」他要去喝龜苓膏了！結果以前讀懂的經典，改爲另取意識來當作眞如以後，現在開始都讀不懂了，這就是信力不堅固，不是 世尊說的「信力堅固者」。所以，你如果希望承接上面的法脈到這一代，未來可以繼續延續下去，你就不要單傳；因爲代代人丁單薄，難保不會遇到一個信力不堅固的人，你的正法血脈就中斷了。中國人講的「不孝有三，無後爲大」，無後是最大的不孝，那時你可就對不起列祖列宗了，所以多傳幾個人實證還是好一點，千萬不要單傳。

接著說「諸佛弟子眾，曾供養諸佛，一切漏已盡，住是最後身；如是諸人等，其力所不堪。」諸佛都有很多弟子，這些弟子們過去世曾經供養了諸佛，這些弟子們修到這一世，三界愛斷盡了，一切漏已經除盡了，住在最後身成爲阿羅漢。阿羅漢爲什麼是最後身？因爲「我生已盡，不受後有」。所有親證阿羅漢果的人都是不受後有，除非他迴小向大不再當阿羅漢，成爲菩薩。如果有人說他是阿羅漢，而他卻說：「我下一輩子要再來當法主。」那叫作凡夫位的假名阿羅漢，因爲接受後有了，說穿了其實是我見未斷的凡夫。阿羅漢都是不受後有，而且這個不受後有是自證自知的。阿羅漢們都是自己觀行，斷盡了我執以後，檢查五個上分結斷盡，然後去向　佛報告：「我是阿羅漢。因爲梵行已立、所作已辦，我生已盡、不受後有。」都是這樣子。如果今天聽完　佛說法，整個晚上觀行到天亮，自知自作證，明天就去等著　佛出定；佛一出定就上前禮拜，自稱：「我生已盡，梵行已立，所作已辦，不受後有，知如眞。」都是這樣。然後 佛就說：「你確實是阿羅漢了。」因爲是不是會再受後有，自己很清楚了。因此，所有阿羅漢都是住世最後身，住在這個最後身，未來不會再有一個色蘊存在。

「假使滿世間，皆如舍利弗，盡思共度量，不能測佛智。正使滿十方，皆如舍利弗；及餘諸弟子，亦滿十方剎；盡思共度量，亦復不能知。」像這樣到達最後身的所有阿羅漢們，他們的智慧力還是不堪承受諸佛的智慧。不但是這樣，就算是阿羅漢之中智慧最好的舍利弗好了，因爲所有阿羅漢，舍利弗智慧第一，智慧最好的是舍利弗。假使所有世間人都成爲阿羅漢，都不像別的阿羅漢那樣，智慧都像舍利弗那樣好，大家聚集起來共同「度量」；度就是測度，應該讀作「墮量」；所有智慧最好的阿羅漢們共同測度思量，也是無法了知諸佛的智慧。除非迴小向大證悟了，可以稍微懂得一點 世尊所說的法義；否則的話，定性聲聞的阿羅漢或者定性的辟支佛，聽到你們明心以後所講的，他們可都聽不懂了。

但是阿羅漢們有個好處，聽不懂，他就會說他聽不懂，他不會故意點頭說「喔！喔！哈！呵呵！」裝懂；因爲阿羅漢沒有我執、沒有我所執了，所以絕對不會裝懂。假使你遇到一個人自稱阿羅漢，你跟他說這個涅槃本際的法義，你講了老半天，他一直點頭：「是喔！對啊！對啊！對啊！」你就知道他根本不是阿羅漢，因爲他只是不懂裝懂。回到經文來，假使每一個阿羅漢都像舍利弗這樣的智慧；以 佛陀當年住世來講，地球上應該是有十億人吧？那時候還沒有幾十億，應該十億人或幾億人；那幾億人假使都是像舍利弗那麼有智慧，一起來思量 佛陀的智慧也是不懂；因爲七住菩薩就有能力談到涅槃中的本際，不迴心的阿羅漢們已經聽不懂了，何況十億阿羅漢能夠共同思量出來 佛陀的智慧呢？且不說這樣，就算是十方世界所有的眾生都像舍利弗那麼有智慧，而這一些十方世界像舍利弗那麼有智慧的眾生，他們又都各自有弟子，也都遍滿十方佛刹，這麼多阿羅漢位的聖人共同來思量，也是無法知道 佛陀的智慧。

因爲所有阿羅漢們的智慧，不能跟菩薩的智慧、諸佛的智慧來相提並論。譬如說，你拿出一根價值三千大千世界的「海此岸栴檀寶香」，你說：「就算是遍滿地球上每一個處所，都同樣遍滿的堅鐵久煉精鋼，也不能跟我這個沈香互相比擬。」這樣會有人提出異議嗎？不會吧！爲什麼？因爲遍滿全球的精鋼，所有百煉精鋼永遠都只是精鋼，不可能是那個無上價的沈香，因爲性質不一樣。這樣譬喻，大家就能夠瞭解了；因爲 佛的智慧是具足三乘菩提的，阿羅漢的解脫智慧只是其中的一小部分，對於其餘佛菩提的部分完全不懂；因爲二者的性質完全不同，用聲聞菩提的粗淺智慧怎麼能夠測量佛智呢？所以，如果有人要來跟你手中的一大塊黃金相比較的話，他可以去挖來一些金塊金沙說：「我這個跟你一樣。」可以！從某一個部分來說，它的質地一樣，可是有沒有精煉過？還沒有，究竟還是有些不一樣，但本質已經相同了，也就相近了。像這樣的小金塊、金沙，就是諸地菩薩、不退轉的三賢菩薩；而那一些百煉精鋼就像是阿羅漢、辟支佛，因爲本質不是金——不是菩薩的實相般若智慧。

「辟支佛利智，無漏最後身，亦滿十方界，其數如竹林；斯等共一心，於億無量劫，欲思佛實智，莫能知少分。」所以，就算是天下所有人都是辟支佛，而這樣無漏的最後身無量無邊辟支佛也遍滿了十方世界，他們的數目就像全天下竹林中的竹子那麼多，由他們一心共同來思量；「一心」就是沒有雜念，很專心來思量諸佛的智慧，思量多久呢？一億個無量劫。成佛只要三個無量劫，讓他們思量一億個無量劫，而想要思惟諸佛眞實智慧，也是沒有辦法知道一點點。聲聞不行，辟支佛也不行；一個聲聞、一個辟支佛也不行，無量聲聞、無量辟支佛也不行。那麼，如果是眞悟的菩薩呢？

「新發意菩薩，供養無數佛，了達諸義趣，又能善說法，如稻麻竹葦，充滿十方剎；一心以妙智，於恒河沙劫，咸皆共思量，不能知佛智。」「新發意菩薩」就是剛剛證悟的菩薩，才剛發起眞實義；這樣的菩薩，那可跟聲聞、緣覺不同，這一定是要供養過無數諸佛以後才有辦法明心的。如果不是供養過無量諸佛而能明心，那是你福報好，因為善知識需要用你。既然需要用你，你就有機會明心了，因為皇帝不差餓兵，對不對？菩薩要你作的這一件事情，是要證悟了才好作的，那他當然要先幫你證悟，因為你願意作這件事。菩薩找不到人願意作，眞的找不到啊！你看那一些大法師們，哪個願意幫我作事？沒有一個願意嘛！他們不願意幫我作事，我當然不幫他們開悟，這是一定的事情。這也表示說，他們沒有實證般若的福報。

既然可以開悟，一般的情形來說，那一定都是供養過無量無數佛了，否則才一聽到明心見性，他轉頭就走。他的想法是：「那是大菩薩們的事，跟我無關。」還怕被你騙了，馬上就離開，很多人都是這樣。我相信你們去度人時都遇見過，當你告訴他說：「某某好友！去正覺同修會眞的可以求開悟。」「喔！那個是你的事，我沒辦法！我算哪棵蔥？」馬上就退縮三步了。所以說，能夠證悟而成爲新發意菩薩，都是供養過無數佛了。

新發意菩薩因爲已經證悟了，所以能夠了知、能夠通達三乘菩提中的種種眞實義，也知道這一些眞實義是在指向什麼；「趣」就是往某一個方向去，在告訴我們：這個眞實義之目的是要引導我們到哪個層次、哪個地步去；新發意菩薩懂了這裡面的義趣了，當然「又能善說法」。證悟了以後，說法跟凡夫大師就完全不同了；像這樣的新發意菩薩，數量就像陸地上的稻稈、芝麻或者竹子以及蘆葦那麼多，而且更有過之，「充滿十方剎」，那數目眞的沒辦法計算。這麼多的剛證悟不久的菩薩，能爲人善說法，同樣心無雜念，以他們所證悟的勝妙智慧，一心共同來討論；討論了恆河沙劫以後，還是無法了知諸佛的智慧。這是眞實語，凡是證悟的菩薩都會接受。我還是那句老話：只有凡夫才不信這個事實。這樣的菩薩智慧對二乘聖者來講，算是很勝妙了；可是這還不夠妙，因爲這樣的菩薩一遇到入地的菩薩，又沒辦法相提並論了。可是不退菩薩，一般說位不退，就是新發意菩薩。如果要再講更勝妙的念不退的八地以上菩薩，其數如恆河沙，同樣專心共同來思惟，想要求知佛陀的智慧，一樣是無法了知。

也許有人弄不清楚，心想：「有這個可能嗎？」然而事實確是如此。且不說別的，單說佛地的第八識，可以跟五個別境心所法，也可以跟善十一心所法相應，等覺、妙覺菩薩可就想不通了。既然你想不通，如何能測量人家的智慧？這就好像說，明心以後無法想像人家明心後眼見佛性是什麼境界。眼見佛性的境界，自古以來就是我講得最清楚了：你可以從山河大地上看見自己的佛性，你也可以從狗屎上看見自己的佛性，然而自己的佛性不在山河大地上，也不在狗屎上，卻偏偏可以在那上面看見，那才奇特呢！以前一直有人爭執（會內會外的都有），甚至還有位明心的菩薩跟我說：「老師啊！我看見如來藏的體性，那就是見性了。」我說：「你誤會了。」因爲外面有人質疑說：「那眞如佛性呢，就是我們能見聞覺知、能嗅、能嚐等自性，《楞嚴經》不是這樣講嗎？」其實他是誤會《楞嚴經》，他認爲說「見聞覺知性就是佛性」。我說：「可是我們的眼見佛性，是當你兒子、妳老公、你老爸老媽睡著了以後，那時你看他們已經沒有見聞覺知了，可是我看他們的佛性還是分明顯現，請問佛性是不是見聞覺知性？那顯然就不是了。」因爲我這樣講：「睡著了，佛性還在。」他就想：「我來看看，當我兒子睡著了，他的如來藏自性還在，所以我還是有見性。」他就自稱他已經過重關了，然而那只是誤會一場，因爲這裡面還是有差別的。

看見如來藏的自性，而如來藏離見聞覺知；可是佛性既跟如來藏在一起，清醒位中，祂也在見聞覺知裡頭，請問：你有看見自己的見聞覺知裡面有如來藏嗎？又沒看見了，結果呢，又不通了。所以這裡面很難說，單單是眼見佛性的境界，新發意菩薩就無法測量了，那你說等覺菩薩能測量諸佛成所作智等智慧嗎？當然不行，所以說「不退諸菩薩，其數如恒沙，一心共思求，亦復不能知。」這是眞實語，世尊說話沒有一句謊言；你的證量越高，你就越會相信祂。今天先講到這裡。

昨天是今年秋禪第一梯次完成，我覺得那是我自己練腿功的好機會，因爲我已經十來年沒時間打坐修定了。不曉得諸位感覺如何？練一練也好。以後如果正覺寺蓋好了，大家來修枯木禪，那時就知道腿功的重要。不過，我們禪三是不練腿功的。有的道場規定至少要單盤，要到第五天才許散盤，我不曉得他們是什麼禪，是腿功禪還是無念禪？那且不管它，回到《妙法蓮華經》來，上一週講到十五頁倒數第二行，那麼今天要從倒數第一行來說，要從「**又告舍利弗**」這一句開始講。

前面講過「**不退諸菩薩，其數如恒沙**」，也許一般人以為說這經典似乎誇大其辭吧！其實不然，因為諸佛說法，諸方世界來的菩薩確實如恆河沙一般多。並不是只有人類才能學佛，因為有些佛世界菩薩們還在世，但是正值佛滅後的正法期，或者佛滅後的像法、末法期，但仍然還有一些大菩薩們繼續在住持正法。那麼，正好某一個世界有佛出現而在說法，那一些菩薩們當然也可以來聞法。能從他方世界來到娑婆，應該都是念不退菩薩，至少都是行不退，因為都是要三地滿心以上。而這一些菩薩們不是單從一個世界來，諸方佛世界都有菩薩會來，所以「**不退諸菩薩，其數如恒沙**」，這個是必然的。

可是，即使到八地、十地了，佛的境界依舊是不能知，因為 佛的境界難以思議，連妙覺菩薩都無法思議。也許有人想：「您說這話，可能誇大其辭吧？」要不然，我們就說個譬喻吧！譬如說，五陰的習氣種子滅盡了，不是只有現行滅盡，而是連習氣種子都滅盡了，那就是五陰區宇全部都超越了，那是從色陰盡乃至識陰盡，那是妙覺菩薩的境界。到了識陰盡的時候，是可以六根互通的。六根互通境界知道嗎？沒聽過？譬如說，就算把眼耳鼻舌都蒙住好了，旁邊有人說話，他也知，因為他可以透過身根來聞聲，也可以透過身根來見色。這夠妙了吧！一切種智修到這個地步，超越五陰區宇，五蘊的習氣種子全部滅盡了；這個時候，六根互通；那你說，像這樣的智慧境界，眞實不可思議。可是等你見了妙覺這樣的菩薩，你問問他們說：「你可以六根互通，這麼厲害啊！你能不能告訴我，佛的境界你是不是完全知道？」他一定告訴你：「我不可能全都知道。」因爲這也只是六根互通而已。雖然過了五陰區宇，可是 佛的十個境界相，那是無法想像的。唯佛與佛乃能知之，誰能想像？如果連等覺、妙覺都不知道了，我們還能知嗎？他方來的這一些八地、五地菩薩們，他們能知嗎？所以說：「不退諸菩薩，其數如恒沙，一心共思求，亦復不能知。」

這不是誇大語，而是如實語。你的證量越高，你就越相信；如果完全沒有證量就完全不信。就是這樣啊！因爲最懂得佛境界的人是等覺、妙覺，最懂得等覺、妙覺境界的人是十地，乃至最懂得二地的人是初地，最懂得八住菩薩的人是七住，就是這樣子。如果他，譬如說以初地來講，知道了二地菩薩的境界，心裡想：「我連三地都無法想像了，我怎麼能知道佛境界？」這就是有證量，可是如果凡夫，就會說：「我知道了，佛陀就是知道四聖諦、十二因緣，再也沒有別的法了！就是這樣而已，我讀了經典，我也知道四聖諦、十二因緣，所以我跟佛陀一樣了。」這就是凡夫。這是眞實語，而且這個現象不是現在才如此，是古時候就這樣的，才會有古時從聲聞法中分裂出去的部派佛教僧人，亂說聲聞解脫道及佛菩提道。人心不古的事，其實是從古時就已經不古，不是現在才如此。那麼，世尊講了這四句話，又說：

「又告舍利弗：無漏不思議，甚深微妙法，我今已具得，唯我知是相，十方佛亦然。」「我現在又告訴你舍利弗：諸佛所證的無漏法是不可思議的；」因爲這是唯證乃知的，就算諸佛明講了也沒有用，聽了一樣不知道。莫說諸佛，單說我們講的明心好了，會外那些沒有明心的人第一次來正覺講堂聽經時，往往會想：「這到底是怎麼回事？爲什麼他顛三倒四說來說去都對，我要找他的破綻卻找不到？」找了很久，有一天終於很歡喜，這叫作見獵心喜：「我終於找到他一個破綻了。」哇！很歡喜，於是寫了文章評論，隨即貼上網站；沒想到正覺同修會裡面，隨便哪一個師兄看見了，上網去寫了幾段文字就把他破了。沒奈何！原來是自己誤會了。那你想，七住位明心菩薩的智慧，凡夫和阿羅漢們已經不能想像了，可是一堆凡夫竟然說他們都知道諸佛的境界，然後就自稱成佛了。所以你們可以發現一個現象：凡是有眞實親證的人都不會自稱成佛，因爲他知道悟了以後還有那麼多妙法是不懂的，可是凡夫們都不知道。自稱成佛的凡夫們對佛菩提道完全外行，而且也沒聽過，所以動不動就向外宣稱「我知道了」。可是他們知道什麼呢？他們連「理即佛」的道理都還不懂呢。所以 佛說：「諸佛的境界確實是不可思議的，而這一些甚深的微妙法，我釋迦牟尼如今已經具足得到了；不但如此，世間也就只有我知道這樣的法相，而十方佛也跟我一樣都知道諸佛境界的法相。」

「舍利弗當知，諸佛語無異，於佛所說法，當生大信力：世尊法久後，要當說眞實；」世尊又開示說：「舍利弗！你也應當知道，諸佛所說的言語都不會互相不同，所以你們對於我釋迦如來所說的法，應當要生起最大的信受力；」什麼樣的信受力呢？「世尊說法很久以後，一定會宣說眞實法。」

那麼，我們來看看「諸佛語無異」，先來探究爲什麼無異？諸佛靠什麼成佛呢？靠一切種智啊！諸佛所證的內容，同樣是一切種智。一切種智就是一切種子的智慧，而每一個有情所有的種子都含藏在何處呢？在第八識如來藏中，所以諸佛當然要講如來藏妙法。可是單單演繹如來藏還不足以成事，譬如單單有如來藏便能成就有情人間的五陰嗎？不行欸！因爲如來藏只是個心，祂不發揮作用時要怎麼成就呢？所以一定要有佛性運作；如來藏有妙眞如性來運作，才能出生這個五陰，這個妙眞如性就是佛性。那麼，既然諸佛所證相同，到了佛地境界的時候，所證的內涵和深度廣度也完全相同。既然是如此，當然諸佛所說的法不會有差異，一定都相同；不可能說 阿彌陀佛講一套，釋迦牟尼佛講另一套，然後去到東方 藥師佛那裡竟又是另外講一套，不可能這樣，一定完全相同。

以前我們還沒有搬來承德路之前，在中山北路租一個小小的地下室才五十幾坪，大家窩在那邊。那時候，我們第一任理事長突然往生了。他知道自己帶的那一班學生中，有很多人信不堅固；因爲他去極樂以後，藉著阿彌陀佛給的神通就可以知道（這也是《大阿彌陀經》講的，郭理事長也是印證了《大阿彌陀經》的說法是正確的），所以他就回來跟好幾個他那一班的學生，一個一個去託夢，好像是連續有五個人吧，正確數目我忘了。就跟他們講：**「我在極樂世界學的法，跟蕭老師教的完全一樣。」**當然那邊一定比較深，因爲我還沒有成佛，但是完全一樣。爲什麼呢？因爲同樣也是如來藏、佛性啊！也同樣是一切種智。怕他們退轉，郭理事長託夢了好幾個人，那幾個人好高興，就出來說：**「我們理事長郭老師往生去極樂世界，來跟我們託夢。」**講起來，才知道有好幾個都同樣夢見，都說同樣的話；都說在這裡學的，跟極樂世界那邊教的一樣。郭理事長還說，已經往八地的境界開始進修了。

這顯示二個道理：第一、郭老師去那邊並沒有住在蓮胎裡面，這表示他是上品上生才能立刻見佛。如果上品中生要在蓮苞裡面待一個晚上，相當於娑婆世界的半個大劫，因爲那裡一天等於這裡一劫，這證明《觀經》的說法是完全正確的。再來，也證明十方諸佛所說諸法都是同樣的，所以**「諸佛語無異」**。並且他們好像有一位還是二位，還曾經應邀到一、二個禪淨班，上去報告。那時候還有錄音下來，不曉得錄音帶還在不在，這得要再查。那時候，我們有一位組長就很強烈建議：「**老師啊！我們來把它拷貝流通，好不好？**」我說：「**不好。**」因為我那時度眾已經有一些經驗了，我說：「**人啊！什麼時候要變卦都不知道，他今天這麼說，搞不好，明天他又變了。**」結果，那幾個還真的退轉了。郭老師看準了他們會退轉，才故意去託夢；沒想到最後也還是沒用，就在二〇〇三年全都退轉了，但是這是真實的例子，可以證明「**諸佛語無異**」。

這是告訴我們說，諸佛所說的法都一樣；不但現在十方諸佛所說都一樣，前佛、後佛所說也都會一樣。所以，諸位你們將來成佛的時候，你們也來說《妙法蓮華經》，你們也會這麼講：「**諸佛語無異。**」因為所證既然相同，深度廣度也都相同，當然不會有這個壞現象：阿彌陀佛在極樂世界說：「**娑婆世界那釋迦佛講得不好，祂哪個地方、哪個法義一定錯了。**」如果這樣，就表示諸佛法道不同、互相衝突，對不對？可是既然完全相同，而且所知障、煩惱障全部滅盡，根本沒有計較的可能。老實說，入地以後就不會跟人家計較這個，何況諸佛。既然內涵相同，當然所說完全相同，所以「**諸佛語無異**」。

換到我身上來說，這也有故事。以前我破參以後，我的想法是：別人說法應該是跟我一樣的，既然一樣，別人就不可能否定我。因爲我那時候破參不久，我也沒有去檢查別人到底是不是悟錯了。我比較憨厚一點，我總是不會疑心大師們沒有開悟；由於大家都公認他們有開悟，我就跟著承認他們有開悟，我從來沒有去懷疑過。直到有一次開會，我被這一世所追隨的唯一大法師當眾否定，我回家的時候一面開車一面想著：「這樣不對啊！如果他悟了，應該跟我是一樣；因爲既然同樣是悟，不可能有悟到第二種，一定同一種。那我所悟的，以經論來印證都對；除了那一些凡夫論師寫的論以外，經論所說印證都對；既然相同，爲什麼他會否定我呢？他否定了我，不就等於否定佛、也否定他自己的法了嗎？那也等於是說『佛也沒有開悟』了。因爲我悟的內容跟佛的所悟完全一樣，只是我沒有那麼深廣而已。」最後，我就突然起了個念頭：「難道他沒有開悟嗎？」當時一想，眞的嚇一跳；一面開車，自己心裡也嚇一跳。

回家那個晚上，我把他的著作，書名我就不要講了，不然就把他的名號洩漏了；我就把他的書一本又一本，總共四本，在一個晚上全讀完。因爲我讀那一些大法師的書，讀起來很快，我一目兩行，等於用掃描的；無相念佛的功夫就是這麼好用，眼光這一掃過去，兩行的意思就出來了，把兩行的意思在一剎那中整合起來，接著再掃後面兩行，再逗起來。很快，差不多三、四個鐘頭，四本書就讀完了；原來他全都落在意識境界中。那時候恍然大悟——不是重新再悟一遍，而是悟得「他還沒有開悟」的事實。但我悟後一直都信受他，一直對他的假悟信以爲眞，都沒有去加以檢查。

可是我這信任別人的習性很難改，後來人家又介紹什麼靜老菩薩，說那是八地菩薩，證量如何又如何，對我說服了二年，我說：「**既然你們這麼信受他，都二年了，好啦！那就當作眞的好了。**」我就拜以爲師，結果他所說的各種神聖境界，後來一一證實都是假的；談到三乘佛法智慧，也是一問三不知。宣稱可以自己隨意來往極樂世界的事，結果也證明是假的。從那一次以後，我就死心了；不管誰再來說服我說，什麼人是八地、十地大菩薩，我可就不肯直接相信了，現在會先把他們的著作拿來讀了再講，因爲口說無憑。

這意思是在說明什麼？如果是證悟者，一定不會互相否定。你看，中國禪師眞悟者之間就不會互相否定。有時候，你看某些話，他好像是在否定對方，但其實不是；你要是眞的讀懂了，就知道他其實是在讚歎對方。在因地就已經是如此，何況是諸佛的究竟果地。因爲同一個法，你悟了如來藏，結果是相同的，不是錯把意識當如來藏，也不是主張說意識就是證悟之標的；那麼，所悟的內容既然一樣，就不可能去否定對方的開悟了。因爲對方也一樣是開悟如來藏，你把對方否定就等於否定自己，那同時也是謗法。所以，假使有人證悟了，我絕對不會說他沒有悟，最多只能夠說他悟得不夠深或者有一點小問題，直接告訴對方：有什麼地方修正一下就好。我絕對不能否定他，不能說他沒有開悟，因爲法相同。既然相同就不可能否定，否定了就等於否定自己。

同樣的道理，人間的邏輯如此，諸佛如此，諸菩薩也是如此；所以你有沒有看見過經中記載哪一個菩薩說：「你這位證悟的菩薩悟錯了？」沒有，只有眞正悟錯了的人才會被說是悟錯了。但是有特殊的例外，也不是否定他的所悟，譬如爲了教育眾生，所以會有特殊的說法，但是也並沒有否定他所悟的內涵。所以「諸佛語無異」，這一句話從無量劫諸佛以來，到現在十方世界無量諸佛，再到未來的無量劫後諸位成佛以後，再經過無量劫，也是依舊如此。因此，凡是有人指責對方悟錯了，那就一定有一方悟錯；因爲實相只有一個，而雙方不同，就一定有一方悟錯了，不可能兩方都對；當然，還有一個情況，就是兩方都悟錯了。有這樣的情況啊！以前自在居士不是否定惟覺法師嗎？可是他們兩個全都悟錯了；但是如果有人指責某人悟錯了，一定是雙方所悟的不一樣，如果是一樣的，絕對不會否定。所以「**諸佛語無異**」，不但放諸於十方世界而皆準，同時也是放諸於過往無量劫諸佛、未來無量劫諸佛，一樣皆準。

接著 世尊要求舍利弗等人對於 世尊所說的法，應當要生起大信力。若是對諸佛所說的法不能生起大信力，又如何能夠三大阿僧祇劫行菩薩道？不可能啊！不必一世二世啦，一年二年就退轉了，因爲信力不夠。不要以爲只有在實相法上面會這樣，簡單的，譬如說念佛好了，念佛人不是有一個老生常譚嗎：「**念佛一年，佛在心田；念佛二年，佛在眼前；念佛三年，佛在西天。**」越念距離佛越遠了！更何況是了義的勝妙法這麼難修學。所以光有耐心是不夠的，單有信力也是不夠的；有些人來到同修會禪淨班二年半結束了，禪三第一次報名沒錄取，不是跟我 say goodbye，是連 goodbye 都沒說，他就走人了，這種人所在多有。有人談到這個事情，我就說：「你看，這方面我很有智慧，之前我判斷他這個人的菩薩性不夠；如今你看，不是走了嗎？」好正確呵？對不對？他走了，就證明我的判斷是正確的；我如果錄取了他去打禪三，我可就是瞎了眼嘛！對啊！這就是說，大家對諸佛的所說，一定要有大信力；如果沒有大信力，讀到大乘經裡面那一些不可思議的境界，每一次讀了就是懷疑，那又如何能夠實證？根本不可能嘛！

可是 世尊要求舍利弗生起大信力，是要他信什麼？是說：「世尊法久後，要當說眞實。」這表示說，在演說《法華經》以前所說的大乘經法，還不是究竟的法，因為演說《法華經》等大乘法之前所講的是什麼法？是講二乘菩提。二乘菩提是眞實法嗎？二乘菩提所說的妙法，範圍有個侷限；侷限在哪裡呢？侷限在現象界中。也就是說：內是五陰虛妄生滅，不外是無我法；外呢，整個三界世間都是生滅相。所以二乘菩提講的都是什麼呢？是虛相法，不是實相法。因為五陰世間、器世間，全都是緣起緣滅的法，沒有一個常住的金剛性存在，當然不是「眞實」法。既然所說的都是現象界範圍中，而現象界中以人的五陰最具足，把五陰再加上一個意根，就成為一個完整的十八界有情。但這十八界都是可滅法，沒有一個是常住法，完全不具有金剛性，當然不能說它是「眞實」。如果諸佛來人間說法時都不「說眞實」，只說二乘菩提而把所有眾生全都滅度了、入無餘涅槃，只不過是諸佛在世的時候能夠廣度眾人解脫三界生死，可是當諸佛不在人間的時候，接著不必幾代，二乘菩提妙法也就漸漸消滅不傳了。

現見聲聞法的歷史記錄就是如此，聲聞法從上座部分裂以後演變成部派佛教，可是大乘佛教外於部派佛教而一直繼續在弘傳著，大乘佛教不含攝在部派佛教中。部派佛教分裂，最後總共分裂成幾派？十八個部派。但那十八部派全都是從聲聞法的上座部中分裂出來的，不牽涉到大乘法的菩薩僧團，所以大乘法在佛教史上從來沒有分裂過。如果要說大乘法有分裂，就是中國人分裂的，爲什麼呢？因爲你看，中國人把大乘佛教分成律宗、淨土宗、法相宗、天台宗、禪宗……等，就這樣去切離、去分割，本來完整的一塊月餅很好，他偏分成好幾塊：我這一塊不容你那一塊，你那一塊不容我這一塊。全面分家了，好好一個家就被他們給分裂了。可是大乘佛教在天竺沒有分家過，只有聲聞法分裂成十八個部派，佛學家稱之爲部派佛教。

大乘佛教本來就是一個完整的內涵，爲什麼要分宗分派呢？我聽說現在又多了二宗，叫作法鼓宗、慈濟宗，這二宗以什麼作爲立宗的宗旨呢？又沒有！（有人答：世間法。）以世間法爲宗旨喔？唉呀！完蛋了！大乘佛教眞的完蛋了，世間法的境界可以拿來立宗旨嗎？可是他們所建立的宗旨全都是世間法，確實是世間法，眞的不像樣！他們至少得把大乘法裡面的某個部分拿來立宗，勉勉強強還可以見祖師，不然捨報以後要怎麼見他的師父啊？竟然拿世間法來立宗，這只能夠說佛教可殤啊！那都不是眞實法。至少也把五蘊十八界緣起性空拿來立宗，這都還好，結果是拿世間法來建立宗旨、來立一個宗派，這就沒意思了！

可是，即使是拿二乘菩提來立宗旨，也都不長久。爲什麼聲聞法會分宗派、會分裂？因爲古時聲聞法上座部裡面也有凡夫僧，人數較多的凡夫僧不服實證的阿羅漢長老的說法，否定了長老以後就離開另立一派，成爲聲聞律中說的「破羯磨僧」了，也是另外羯磨而成爲二派僧團了，本質就是破和合僧，罪在地獄。從上座部分裂出來以後，因爲全都是凡夫僧，繼續鬧意見，就開始一部又一部繼續分裂，最後甚至於一件簡單戒律的事，也可以另外再分裂僧團。甚至更簡單的事情也可以鬧意見而繼續分裂，例如《阿含經》中說阿羅漢的果位是自證自知的，是確定已經不受後有以後，由自己作證而自知是阿羅漢；但就有人不依《阿含經》所說，另外主張說阿羅漢不可能自己知道是阿羅漢，一定要有 佛爲他們印證才算數；只是因爲這個意見的不同，也可以再分成二個宗派，又這樣分裂了，於是最後分裂成十八個部派，這就是佛教史上大家熟知的部派佛教，全都是聲聞僧團中的事，與大乘佛教無關。即使聲聞佛教的僧團都不分裂好了，可是證得阿羅漢以後是不是要入涅槃？對啊！他們既然不當菩薩，死後一定入無餘涅槃。這一代一百個阿羅漢入涅槃以後，傳下了五十個徒弟是阿羅漢；將來這五十個徒弟也入涅槃了，再傳下二十五個徒弟是阿羅漢，越來越少，所以大概五代、六代以後就沒有阿羅漢住世了，眞的很可憐！即使是這樣實證阿羅漢的教法，也都還不是「眞實」，仍然是虛妄。

可是諸佛來人間，是爲了虛妄法而來的嗎？不可能嘛！一定是爲了法界中的實相才來人間接引眾生；如果只是傳虛相法讓人家入滅度，那對世間其他還沒有得度的更多眾生有何意義？沒有啊！因爲他們個個入涅槃去了！

諸佛何等尊貴，來人間示現只是為了度一二千個人、三四千個人入涅槃就結了嗎？太浪費了嘛！一定要計算一下邊際效益，算盤得要稍微打一下。佛來人間都要先衡量一下：這一回下來人間能利益多少人。如果法傳下去，不過五、六代就滅了，那邊際效益太低了；十方虛空無量世界都在等候著諸佛去示現、度化，人天至尊的時間何等寶貴，只為這幾千個人就來人間，還真浪費。

所以諸佛絕對不是為虛相法來人間，當然先要度人使他們確認眞的可以出離三界生死，不必繼續輪迴於三界中，能夠這樣自己確認以後，就對佛有具足的信心了；有具足信心以後，就可以為大眾「說眞實」。你如果沒有讓他吃點甜頭，眾生會信你嗎？一定要先讓眾生確實親自驗證諸佛說法如實，因為：「出三界的法，我已證得，是佛教導的；佛既然這個部分不會騙我，其他就不會騙我。」否則的話，一開始就說：「這是成佛之道，要三大阿僧祇劫才能成就。」大家就想：「三大阿僧祇劫以後，我哪裡去找您？萬一您騙了我，我怎麼辦？」對不對？這是人之常情嘛！這不能怪眾生。所以先教給他一世可以出三界的法，讓他們證實了，然後再告訴他們自我檢討：

「你出三界以後有什麼意義？」結果發覺沒有意義，原來只是個自了漢。所以當然最後「要當說眞實」，說了眞實法以後，讓證得解脫果的人可以理解佛果是那麼勝妙，生起好樂之心；因此，最後必然要說眞實，這是諸佛絕對會作的事情。

因此世尊又說：「告諸聲聞眾，及求緣覺乘；我令脫苦縛，逮得涅槃者。佛以方便力，示以三乘教，眾生處處著，引之令得出。」這是說，世尊把自己的弘法過程爲大家作了說明：「我要告訴你們這一些聲聞眾，以及求緣覺乘的人們：」這是宣講法華時追憶而說的，可是在之前初轉法輪來到第三轉的時候，大眾也還沒有眞的全部迴心，還有一小部分人自認爲是聲聞人，所以世尊要這麼說。世尊也說明：以前宣講二乘菩提時，那時已有不少阿羅漢，可是大乘法還沒宣講；如今追憶前事，當然要先講述初期弘法這個事實，所以說：「我釋迦牟尼佛令你們大眾脫離了三界苦的繫縛，而親自證得涅槃的人，這是我釋迦佛以方便力，來示現給你們二乘菩提的法教。」說明過了，接著說明：如來特地受生於人間不是爲了單單講二乘菩提，所以說：「示以三乘教。」如果要講聲聞、緣覺菩提，諸菩薩來人間講就夠了，不必勞動人天至尊，不須勞動天中天。所以，既然 世尊親自來人間，當然就要以種種方便力，來示現及開示三乘菩提的眞實法教，就是宣講大乘諸經；可是隨著各個階段的法義宣演，眾生總是聽了什麼就執著什麼，所以說「眾生處處著」。

這也是如實語，這就是把當時的情況表達出來而已。那時如此，現在也都還是有聲聞家風，依舊一代一代傳承下來。聲聞家風是什麼？就是主張：「佛是阿羅漢，所以阿羅漢跟諸佛一樣。」這就是聲聞家風，所以如果有誰說：「佛跟阿羅漢不一樣，阿羅漢不能稱爲佛。」他們就會出來寫文章乃至出書說你講錯了，甚至於還要惡意罵說你是外道。可是問題來了，外道與內道到底差在哪裡？他們又不懂。外道與內道不同，可別以爲說外教才叫外道，如今佛門裡面已經處處是外道了。如今佛門外道都在責罵實證內法如來藏的內道菩薩作外道，他們都是站在門外斥罵站在門內的人是外道；我就這樣被罵了十幾年，到現在大陸還有一些密宗網站，台灣也有密宗網站，都還繼續說我是外道。但他們證得的全都是外法，而我證得的是內法；證內法的人是外道，證外法的人自稱是佛門裡的內道，天理何在啊！眞的講不過去嘛！如果禪師聽到了，有一天假使那外道來問：「不然請問你，如何是佛？」禪師就哭著說：「蒼天啊！蒼天啊！」禪師的作略都是一語雙關，保證那外道不懂，然後回頭大聲訛罵禪師說：「神經病！」他就走了，依舊站在門外。

所以 佛說人天善法以後，眾生就執著人天善法；然後 佛就演說聲聞菩提，眾生又執著聲聞菩提的解脫果。剛開始講聲聞菩提時，一般求離生死苦的眾生聽了很喜歡；然後聲聞菩提講完了，就講緣覺菩提；有的人卻繼續執著那聲聞菩提，對緣覺菩提就不相應，他起煩惱了，就抗議啊：「世尊！你只要教四聖諦八正道，可以證涅槃得解脫就好了，為什麼還要講緣覺菩提？那麼麻煩。」早就有人講過了，而這個傳統到現在也都還有。例如我弘法早期，有一位師姊跟我講：「老師啊！你講眞如佛性就好了，為什麼還要講什麼一切種智、什麼道種智。」嫌我講得囉嗦。這就好像有人，你送給他幾條金塊以後，接著，你又去細心精雕細琢一條金龍，又大又莊嚴又細膩又標緻，然後弄了好大一個很好的檀香木底座，裡面又有絲絨先鋪上去，再用琉璃打造了一個框，把它蓋在上面，這樣捧出來送給他，他卻說：「你為什麼要這麼麻煩，你以前給我的金塊就很好了，這個大可不必。」就等於這樣嘛！

所以眞的是「眾生處處著」，不是古時候才如此，這個凡夫傳統都還流傳下來到現代，因爲我曾親自遇上了。看起來，我的遭遇還眞不少呵！就這樣讓眾生來磨，我就這樣跌跌撞撞地慢慢前進。所以，「眾生處處著」的現象是自古已然，然而於今爲烈，因爲現在比古時更嚴重。諸位想想看，在正覺出來弘法之前，有多少人承認如來藏妙法？很少欸！少得可憐！少數承認有如來藏的人卻又不敢出來講，因爲只要出來講，就會被印順派的邪師們罵成外道。而且罵人家弘揚如來藏的人是外道的那一些人，他們一向聲勢都很強，所以沒人敢出來講。早期就有人知道印順學派是有問題的，可是也無可奈何，因爲如果要講義理思辨，辯不贏他。我們台北講堂有個鄰居就在汐止，叫作慈航法師，那時候他曾經出來公開反對，不是隨即被印順學派圍剿嗎？後來也有一位居士很有氣魄，是李炳南老居士，他也曾公開燒了一套《妙雲集》抗議印順學派。當時慈航法師對印順學派也沒辦法，只能撂下一句話：「將來自然有人會收拾他啦！」後來我想：「就由我來收拾吧！」他臨終前好像二、三年吧，有撂下這麼一句話，我不曉得在哪裡讀過，忘了。

所以「眾生處處著」的現象是一直都存在，佛陀的年代就已經是這樣，因爲這裡是五濁惡世，這是不可避免的。這五濁影響眾生很嚴重，劫濁、見濁、煩惱濁、眾生濁，還有一個命濁。五濁很深廣，這五濁直到妙覺地才破盡；因爲阿羅漢只斷現行，菩薩才會斷除五濁的習氣種子。所以眾生眞的處處執著，因此 佛就很辛苦了；眾生哪裡執著，就要從哪裡引出：「**引之令得出**。」不要以爲當佛好光榮、好快樂，絕對不是這麼回事。其實是當小菩薩最快樂，像你們諸位這樣最快樂，既可以悟，悟了以後晚上還可以一覺睡到天亮，不會有人來吵你。當佛陀可不是這樣，往往今天說法整整一天，到了晚上，也得爲弟子們說法；九點鐘、十點、十一點，這中間可以稍微休息一下，到了子時，半夜十一點鐘，諸天天人往往會來禮拜求法，你連睡覺都睡不安穩。好了，諸天問過了，大概沒事了吧？不然，因爲接下去有些大力鬼神會來請法，那子時過了，同時也是大力鬼神道的時間，所以大力鬼神又來了。有時候連著二三天，都沒法子睡覺。那你們打禪三，三個晚上沒怎麼睡覺，是因爲左鄰右舍打呼，你就別太抱怨了，因爲人天至尊都常常沒時間睡覺的，因爲各種眾生處處執著的緣故，必須「**引之令得出**」。

眾生絕對是處處著，你說了什麼法，他就從表面上來執著什麼法。如果各個都是證果的人，例如已證聲聞果、緣覺果或證菩薩果，那就不會處處著了；可是凡夫眾生畢竟是多數，只好依靠 佛陀的各種方便力。如果不是方便力，佛教不可能到現在還存在，因為 世尊當年如果一開始就演說：眞如就是如何如何，與五陰非一非異，是不來不去、不常不斷、不垢不淨、不增不減、不生不滅。專講這個，大家聽了三年以後，還是聽不懂，那怎麼辦？覺得說：「釋迦牟尼佛說法是不是在籠罩人？都是講一些不著邊際、打高空的玄義，那我們走了。」就離開了。所以，一定要有「方便力」施設：某一些人的根器適合修人間法，行人間道，就教他持五戒；某一些人適合修天道，那就稍微複雜一些，持了五戒加修十善業而求生欲界天。若是修學初禪到四禪受生色界天，修學四空定生於無色界去，這就比較複雜一點，終究只是三界九地的禪定境界而已。如果是聲聞菩提呢？那可就比天道複雜多了；接著又講因緣法，唉呀！好多人聽不懂。然後又開始要講般若了，那怎麼辦？大家一定會想：「佛在籠罩人。」那必須要如何？要先幫緣熟的人實證眞如，這就是「世尊法久後，要當說眞實」。等大乘菩提快要說完了，再把話講在前頭：有眞實法是函蓋一切法，而一切法有無量義。當《無量義經》說完了，證果的人都會接受，然後才能講《法華經》，把諸佛境界與十方佛教的事實爲大眾演說。

《法華經》講解時授記了，大家都確定自己是菩薩，就全部願意迴小向大。可是要大家迴小向大時，不能單說法，你要先給點糖果，這是一定要的啊！那糖果就有二種：一種就是請 多寶如來前來證明，大家就想：「喔！眞的有他方的佛欸！世尊說的原來不假。」然後要怎麼樣呢？要公開授記啊！「你某某阿羅漢，你們這一群人將來什麼時候會成佛；你們舍利弗這一群人，將來又什麼時候成佛。」大家心想：「賺到了，眞的賺到了，因爲我將來也會成佛，佛已經爲我授記了。」那麼接下來，不論講什麼，他都會聽進心中去了，對不對？要先給點糖果嘛！這不正是 如來的方便力嗎？是「方便力」。

當他們以前悟得般若而生起信心，佛也看見他們何時可以成佛，當然可以作密授記了；因爲諸佛就有這個能力，只要於菩薩道中心得決定了，就能授記。但私下授記以後，接著細說般若、詳說種智，迴心大乘的阿羅漢們都會接受。所以弘法時得先定下前後三轉法輪的次第，在講授實相般若前，要能夠先用教外別傳幫一些緣熟的阿羅漢證果，才可以開始宣講般若；等大眾接受了以後，漸漸迴小向大成爲菩薩了，開始有人親證無生法忍了，然後消息傳出去了，那一些聲聞道中的凡夫就會開始有人轉變：「**原來佛說的是眞實，不是騙我們的。**」這就是佛的「**方便力**」，就是「**示以三乘教**」，雖然「**眾生處處著**」，卻可以「**引之令得出**」。

這樣子想一想，釋迦牟尼佛在人間的日子好過嗎？不好過啦！這表面上是很風光，諸國國王都來奉侍、禮拜、供養，可是也有國王想要害佛，阿闍世不就是這樣嗎？所以，他後來懺悔及聞法後只能成爲無根信，連初果都證不到，好在佛力加持，已經不必下無間地獄了。所以，當佛不容易，也確實不輕鬆，想想看，有文殊、彌勒、維摩詰、觀世音等大菩薩來幫忙，都還這麼辛苦。你如果自己一個人成佛呢，會怎麼樣？你自己想想啊！你如果想通了，就懂得要好好拉拔弟子們，要讓他們趕快成就，將來你成佛的時候，他們至少也有一些人已在等覺位，那你成佛時就可以稍微喘一口氣。當然不會輕鬆啦！但有他們幫忙，你可以喘一口氣。

這就是說，行菩薩道之後，在人間成佛是很辛苦的；可是也正因爲如此，五濁惡世的時候成佛，是最令人感恩戴德。所以，應該要時時刻刻憶念著，憶念之後還要再發願說：「我要等到人壽八萬歲的時候來成佛。」要不要這樣？不要。因爲五濁惡世的眾生是最可憐的，此時邪師說法如恆河沙。那你不要想說：「我五濁惡世的時候來成佛，度人太少。」不會少啦！因爲還有天界、他方世界的菩薩們都會來，而且娑婆世界又不是只有一個地球，怎麼會少？你如果嫌少，就不能成佛，因爲佛心中沒有數目執著的問題。所以由這四句話，大家就應該要感受到釋迦牟尼佛的苦心孤詣、大慈大悲。感受到之後應該要怎麼樣呢？有一句成語，四個字：「信受奉行」？那不是成語。我們把世間成語那一句改一下，改一個字就好，叫作「見聖思齊」，好不好？好，再來下一段：

經文：【爾時大眾中，有諸聲聞漏盡阿羅漢阿若憍陳如等千二百人，及發聲聞、辟支佛心比丘、比丘尼、優婆塞、優婆夷，各作是念：「今者世尊何故慇懃稱歎方便而作是言：『佛所得法甚深難解，有所言說意趣難知，一切聲聞、辟支佛所不能及。』佛說一解脫義，我等亦得此法到於涅槃，而今

不知是義所趣。」】

語譯：【這時在大眾之中，有許多示現聲聞相的漏盡阿羅漢，例如阿若憍陳如等一千二百人，以及已經發起聲聞心、辟支佛心的比丘、比丘尼、優婆塞、優婆夷四眾，他們各自在心中生起這樣的想法：「如今世尊是什麼緣故，很慇懃稱歎，又以言語方便而作出這樣的說法：『佛所證得的法是甚深而極難理解的，凡是有所言說時，其中的意思和所趣都是很難以了知的，一切聲聞、辟支佛等聖者所不能到達。』佛所說的一種解脫的義理等法，我們這些阿羅漢也已經得到這個法才能到達涅槃、不受生死，然而今天竟然不知道世尊說的這些義理究竟是要作什麼。」】

講義：世尊這麼講，其實已經講得很白了，對不對？等於打開天窗說亮話：佛的智慧不是大菩薩們所知的，更不可能是聲聞緣覺所知，那凡夫就不必提了。既然這樣講白了，大眾之中各人就會有一些想法出現了。所以大眾中，聲聞漏盡的阿羅漢，例如阿若憍陳如等一千二百人，以及發起聲聞心、緣覺心的比丘、比丘尼、優婆塞、優婆夷，大家心裡面這樣想：「今天世尊是什麼緣故，很慇懃地稱歎並且以各種方便而這麼說：『佛所得到的法是非常的深奧微妙而難以理解，佛陀有所言說的時候，其中的義理以及所想要引導出來的趣向是很令人難以了知的；佛陀又說一切聲聞、緣覺都無法到達佛的智慧境界。』」可是 佛這麼說，確實有些奇怪啊！所以阿羅漢們心想：「佛所說的只有一種解脫而沒有二種解脫，而這個道理，我們大家也都得到這個法，也已經到了生死的彼岸證了涅槃；然而我們今天聽了佛說的這一些法，竟然不知道佛說的這一些法義裡面究竟是有什麼意義。」

當然會這樣想，假如說，二乘菩提講完了，還沒有講般若時，佛準備要講的內容都還沒有講，只是先說一個概念，說諸佛所得的法不是菩薩們所知，也不是聲聞、緣覺所知，這時候大眾又不知道 佛講的是什麼道理，當然心裡面想不透、猜不透啊！所以他們會這樣想，因爲以前大家所知道的是：「佛已經證得有餘涅槃、無餘涅槃，我們這一些聲聞、緣覺也證了；佛說的四聖諦、八正道，我們實修以後也親證了；佛說的因緣觀，我們也親證了，那我們跟佛就是一樣的啊！爲什麼今天卻說：佛的智慧境界跟我們不一樣。那，到底佛是在講什麼？」

這個其實不難理解，譬如我如果一開始只講阿含道，只講四阿含的法，我都不講般若；然後有一天我說要開始講般若了，我就說：「其實我所證的境界，你們並不知道。」那時你們會信嗎？雖然嘴裡不說奇怪，可是心裡面一定早就打了個斗大的問號在那邊，因為：「你說的解脫道，我們也證了，可是你今天為什麼說你跟我們不一樣？」對不對？好在我沒有這樣，我一開始就是三乘菩提混雜著講，所以我這是一開始就是弘揚唯一佛乘，是因為世尊已經把三乘菩提全部講完了，我才可以這樣子。所以這一定會有這樣的想法出現，免不了，因為還不瞭解，所以大眾這樣的想法是必然的。

既然佛說只有一種解脫，外道的五現涅槃都不是解脫。所有的解脫只有一種，就是證得有餘涅槃、無餘涅槃，就是斷盡我所執、斷盡我見、斷盡我執，這樣才是解脫，其餘都不對，所以只有一種解脫。解脫不可能有二種，不可能說：「世尊說十八界滅盡得涅槃，我們滅十七界或者滅十五界，也可以得涅槃。」不可能這樣，出離三界生死的涅槃只有一種，全部都要滅盡，永遠不受後有。既然 佛所教的是這樣，佛這樣證，我們也這樣證，那我們大家應該都一樣，為什麼 佛今天竟然這樣說？所以，當然弄不清楚 佛在講什麼，一定得要 佛開始幫助弟子們證悟般若了，才會開始有人知道：「唉呀！原來還是有所不同。」所以，這些人這樣的想法，是必然會產生的。當然佛一定也早就料到這一點，所以精采的在後頭，來看看怎麼精采：

經文：【爾時舍利弗知四衆心疑，自亦未了，而白佛言：「世尊！何因何緣慇懃稱歎諸佛第一方便、甚深微妙、難解之法？我自昔來，未曾從佛聞如是說；今者四眾咸皆有疑。唯願世尊敷演斯事：世尊何故慇懃稱歎甚深微妙難解之法？」】

語譯：【這時，舍利弗知道大家心中都有所疑，因為自己也一樣無法理解，為何佛陀會向大家說明諸佛的十力、四無所畏、禪定、所知所見、波羅蜜等法的不可思議，就向佛稟白說：「世尊！是什麼樣的原因，又是有什麼樣的助緣，所以您今天很慇懃地、很稱歎地指稱諸佛有第一方便、有甚深微妙、也有難解之法？我舍利弗自從往昔追隨世尊以來，不曾聽聞您有這樣的說法；如今四眾都同樣有這個疑惑。唯願世尊開敷弘演這裡面的道理：究竟世尊是什麼緣故，這樣慇懃稱歎諸佛的甚深微妙難解之法？」】

講義：當然是如此啊！假使師父哪一天特地讚歎某一個東西，你就要問清楚：「師父！您爲什麼今天這麼讚歎這個東西？」一定有緣故。假使哪一天師父說某一個境界如何、如何、如何，以前都沒有聽過，但是今天他很讚歎，你就要弄清楚爲什麼師父要這麼說？因爲他不會無緣無故提出來講，一定是他想要幫我們去證得那個東西，否則他何必要講呢？大家都不願意自找麻煩，一定是他發覺我們大家也可以在這個部分取證，他才會特地提出來講；如果明知道大家不能取證，他特地強調而講出來，是要幹什麼呢？所以他如果提出來講，是特別強調而講的，不是概略性地講一講，表示他有意願幫助你去證得這個部分，那你應該怎麼樣呢？打蛇隨棍上。所以要緊接著請問，別猶豫。舍利弗很清楚這一點，就隨即爲大眾請問。他問了，當然也是爲自己問，所以請問說：「爲什麼世尊今天這麼慇懃來稱歎諸佛有第一方便……？」那，什麼是第一方便？這麼慇懃來稱歎說「諸佛有甚深微妙而且是難解之法」，那到底什麼是甚深微妙難解之法？當然要設法去證得啊！大寶當前，不該輕易放過啊！

假使有人送給你一個寶物，後來有一天，他說我有許多種非常非常好的寶物，比原來給你的勝妙過很多、很多倍。他再三跟你講，不是只有講一次。

如果講一次，你大概可以想：「他大約是在炫耀。」可是他對你講了很多次，這表示什麼呢？表示他有意思要送給你。如果再三地講，就表示有意送給你，不然他再三地講是幹什麼？因爲如果只是炫耀，講幾次就夠了。但他講個不停啊！那你就開口說：「請問您，是不是要送給我？」以後如果有人再三對你說，他家多麼、多麼有錢；如果只講一次，那就不管他，你就讚歎一下、隨喜一下就好。如果他不停地講，一直講不停，那你就要對他說：「請問，您是不是要送給我？您家那些錢到底是多少啊？」你就要開始問了，對不對？不然他爲什麼要講那麼多次？他又不是精神有問題。確實如此啊！如果他沒有意願要送給你，他通常只講一遍就不會再講了。

同樣的道理，如果 佛說的是籠罩人的話，舍利弗這一問，是不是要從此閉嘴？因爲您既然講了，一定是可以教人實證，不然您再三地講是想要作什麼？所以，我們可以依照這個道理類推而作應變，從此以後，不然就是耳根清淨了，不然就是人家眞的送來好幾億的錢給你，那有什麼不好？對不對？所以人家再三讚歎不停時，你一定要問，可別說句「討厭啦」就離開，你一定要問清楚。我教你們是要有智慧，這就是說，你學法要能夠現用。學法絕對不要迷信，否則學了一大堆，然後法是法，在現實生活上完全不相干。其實佛法是很現成的，都在我們身上，不該說佛法只是些名詞、高不可及，眞學佛的菩薩們可不是這樣。本來佛法講的就是生命的實相，我們人類是不是生命？既然我們是生命，佛法講的生命實相，當然就是跟我們息息相關，不可能是不相干的。對佛法就應當這樣認知。

佛陀既然再三地慇懃稱歎，我們應該要像舍利弗一樣的想法：趕快問清楚，也許 佛陀眞有什麼好東西要送給我們。所以我們絕對不可以默然。默然是什麼時候該默然？譬如說你遇見個三歲小兒，他對你宣稱，說他在哪個大學當教授，那時你是可以默然。假使你遇到一個看來是年高德劭的人，他再三告訴你說，他有什麼非常勝妙的技術或什麼東西；你一定要請問，因爲他不是三歲小兒。應當如此。那阿羅漢，譬如舍利弗，舍利弗是 佛陀的大弟子，在法上算是他最大，因爲他最通透，當然得要代表大家來請問。

「從聲聞法中可以了知佛陀是自知自作證，然後傳出來，我們阿羅漢們才能證得；所有人以前都沒有證得，而我們是因爲跟著佛陀修學才能證得，我們不是自己證得的；而佛陀是自己證得的，這表示佛的智慧絕對比我們阿羅漢高很多，因為人家是無師自通。既然如此，今天佛說了這些話，而且是講了很多個層次，從不同的層次都宣稱是最勝妙的，所以佛當然有第一方便甚深難解微妙之法，我們為什麼不要趕快請問？」有智慧的人當然就要問，所以舍利弗才會這樣問。可是，舍利弗想要再讓大家聽清楚說，他是怎麼樣請問於 佛的，所以又來一遍重頌：

經文：【爾時舍利弗欲重宣此義，而說偈言：

慧日大聖尊，久乃說是法：自說得如是，力無畏三昧、
禪定解脫等，不可思議法。
道場所得法，無能發問者；我意難可測，亦無能問者。
無問而自說，稱歎所行道，智慧甚微妙，諸佛之所得。
無漏諸羅漢，及求涅槃者，今皆墮疑網：佛何故說是？
其求緣覺者，比丘比丘尼，諸天龍鬼神，及乾闥婆等，
相視懷猶豫，瞻仰兩足尊；是事為云何？願佛為解說。
於諸聲聞眾，佛說我第一；我今自於智，疑惑不能了：

爲是究竟法？爲是所行道？
佛口所生子，合掌瞻仰待，願出微妙音，時爲如實說。
諸天龍神等，其數如恒沙；求佛諸菩薩，大數有八萬；
又諸萬億國，轉輪聖王至；合掌以敬心，欲聞具足道。

語譯：【這時舍利弗想要重新宣示這個道理，就以偈重說如下：
「智慧日的大聖世尊，說法很久以後才演說這個法：自己宣稱所得的境界像是這樣子，已有十力、四無所畏、無量三昧、各種禪定、三解脫門等等，都是令人不能思惟論議的勝妙法。
如來坐道場時所悟得之法，世間沒有誰是能夠如理發問的人；在我的認知之中，世尊的境界難可測量，世間也沒有能夠向世尊請問的人。
今天世尊所說的法是無人請問而自己主動宣說，稱歎諸佛所行的法道，智慧非常深細而且勝妙，說這是諸佛成道的所得。
已經實證無漏的諸羅漢們，以及求證涅槃的所有人，今天聽聞世尊所說以後全都墮入疑惑的大網中，心中想著：佛陀是由於什麼緣故而說了這些法？

其中有人是求證緣覺法的人，這些比丘、比丘尼，諸天、龍、鬼神，以及忉利天中的音樂神等人，大家互相顧視而在心中懷著猶豫，一同瞻仰福慧兩足的世尊；世尊今天說了這些法的事情，究竟是什麼道理？我們很誠懇地祈求佛陀您爲大眾解說。

在所有的聲聞聖眾之中，佛說我是智慧第一；而我如今在世尊說的這個智慧上面，卻還是有著疑惑而不能了知：世尊今天說的是究竟法的內涵？或者是所修行的法門？

經由佛口說法所出生的法子，全都合掌一心瞻仰等待著，唯願世尊再發出微妙之音聲，及時爲大眾們如實解說。

諸天、龍、鬼神等，他們的數量猶如恒沙一般之多；求證佛果的諸菩薩們，大約的數目就有八萬人；

而且從娑婆世界諸方萬億國，也有萬億的轉輪聖王來到法會中；全都合掌而以極恭敬的心意，想要聽聞具足佛法的道理。」】

講義：舍利弗再次以這一些偈問得更深入，所以他說偈就是以更多層面來提出他的請問，他說：「智慧日的大聖世尊，是經過很久的弘法以後才說出這樣的法。」聲聞道講了十幾年，算是很久了；對於已經證得阿羅漢，特別是最早期就證得阿羅漢果的人來說，那十幾年眞的很久，而他們也能安住，這表示他們是眞的阿羅漢。如果是假的阿羅漢：「我證阿羅漢，佛也是阿羅漢，然後就可以告假，自己去開山。」對不對？對啊！「我跟他一樣啊！」他的想法：「我跟佛一樣嘛！佛的法已經都講完了；你看，已經十幾年了，都還是講解脫道的法義，可見佛就只有這些法。」對不對？世間人總是會這樣想。如果會這樣想，那就叫作世間人，不可能是阿羅漢。眞阿羅漢知道自己的解脫是從人家那裡修學而得的，自己根本沒有能力證阿羅漢果，是人家教導才有辦法證；證得阿羅漢以後，我所執已經斷盡，三界愛已經斷盡了，怎麼可能會急著要離開 世尊而自己去當大師？絕不可能嘛！如果還會這樣作，表示那個人絕對不是阿羅漢，連三果人都不是，因爲三果人就絕對不會這樣作了。所以，這顯示舍利弗他們一千二百人都是眞正的阿羅漢，絕對不是虛言假名。

然後第二轉法輪的般若期也講了二十九年，他們證悟般若以後也安住十幾或二十九年了，都沒有異心、異想；最後第三轉法輪唯識增上慧學，他們

也隨　佛修學十幾年，智慧都非常高；所以他也是入地的解脫菩薩了，可是他仍然稱歎　世尊是智慧日的「大聖尊」，「慧日」是表示說，智慧非常光明，照耀天下皆明。又說「久乃說是法」，是說　世尊說法很久以後直到今天才解說了這個法，然後又自己宣說已經得到了這樣的十力、四無所畏以及種種三昧，又具足禪定以及解脫等等不可思議法。而　世尊所說這一種成佛坐道場時所得的法，沒有人能發問；因為　世尊自稱坐道場而成佛，這個坐道場而成就的佛法，大家都還沒有成佛，還沒有人懂，所以沒有人能夠發問，因為大家都沒有聽過諸佛坐道場的境界。有聽過的人才能發問，是因為聽過以後仍有一些不懂，不是完全不知，才有聞慧、思慧而能發問。如果連聽都沒聽過，自始至終都不知道絲毫內容，要如何發問？

譬如，我們如果沒有寫那麼多書流通出去，有一天我突然辦了一個演講會，以「眞如與佛性」作標題；當我講完了以後，大家以前都沒聽過，全無所知，那我講完以後說：「請問諸位有沒有問題啊？」大家一定是你看我、我看你。為什麼呢？因為我說的眞如與佛性的道理，大家都沒聽過，都是第一次聽到的，完全聽不懂，怎麼可能提出來問？因為根本不知道從何問起。

譬如說，你明心之後，遇到一個專學二乘菩提的人，你突然間告訴他：「法界的實相如何、如何、如何，這個法界的實相就是如來藏，如來藏就是無餘涅槃中的本際，阿羅漢入無餘涅槃裡面就是這個。」然後你問他說：「請問你有沒有問題啊？我為你解答。」他能問嗎？不行欸！因為他完全沒有聽過，所以你說法以後，他也問不出來。

同樣的道理，「道場所得法」，是諸佛的所知，不是阿羅漢所能知道；因為阿羅漢們都沒有坐過這個道場，所以他們無法瞭解究竟應該要從什麼處發問，因此舍利弗說：「我心裡面的意思是說，世尊的道場所得法，沒有辦法測量，也沒有能夠提出來請問的人，如今世尊您在沒有人提出問題、沒有諸緣的狀況下，而自己提出來說，稱歎自己所行的佛道。又說智慧是非常的微妙，這是諸佛的所得。然而已經證得阿羅漢果的這一千二百阿羅漢們，以及還在有學位或者凡夫位中，正在求證涅槃的人，聽了以後都落在疑網之中，被一大堆的疑惑給網住了，心裡面總是不明白：佛陀今天是什麼緣故，會說這一些話出來，又會提出這一些實證的名相，譬如說十力、四無所畏、諸種三昧等等，因為這是以前沒聽過的。而大眾之中在求證緣覺法的人，這裡面也有比丘、比丘尼，諸天、龍、鬼神，以及乾闥婆等，他們也在懷疑，不單是我們聲聞人懷疑；他們一樣在懷疑，大家面面相覷，心中懷著猶豫，不知道世尊的意趣所在？所以，如今我舍利弗代表大眾發言，瞻仰福慧兩足尊；究竟這個事情的意涵是什麼？希望世尊爲我們大眾來解說。」

確實如此，在場之中還有許多聲聞人，般若還沒有實證，而種智更沒有實證，聽了這些法當然心中懷著疑惑。但是，因爲舍利弗是聲聞相的法眾之中智慧第一的弟子，也證悟般若了，因爲他最通達，所以舍利弗說：「於諸聲聞眾，佛說我第一；」又說：「而我舍利弗今天在我所證的智慧之中，仍然有疑惑不能瞭解：世尊您所說的究竟是什麼道理，世尊所說的這一些是究竟法的境界呢？或者世尊認爲我們應該這樣來行道呢？」當時弄不清楚，到底是諸佛所證的境界，或者是大眾應該要修的法門，這時還弄不清楚。因爲境界與法門是不一樣的，已經成爲大阿羅漢了，竟然聽了還不知道：這到底是在講佛的境界？還是在講我們阿羅漢們應該繼續修行的法門呢？所以當然要提出來問：「爲是究竟法？爲是所行道？」舍利弗又說：「我們是從佛口出生的世尊的兒子，我們大家合掌瞻仰，在等待世尊您的開示，希望世尊再度發出微妙音，爲我們應時而說，如實而說。」

說法應當及時，如果是不該說的時候說，那就不應時。不應時而說就會有後遺症，所以什麼時候應該說什麼法，應當要衡量觀察。如果不能衡量觀察，想說什麼法就說什麼法，就會引來一堆物議，所以舍利弗尊者請求說：「願出微妙音，時爲如實說。」不但要求「如實說」，還希望 世尊應時而說。懂得時節因緣很重要，儒家不是也說應當先知道種種事情的前後次第嗎？事有輕重緩急，有沒有聽過？對啊！譬如有一句台灣俗話說有人「過時賣月曆」，有沒有人會來買？沒有，只能送去舊貨商當作廢紙賣，因爲你賣的月曆是去年的，人家不可能來買嘛！一大堆留著怎麼辦？只好論斤秤兩，一斤三塊、五塊錢就賣掉了，只能賣給舊貨商，因爲不應時。又譬如說現在二〇〇九年，你來賣二一〇九年的月曆，誰會買？也沒有人來買，因爲不應時啊！所以一定要應時，因此舍利弗請求說「時爲如實說」。

又說：「如今諸天、龍、神等，數目有恆河沙數那麼多；而且懂得要來向佛求學佛道的諸菩薩們，大約有八萬人，還有萬億國土的轉輪聖王們也來到了；」轉輪聖王們爲什麼能來？轉輪聖王有金輪，輪之所至，他就可以到；

不但他可以到，而且士兵們也可以藉由輪寶而一起來到，所以這一些萬億國土中的轉輪聖王們也來了；此時大家一心合掌以恭敬心，想要聽聞 世尊說明佛道的具足正理。這表示舍利弗有智慧，他知道說：一定還有許多的法是我們不知道的，世尊所說的法，目前一定還沒有具足圓滿。所以假使成佛弘法，聲聞緣覺的解脫道講完了，一定還要講菩薩應證的般若，一定還要再講諸地所修的一切種智。如果般若還沒有講，那麼實相法都沒有講，一切種智也沒講，弟子們都還不知道成佛的次第與內涵是如何，他就涅槃了，結果是他一定要再來受生一次、再來補說，才能使教化圓滿；否則他化度的緣還沒有圓滿，怎麼可以取滅度呢？如果他先取滅度了，一定要馬上再來，所以他臨走的時候一定要說明：「二十年後，我會再來跟你們相見。」必須要這樣講。但即使是如此，也還是不圓滿，依舊不能稱爲眞正成佛的人，因爲他的福德與智慧顯然還不具足，才無法安排在捨壽前具足圓滿傳授給弟子們。

講到這裡，我們來看看「印順佛」他有沒有把佛道講完？沒有，因爲他一生都只講聲聞法而已，錯把聲聞解脫道當作成佛之道，而且他演說的聲聞法還講錯了。就當作他把聲聞解脫道講對好了，當他臨走時就是化緣未滿，那他應該預先告訴大家說：「二十年後，我會再來爲你們說法，因爲我還要再講般若、還要再講一切種智。」可是他都沒有啊！原來又是一個冒充的佛。由這裡就可以看得清楚，十方三世諸佛，凡是化緣未滿之前都不會示現入涅槃，諸佛一定有這個福德與威德，可以具足作到這一點。可是，彌勒尊佛來成佛之前，現在看到那麼多所謂成佛的人，有哪一個是如此？莫說如此，單說斷我見，他們就全都辦不到了。

當我們出來講如來藏的時候，他們又是各個口似扁擔，沒有辦法出來解說什麼是般若，連附和一下也沒辦法。隨便否定的人倒是有，可是大部分的人比較聰明，閉嘴不談，他們好像有約定：「不管你怎麼罵我，罵得狗血淋頭，我依舊對你相應不理。」這樣的人是世間的聰明人，因爲如果要回應，一定要知己知彼：你有什麼、我有什麼，全都知道，我才好回應。如果我有什麼，你都知道；你有什麼，我完全不知道，那我能怎麼回應？所以，不知己也不知彼的時候就敢回應的人，都叫作小嘍囉，只是被唆使出來試試對方的證量，都叫作愚癡少聞的寡慧凡夫。可是在五濁惡世永遠不愁沒有這種人，這種人永遠都是會有的，爲什麼呢？因爲他身上反正又沒有羽毛可掉，不必顧惜羽毛：「我就把你弄一弄，如果萬一被我瞎貓碰上死老鼠，給弄著了，我就一朝成名，名利雙收，有什麼不好？」當然是如此想的。

若是羽翼已豐，他們可就很怕羽毛受損，所以大師們都很聰明而不回應，因爲他們都知道：「越回應，自己就越糟，因爲自己有多少分量，人家都知道；而對方的分量是怎麼樣，我完全無知。」因爲摸不著底啊！那又能怎麼辦？舍利弗就是有這個智慧，他很清楚知道，世尊的智慧根本不能測量，因爲不論你問什麼，祂都知道；而我們所知道的，世尊又都知道，弟子哪有能力質問 世尊？而今天 世尊特地宣稱諸佛的境界，再三宣揚，一定有緣由，不會是沒來由的，所以一定還有什麼妙法 世尊還沒有講，想要爲我們演說。因此就說：「大眾都合掌而且都以恭敬心，欲聞具足道。」就這麼提出來請求，這得要一次又一次請求，不是隨隨便便請求一下，世尊就會放手給我們，因爲這是最勝妙的法。他這麼講完以後，世尊怎麼說呢？

經文：【爾時佛告舍利弗：「止！止！不須復說。若說是事，一切世間諸天及人皆當驚疑。」舍利弗重白佛言：「世尊！唯願說之！唯願說之！所以

者何？是會無數百千萬億阿僧祇眾生曾見諸佛，諸根猛利智慧明了，聞佛所說則能敬信。」爾時舍利弗欲重宣此義，而說偈言：

法王無上尊，唯說願勿慮。是會無量眾，有能敬信者。】

語譯：【這時佛陀告訴舍利弗說：「停止了吧！停止了吧！你不需要再說了。如果我依照你的請求，把諸佛境界這一些事情說了出來，一切世間的諸天以及一切人，都會在心裡面產生了驚嚇和疑惑。」世尊說完，舍利弗又重新向佛陀稟白說：「世尊！唯願說之！唯願說之！我爲什麼要請世尊演說呢？因爲在這個法會之中，有無量無數百千萬億阿僧祇不可計算數目的眾生，他們在往世曾經遇見過諸佛、奉侍過諸佛，信心是足夠的；而且他們的善根具足，所有的善根也都很猛利，所得的六根也是很聰明、很有智慧而能夠明了諸法的；如果這些人聽聞了世尊您的說法，他們就可以尊敬而完全信受。」這時舍利弗想要重新宣示這個道理，就說了偈：

「世尊法王是無上的至尊，唯願世尊您爲大眾宣說，希望您不要再考慮那麼多了。

這個法會中的無量大眾，有許多人是能夠恭敬信受的。」】

今天講到這裡。

講義：第二梯次禪三圓滿了，對我來說，這算是雙喜臨門，也許是因爲十年前講的《楞嚴經》，我如今作了大幅度的增刪，也在禪三前完成，發包開始印製；總共十五輯，對我個人而言，是個大工程。十年前開始講，講到結束時大約是七年前。那時比較偏在明心與見性的部分來說，其中有許多有關種智的部分就講得很簡略，那時是爲了希望大家都可以明心，也能眼見佛性，所以針對佛性也講了許多重複的地方，一再地講、再三地講，可以說是再三、再四而不止，就是希望大家都可以見性。這些不斷重複的部分，如今出版時就得要刪除掉，換上一些所未細講的內容。這既然是補寫而印製了，就不是宣講當時的全部內容；宣講是針對當時的聽眾，現在是印製出來流通，就得要顧及到利益後世大眾的層面，就要把裡面跟種智和諸地有關的部分也加以詳述。那麼，這幾天終於趕完了，我說是大工程，是因爲以前我們沒有出過十五輯的大部頭，最多只有八輯。十輯《楞伽經詳解》，那是弘法早期，時間很寬鬆時可以慢慢用手寫；但這一部講記是一年之內大翻修，就把它完成，對我而言是個大工程；特別是對我們同修會裡面的已悟同修們，這是非常重要的一部註解與講記。我在禪三前一天剛好趕完，然後把頁次編排好，接著就發包，那麼這幾天也已經付印了；這在未來的佛教裡，會是一部很重要的註釋，所以完成了就是一件喜事完成了。

第二個喜事是說，我們將近七年了，一直都沒有人眼見佛性，這一次才終於有人見性了。她的福報也好，她是在第二梯次上山的；如果是在第一梯次，就沒多少時間可以讓她去外面看話頭，因爲第一梯次下雨，整整下了兩天。這個眼見佛性的事情，將近七年了，都沒有人成功。上一次的見性者，是二〇〇二年的十月禪三，直到現在是幾年了？現在是二〇〇九年十月，正好是七年。盼了很久，終於又有一位出來；希望以後每年都會有人眼見佛性，所以鼓勵大家要努力，明心後要繼續拚第二關。

但是話說回來，這一回報名求見佛性的有不少人，因爲我有鼓勵大家來拚；但是只錄取一個人而又見性了，所以中獎率百分之百。爲什麼我只錄取一個人？因爲審核的結果，以及我依直覺的判斷，其他人的見性因緣都還不夠。如果因緣還不夠，我一次要照顧好幾個人，搞不好全部都失敗，可就全部都損失了，那我不如專門照顧一個人就好。這就好像老鷹生了兩個蛋，如果食物不夠時，牠就專養其中較大的那一隻，另一隻就讓牠餓死。很殘酷呵？可是總比兩隻都養不起來好，對不對？至少還養成了一隻，看來我的智慧不比老鷹差。

但是我要跟諸位說，拚見性這一關，當然大家都應該要拚，但不是赤手空拳去拚。這拚見性，佛陀早就講過要有三個條件：定力、慧力以及福德莊嚴。要有這三種來作莊嚴，才能看得見佛性，缺一不可。我早年不相信 佛陀這個開示，說起來應該也是鐵齒，一定要親自遇上，才終於相信 佛陀說的眞有道理。因爲我以前剛見佛性的時候，我想：我這一世也沒修多少福德，因爲當時我修學佛法到眼見佛性爲止，爲正法而付出的也不過才一百多萬元。當年我在某寺裡努力去作各種護持正法的事，但在錢財方面總共大約只付出了一百多萬元；就這樣不斷地去流通書籍、不斷地送人。我那時候還在執行業務的時候，並不是像人家拿著公事包出門辦事，我是揹著書包出門，裡面除了我承辦的文案以外，全都是書；每去到一個公家機關，把我要辦的案子送去辦時，他們一看到我，都說：「那個發書的來了。」

當年見性的時候我是這樣想的，所以我想：「也不過這樣嘛！就看見佛性了，必須要有很大的福德來莊嚴嗎？」我當時想：「應該是定力、慧力夠了，有這兩個來作莊嚴就可以見性了。」可是我度人十幾年的結果才發現：怎麼他們定力很好，慧力也不錯，爲什麼他們參究出佛性時就是看不見？一個一個都看不見。從那時開始，我相信 世尊說的必須具足三個條件了。因爲慧力、定力都很足夠了，欠缺的當然就是福德了，所以我終於才相信說：**應該是欠缺福德而不能看見佛性。**

然後，我後來恢復了一些往世的禪定以後，定中或者有時候睡前進入等持位中看到一些什麼事；因爲那時候我的時間還很寬鬆，常常睡前可以有時間進去看一看。這一回第二梯次禪三的第二夜，我沒有入睡，大概躺了五個鐘頭；那一夜大概只睡二個半鐘頭，不到三個鐘頭。在那些清醒的時間就入等持位中看看，就看到沒意義的事情。我看到一條街道上人來人往，有點類似長安西路那個景象，或者像迪化街那樣，看到那景象是沒什麼意義的。話說回來，我弘法經過好幾年，後來因爲禪定發起，我能夠看這些事情以後，才看見我過去世曾經作了什麼，才知道原來由自己來印證，說我爲什麼自己這樣參一參，半個鐘頭就明心見性一次解決，因爲我往世悟入的因緣是這樣。這與以前猜測自己眼見佛性的時節是在九百多年前的事情，就有出入。

然後我就知道說，一般人要見佛性不是那麼容易。但是見性，我們這二十年來度人見性（度人明心並沒有問題）失敗的原因，追究起來都是在福德的欠缺，都不是定力、慧力不好。大家跟著我學法那麼久了，慧力還會差嗎？你們慧力都很好。定力也有照我說的努力去作，而且也作了好幾年的功夫了，定力怎麼會差呢？當然不差，可是爲什麼還看不見佛性？因爲福德不夠，都敗在這一點；所以，也許以前我沒說得很清楚。今天我說你們應該要拚見性，意思也就是說，見性必須有的那三個條件都要拚啊！不是單拚慧力跟定力，我是這個意思。我雖然沒有再三重複說明福德的重要，但我想，這應該已經變成我的老生常譚了。我這幾年來已經講很多，必須有三個條件莊嚴，書上也有寫啊！所以這回報名見性的其他人，我拿報名表藉著相片來感應一下，覺得都不夠，不必幾秒鐘我就全部刷掉了，爲什麼呢？因爲福德還差很多，就表示見性的因緣還沒到。所以拚見性最重要的，需要拚的反而是福德，因爲福德最難累積。如果過去世已經累積了不少，這一世再拚一拚、補一補，就可以彌補了。如果往世都沒有廣修福德，這一世又不作，如何能夠圓滿這個條件呢？當然是不可能。

還有一個條件很重要：過去世有沒有跟我結好緣？如果往世跟我結惡緣，背後老是要說我的閒話，那時其實是你自己在障礙自己；我不會遮障你，但是你自己一定會因此而遮障自己。所以好的因緣也很重要，過去世，我是出家的時候很多，有因緣奉侍供養也就很好。當然我是不累積供養的，我是右手進來，左手就出去的；但是往世你供養我了，你就是已經供養了，你的福德就增長了；然後我藉你的供養再去種福田，你們種我的福田，我就去種別人福田；但我種福田時比你們功德大，因爲你以凡夫僧來種我這塊福田，我是以功德田之身來向人家種福田。所以我種了，同樣是你給我的那些財物，我轉過去種別人福田時，我得的福德比你多很多倍，我就這樣子修福德。

所以，我這一世不到三十分鐘就解決了，而我又是在被人家誤導的前提下，捨棄別人的教導以後，我在二十來分鐘就把明心與見性全部解決了，那是因爲我往世修了很多很多福德。所以，這一點我必須要重複再說明，因爲有很多人好像聽不懂我的話，好像他們只知道把定力、慧力拚夠了就可以見性；可是我說的是，佛陀在經上說眼見佛性總共要有三個條件，可不要把福德給忽略了。所以，見性要拚呵！有三個條件，我不必再重複了，剛剛講過了。「見性要好好拚呵！」這樣聽懂了呵！不要斷章取義只取一半，或者只取那個三分之二，這樣你拚不過第二關的。這回禪三有人眼見佛性，而我也把《楞嚴經講記》整理出來付印，不久就可以開始流通而宣揚勝妙法了，這樣對我來講，算是雙喜臨門了。

這是因爲《楞嚴經》是一部很重要的經典，當初我決定把它延後十五年出版，因爲佛教界能讀懂這部講記的因緣還沒有成熟。後來是因爲有位法師匯了五萬元來，說要贊助《楞嚴經講記》，希望我提早出版，所以我把它提早了五年出版。本來是應該再等五年後——現在起還要排到五年後，因爲現在才只有十年，所以我提前五年就是現在十年而出版。好在因緣也差不多了，因爲現在會裡明心的人也很多了，也應該要拚這一關了，所以在《楞嚴經講記》裡面，對於佛性——也就是如來藏的妙眞如性，我有一些較深入的描述。但是，你們不要期待可以讀到佛性的密意，那個密意你讀不到。我不是吝嗇，是保護你將來有機會自己參究出來，那時才能看得見佛性。所以對我來講，這算是雙喜臨門。那麼，人逢喜事精神爽，老是歡喜、歡喜、歡喜，太歡喜時就有些失念，剛才禮佛時就忘了問訊，直接就禮拜了。但是，我依舊希望以後每一個梯次都有人可以見性。可是，不要在條件沒有具足時，你就來報名，我希望的是這樣。因爲我若是把你刷掉了，我也會難過，而你也會覺得有一點沒面子。但是，教學組不會公布出去，這也是保密的。

今天這席話，算是額外所作的一個勸勉；因爲能夠眼見佛性的機會不多，你不是每一世都可以遇到的。有能力觀察求見佛性者有沒有因緣的人很少，我也是因爲有好多人都看不見佛性而成爲解悟之後，回頭再來回想說：我當年是怎麼樣走的過程，把那些過程一一列出來，然後我用這些過程來衡量求見性的人，他功夫的程度到什麼地步，可不可以下手，我就來衡量。這是慘痛得來的經驗，因爲每經過一個人解悟，我都會痛苦很久。因此痛定思痛，開始檢討我當初走過來的路，然後就把它列下那些順序，我就觀察這看話頭的功夫，那些狀況第一、第二、第三等等狀況有沒有出現，出現了才能下手。但是，如果福德不夠，根本就不用去，功夫再好，我也不用下手，因爲福德不夠的人功夫再好也沒有用，因爲一定看不見。所以，額外的勸勉就是：爲正法作事，其實就是爲自己作事。因爲這都是自己進一步往上躍升的資糧。這個資糧是，你作了，不是別人的，也不是佛的，更不是我的。你多作了，佛的道業也不會增長，因爲祂已經到究竟地步了，怎能再增長什麼？我也不會得到利益，因爲那是你的道業的資糧。也不是每一世都可以遇見能引導別人見性的善知識，這種善知識古來就少，《景德傳燈錄》裡找不到一打。

上梯次禪三，有人說要生生世世跟著我，我說能夠生生世世跟著我一起生活的人，每一世就只有一個，對不對？因爲我每一世都不可能三妻四妾的，怎麼可能會有很多人生生世世跟隨我？只能在佛道上追隨，所以既然遇見了就要把握，再怎麼辛苦就是這一世拚一下。未來世再遇見我的機會有多少？我也不敢說，因爲我這個人不會想要出頭，像大陸講的說當領導；這是我的習性，我這一世是因爲情勢所逼，不得不下海。所以，這一世有緣遇見了，你要怎麼樣去拚道業？凡有所作、功不唐捐，都是爲自己增長道業的資糧。只要資糧夠了，你福德廣大，就算往世跟我結了惡緣，佛陀給我個念頭說：「你得要幫他。」那我就得幫了，我還能有第二句話嗎？所以，不要管你往世有沒有得罪我，假使你夢見往世得罪我，你也甭管，你就努力去拚，把你的福德具足了，再來拚定力與慧力就夠了。

這三個條件最難的還是福德。就像我們一位糾察老師講的（因爲到第三天下午，已經快過堂了，我看到開給我的紅單子只有二張，我有些失望），我們糾察老師說：「沒關係！有一個人眼見佛性了，就抵得十個人明心。」我想也對，所以還算好。然而，「百丈重關攔不住」，結果這回還是有七個人，成績還算是很好。我們鍛鍊時一定要從嚴，但是不怕過關的人多；如果品質好，品質都非常好，那五十個人都過關也可以。因爲 佛陀不是怕人開悟，佛怕的是徒有其名的空殼子；有些人是空有穀殼，沒有裡面的內涵，所以一個個都是直挺挺的、都不會往下垂。這樣聽懂嗎？只要品質好，五十個人都過也行，一個個都是頂尖的、飽滿的、光明的，那就五十個人全部通過，那當然是佛心大悅；佛心大悅，我就跟著要歡喜半年了。如果品質眞的不夠，那就全部刷掉，一個都不印證也行。這次有七個，算是非常棒，品質也都不錯。所以，我要勸勉大家的是機會難得，你不是每一世能遇到我；因爲我這個人，如果大家都在弘揚，那麼多正法在弘傳著，我就不會出來，我就躲著過我的日子。所以，既然這一世有機會遇見，你就要拚。要拚的話，得要具足三個條件，見性一定要三個條件。這樣諸位能夠弄清楚了，那麼以後是不是可以每一次禪三都有喜（不可能雙喜，因爲《楞嚴經講記》不可能再來出版另一次），那麼正法的未來就很光明。

這一些題外話講過了，言歸正傳，上週十七頁後面這一段，我們大略講過了，接著再來詳細解說一下。當時 佛陀告訴舍利弗說：「停止啊！停止啊！不需要再說了。如果我演說了這一件事情，一切世間諸天、人都會很驚訝而且很疑惑。」這眞的是事實，且不說那時演說的《無量義經》會有多少人信受；至少演說完了，說有一法函蓋無量義，就會有更多人信受；可是有許多聲聞種姓的那一些凡夫們，終究不會信受。當時是還沒有任何大乘圓教的經典，那能夠談得上大乘圓教經典的，就只有《無量義經》。如果要把十方佛國的事情都提出來說，說到諸佛的所悟所入是什麼，證明諸佛是異於阿羅漢的所證。對那些聲聞種姓的凡夫來講，那是無法接受的。我們再來觀察看看，二十一世紀初的現在，或者二十世紀末的九年前，大乘經典那麼多，那麼勝妙究竟了義，都還有很多大乘法中的法師們不信受，何況當時都還沒有實證般若的聲聞種姓凡夫們。所以 世尊早就看清楚這個狀況，因此就說一切世間諸天及人皆當驚疑—不包括已證般若的菩薩們—一定會驚訝而且疑惑。

當然，有一些人判教，是把《法華經》判作 佛即將入滅之前的最後開示，我在這之前也相信那一些人的判教。甚至於我剛悟後，還沒有深入去把佛法體系作一個融會貫通之前，我都還相信釋印順的三系判教是沒有問題的，但是當我把所有的佛法作一個融會貫通統攝以後，我發覺他的判教根本就胡說八道。所以融會貫通以後，把重要的幾部大乘經典演繹過了，我們講《法華經》的時機、因緣也就成熟了；而《法華經》判歸圓教是正確的教判，但是不該因爲它屬於圓教的法，就把它判定是 佛陀入滅前的最後所說。因此，圓教不是最後圓滿之說，而是爲了圓滿一切佛菩提的內涵，所以作了圓教的說法；是爲了要圓滿佛菩提而講了這部《法華經》，但不是最後才講。這是古來很多人判教的時候的一個錯誤，因爲《法華經》講完之後也還有《大般涅槃經》未講。假使是大乘經已經全部講完了，連極難理解的《大般涅槃經》都講過了，到最後入滅前才來講《法華經》，會有這一句「**一切世間諸天及人皆當驚疑**」的話嗎？不可能有。

言歸正傳，舍利弗聽了 佛陀重新再制止以後，那麼他也重新再請求 世尊：「世尊！唯願說之！唯願說之！」連說了二遍「唯願說之」。重複地說，表示很懇切。那麼舍利弗等人是三明六通的大阿羅漢，他們早都看見過去世隨從 世尊學法的過程，所以知道是還有所未說法，因此連續二句說：「唯願說之！唯願說之！」他並且解釋爲什麼要重複請求這二遍——這第二遍的請求重複講了二遍。「所以者何？是會無數百千萬億阿僧祇眾生曾見諸佛，諸根猛利智慧明了，聞佛所說則能敬信。」他看見了，所以說與會的這一些大眾們是那麼多，無數百千萬億阿僧祇，因爲有許多從他方世界來的，曾經看見諸佛；這些天上的菩薩們，也都來到人間，他們也曾經看見過諸佛。既然遇見了，當然是親近奉侍供養修學，所以諸根猛利智慧明了。這一些人如果聽了 佛所說的，就可以深生恭敬而且信受奉行。

那麼，舍利弗想要重新宣達這個道理，就重新以偈再說一遍：「法王世尊是人天之中的無上之尊，您只要直接爲大眾說法，希望世尊不要再有所顧慮了。這個法會中的無量大眾，有許多人是可以敬信的。」這意思是什麼？是說並不是所有人都是聲聞，有許多人往世曾經一世又一世，很多劫以來就

跟著　世尊在學法的；他因爲三明六通而看見了，所以不斷地請求　世尊要演說這個勝妙法。所以，平常就必須要有人來當請法者，大眾才會得到利益；否則就只解說解脫道，然後就沒有般若等法可得了，或是現在只有般若、種智而沒有十方三世佛教妙法可得了。解脫道到最後的結果是入涅槃，不能成就佛菩提。也許有人想：「**那四阿含講的，也不錯啊！**」但問題是，四阿含中有許多部經典，是那些聲聞阿羅漢跟三果以下的聲聞人，聽聞大乘經以後結集下來的。如果把那一些經典排除掉，恐怕四阿含剩不到四分之一。那你說，你還要單單讚歎四阿含嗎？不用讚歎了。

所以，確實要有人能夠看得很深遠，而且能了知　世尊所應說法，那就要憑他看見往世隨從　世尊修學的過程，就會知道一定還有最勝妙的大乘法還沒有說，那麼他就必須要堅持請求下去。明明看見那麼多法寶在那裡，爲什麼不去挖？不爲自己挖，也爲眾生挖嘛！而那些眾生不是別人，都是自己無量劫以來的親屬。我初學佛時，還沒有讀過什麼經典，人家有一次講了一句話：「**你們爲什麼對眾生那麼好？**」那時我還在某一個道場，常住都不曉得該怎麼回覆，我直接答覆說：「**對啊！菩薩把一切男子當作往世的父親，**

一切女人無不曾爲我母，我生生世世無不從之受生，當然要對眾生好啊！」講過以後，我卻想：「我怎麼會講這樣的話？」但事實確實是這樣啊！所以舍利弗才會這樣子，經過前面的請求以後，這第二次的請求又連說了二句：「唯願說之！唯願說之！」

然後用偈來請 佛說法時，又說希望 世尊「唯說願勿慮」。他有很強烈的請法之心，菩薩們都是如此，因此我們今天才會有大乘經典，二轉、三轉法輪的大乘經了義而且究竟，也因此才會有四阿含裡面，大約四分之三的大乘經，由菩薩們重新正確的結集出來，否則能流傳下來的經典就是四聖諦、八正道、十二因緣等法的解脫道法義，大乘經典也就沒了。我們大家也聽不到明心見性四個字了，今天也不會有正覺同修會，也就不會有你們來證得眞如心、有人還能眼見佛性，乃至修學成佛之道的一切種智。所以，舍利弗等菩薩都是我們的大恩人，這一點要記住；但是不要把他們當作聲聞人，因爲他們在二轉法輪以後都開始迴心大乘了。這就是說，舍利弗看見了這個因緣，極力請法，知道還有勝妙法未說，所以他才會這樣子作。那麼，接下來，佛怎麼回答呢？

經文：【佛復止舍利弗：「若說是事，一切世間天、人、阿修羅皆當驚疑，增上慢比丘將墜於大坑。」爾時世尊重說偈言：

止止不須說，我法妙難思；諸增上慢者，聞必不敬信。】

語譯：【佛陀第三次要求舍利弗停止請求，開示說：「如果我把東方一萬八千世界諸佛國的這一些諸佛菩薩們的種種事，來具足宣說了，一切世間天、人、阿修羅，應當都會驚訝和疑惑，可是那些增上慢的比丘們將會墜於地獄之中。」這時世尊用偈回答說：「停止再請求了，停止再請求了，你不需要再說了，我這個法非常的深奧微妙而難以思議；所有未悟言悟、未證言證的增上慢人，聽了以後必定不會恭敬，也不會信受奉行的。」】

講義：如果你只是這樣把它讀過了，也就過去了，不會有什麼特別的見解；然而 世尊這麼說，其中自有道理；並且特別點出重要的地方，就是增上慢比丘聞後不信生疑毀謗，將墜於大坑。那什麼人是增上慢者？未悟言悟、未證謂證，這就是增上慢。而增上慢比丘或者增上慢比丘尼，代有其人，前仆後繼不絕如縷；不應該說「如縷」，應該說不絕如巨繩，因爲是一大捆、一大捆，每一代都有很多；而且不是現在才這樣，古時候就已經如此，是佛陀的時代就已如此了。這就是說，這裡是娑婆世界，並且是在五濁惡世的這個年代，不是人壽八萬四千歲的年代。如果人能夠活到八萬歲，他就不太會犯過失了，不可能再有增上慢。想一想，現在人壽百歲，少出多減，大部分人是不過百歲的。如果活到八十幾歲、九十幾歲，大部分人的心性已變好了，只有少部分人脾氣還是不好，心性還是像以前一樣，什麼都不信。

如果把人壽增長，給他一千歲去體驗生活；像那些大法師們說的「要體驗生活、要把握現在」，或者讓他們再把握二千年、三千年，把握到一萬年，一定乖得不得了，也絕對不會未悟言悟、未證謂證，因爲教訓一定學夠多了。即使教訓不夠多，譬如說我們現在如果活了九千歲，在我們上面還有很多萬歲以上的老人，他們會說：「你不要亂來呵！我們以前見過如何如何，你這樣作，將來會如何如何。」大部分人想一想：「我少活他一、二千年，還是少知了一些，無知了一些；我是九千歲的人，那我就學習萬歲者的說法。」到那個年紀時都變乖了。可是，現在的人能夠學習到的教訓是太少的，因爲活不過百歲；至於活過百歲的人瑞，說話幾乎連力氣都沒有了，你要叫他出來末悟言悟、大聲吆喝也不可能了。

所以，教訓學得不夠多，就具足五濁了，那麼這個時候，有許多聲聞法中的凡夫們，明明沒有證果，他硬要說他證果了，那就是增上慢。這一些增上慢的人，對於聲聞果的實證都能誤會，而且慢心大得不得了，已經慢到變成增上了，這種人如果聽到說 世尊的證境很高，比他的阿羅漢師父還要高很多、很多，他一定會出來反對：「**那一定是胡扯！**」他們會這樣想，因爲他們只看到五陰：「**同樣是證得解脫的人，你釋迦如來是阿羅漢，我師父也是阿羅漢，憑什麼你就比我師父高出很多、很多？**」不信受啊！可是阿羅漢們早就體驗過 佛陀的智慧了，也體驗過 佛陀的威德了，他們是很清楚的。所以，考慮到這一些人，他們可能因此謗佛以及謗法，未來將會墜於大坑——免不了要下墮地獄，所以 世尊才說：「**止止不須說，我法妙難思。**」這二句就被趙州借來用，有人來問趙州，趙州就回答說：「**止止不須說，我法妙難思。**」如何是佛法大意？他竟然用這二句回答。當然，你們這回禪三被印證回來，就知道爲什麼趙州這樣回答。佛陀講了這二句話，接著點出了一個重要的地方，就是：那一些增上慢的人，聽聞我所說的《法華經》，一定不會恭敬信受奉行。接著，舍利弗又怎麼應對？

經文：【爾時舍利弗重白佛言：「世尊！唯願說之！唯願說之！今此會中，如我等比百千萬億，世世已曾從佛受化。如此人等必能敬信，長夜安隱多所饒益。」爾時舍利弗欲重宣此義，而說偈言：

無上兩足尊，願說第一法；我為佛長子，唯垂分別說。
是會無量眾，能敬信此法；佛已曾世世，教化如是等，
皆一心合掌，欲聽受佛語。我等千二百，及餘求佛者，
願為此眾故，唯垂分別說；是等聞此法，則生大歡喜。】

語譯：【這時舍利弗又第三度向佛稟白說：「世尊！唯願說之！唯願說之！如今這一場佛法勝會之中，如同我舍利弗這樣的一類人就有百千萬億，一世又一世這樣經歷了很多世，都已經曾經隨從世尊您而接受了教化。像這樣的人必定能夠恭敬信受，而且世尊您演說了以後，這一些人一定在漫漫無明長夜之中獲得安隱，而且必定從世尊所說的妙法之中，獲得許多的饒益。」這時候舍利弗想要重新宣達這樣的道理，就用偈重新再說了一遍：

「至高無上的福慧雙足世尊，唯願您解說第一無上之法；我舍利弗是佛陀您的長子，我如今唯一的希望就是世尊您能夠垂下慈悲心來，爲大眾廣作分別演說。

在這個法會中的無量無數眾生，能夠恭敬信受您即將要演說的這個勝妙法；因爲佛陀您已經曾經無量世以來，教化過這些法會中的眾生了，而這一些眾生都同樣專念一心合掌恭敬，想要聽受佛陀的聖教開示。

我舍利弗等等一千二百阿羅漢，以及其餘求佛道的人都在法會中，唯願世尊您爲這一些大眾的緣故，唯願您垂下慈悲爲大眾分別廣說；這一些大眾們聽聞了您即將演說的這個妙法以後，當然都會生起大歡喜之心。」

講義：舍利弗尊者是 佛的長子，雖然他不是第一受度者，但是他的智慧最勝妙；由於 世尊的傳法是以智慧爲歸，智慧爲最重要的法；在這些聲聞一千二百阿羅漢之中，以他的智慧最好，所以大眾公認他是 佛的長子。雖然說是 佛的長子，那其實是依聲聞身相的法眾而說；如果要談到菩薩眾，他可排不上當長子了；因爲前面還有 文殊、觀音、彌勒等等那麼多大菩薩們，哪能輪得到他？當然他是依聲聞法中而說的。那麼，對於世間凡夫來說，凡是沒有斷我見的人，都是在無明漫漫長夜之中不得安隱饒益；可是對於求佛菩提的人來講，即使證得阿羅漢了，仍然不知道佛菩提，所以依佛菩提道而說，這些阿羅漢們乃至所有凡夫們，都仍然是在無明漫漫長夜之中不得饒益；所以無明是有層次差別的，不能混同為一。

那麼，無上兩足尊說的是福慧雙足，當然也可以解釋作說以兩腳行走的有情之中的最上尊。兩腳行走的人，表示至少是人類，往上是欲界天、色界天，都是用兩腳走路的，沒有用四腳走路的，以兩腳行走的人才是三界有情中最尊勝的。這意思就是說，三界中尊就是 佛陀，三界內外無有人能超越 佛陀。如果是四腳走路的，或者六腳、八腳、百腳走路的，那就甭提了，因為那已經是屬於下賤的傍生道一類；至於鬼道、地獄道就更別說了。那麼，諸佛世尊都是福慧雙足，沒有一尊佛在成佛的時候只有聲聞徒弟三、二人；不可能有這種佛，因為那表示他沒有福德。沒有福德的人根本不可能成佛，因為智慧的增上是要有福德來幫他撐上去的。智慧好比一條船，可以讓你在生死大海中隨處所至，什麼地方都能去。但是如果沒有福德海水來撐著，哪兒也去不了，就只能在陸地上候著，因為大海都乾了而沒水，他能怎麼四處去？

所以一定要有福德陪伴，智慧才能跟著增上，福德不夠是不可能有勝妙智慧的。

講到這裡，也許有人想：「如果這樣說，看來你蕭平實的福德，不如那四大山頭的大法師。」表面看來，好像對喔？是呀！因爲世間人都看表相：你看，他們山頭那麼大，寺院那麼大，徒眾那麼多，財產幾百億，你同修會，我看也不會超過十億吧！眞的，我們現在不可能擁有超過十億的資財。若是想要超過十億，不曉得我們還得要再幾年，我眞的不知道啦！好在我們目的不在這裡，我們對於有沒有錢的事情並不在意，我們在意的只是說：我們的場所夠不夠讓有緣的大眾都能進來聽法。我只在意這個，好在我們一向都還夠用，目前雖然擠一下，大家辛苦一下，緣熟了就會比較寬鬆一點。這意思是說什麼？是說這一些大山頭，不過是用世俗法去籠罩眾生，而他們往世是不是有那個福德？才是他們應該好好捫心自問的事。凡事都要看現在這件事是因或者是果？如果過去世沒有福德因，而現在有這個福德果，所以弄成這麼大的山頭，搞來這麼多錢，這叫作果因。未來世因緣成熟時，這件單靠宣傳而弄到幾百億財產的因果就會實現了。如果過去世因爲在世間法上利樂有情，布施了很多，這一世得到這一種世間法上的福德，也很好啊！但是世間法上的福德，在短短一世就全部受報完了以後，下一世呢？等於一世把它花光，那你說他有福德嗎？

但我們不是，我們每一世賺一百塊錢時只實現一塊錢的福報；我們只要花一塊錢，我們這一世既然只需要花一塊錢就夠了，爲什麼要去花十塊錢、一百塊錢呢？腦袋瓜要聰明一點，算盤要常常揹著，要會算啊！所以不必每一世都把往世的福德全部實現，只要實現一小部分就夠了。這一小部分已經足夠這一世使用，剩下的繼續累積下去，繼續生利息、滾雪球，這樣成佛才會快。所以，我們爲什麼不作廣告？原因就在這裡。假使找了廣告公司來，作一番行銷的策略去推廣，我們也可以這樣作啊！可是也有弊害，因爲藉由廣告而進來的人，我要幫他們開悟嗎？諸位想一想，信受媒體造勢而來的人是屬於迷信表相的人，我能幫他們開悟嗎？我要的是：讀了再讀，檢驗再檢驗，找碴再找碴，結果檢驗不出正覺有問題，也找不出碴來；啊！終於信受了，然後才來到正覺。我要度的是這種人。這種人來，我幫他們開悟才有道理，因爲他們已經有抉擇分了。

那些經由廣告而信受進來的人，我如果要度他們，該怎麼辦？每一次出場時，我的前面要有八大護法，後面也跟著八大護法，身後要有一個壯漢爲我擎著寶幢，得要這樣上場；然後他們就在我的法座兩旁坐下，寶幢擺在旁邊顯耀著，這樣就能度他們進來了。可是我們講堂夠用嗎？我能幫他們大部分的人開悟嗎？都不行欸！如果眞的這樣作的結果是什麼？就是聚集更多的錢財，就是實現自己往世累積下來的所有福德，那叫作愚癡人！因爲下一世就得當窮漢了。所以，爲什麼我四十幾歲就退休了？因爲覺得繼續再賺錢沒有意義；雖然我可以再賺，那時我還年輕。然而，我繼續投資賺錢幹什麼？我把往世的福德實現了以後，這一世留下的財產該交給誰？交給孩子們去花。如果把往世福德全都實現，孩子們是不是等我走了以後，他們去買勞斯萊斯，買一輛蓮花跑車來開，眞的拉風。當他們正在這裡拉風的時候，我往生去下一輩子可要難過了。對啊！人要有智慧，所以假使眞要逼我當上總統，或是每一年可以賺一千億元，我也不要，因爲我一定會想到：我下輩子不但會是窮光蛋，還得還債還不完，那不是只有還一劫、二劫的事。我們大家要有智慧。

同樣的道理，無上兩足尊，就是每一世賺一百塊錢都只花一塊錢；這樣子繼續經過了好幾劫累積福德以後，每一世賺一千塊錢花一塊錢；再過好幾劫，每一世賺一萬塊錢花一塊錢；就是滾雪球一般，福德不斷地快速累積，相應的智慧當然就越來越快增長，這樣才能夠迅速成爲「無上兩足尊」。想一想，像 世尊這樣的證量，不是一世可以成就的。阿羅漢從凡夫地到達阿羅漢果，快的人只要一世便成就了，然而成佛至少得要三大阿僧祇劫；那你說，那一些增上慢者，他們能信受嗎？不可能信受。而 佛陀早就預料他們不可能相信，假使冒然演說了，這一些增上慢比丘們聽聞之後將會毀謗而墜於大坑。

可是，舍利弗尊者不考慮那少數人，他考慮的是廣大的大眾，因爲這些人很多世以來就跟隨著 佛陀學法了。這些人才重要，不要因爲那少數人就妨礙了這一些大眾所能聽聞的勝妙法義，所以他第三次提出來說：「這一些與會的無量眾，在這個法會中的無量眾，能夠敬信持法；因爲生生世世接受佛陀您的教化，如今大家也是一心合掌，想要聽受佛陀的開示。那麼，我們這一千二百位阿羅漢，以及其餘求佛道的人，我們也都願意爲這一些求法的大眾們，請求世尊您垂下慈悲為大眾來宣說；這些人們如果聽聞了以後，必然會生起大歡喜心。」這樣是第三度請求了，世尊怎麼說呢？

經文：【爾時世尊告舍利弗：「汝已慇懃三請，豈得不說？汝今諦聽，善思念之，吾當為汝分別解說。」說此語時，會中有比丘、比丘尼、優婆塞、優婆夷五千人等，即從座起，禮佛而退。所以者何？此輩罪根深重及增上慢，未得謂得、未證謂證；有如此失，是以不住。世尊默然而不制止。】

語譯：【這時候世尊告訴舍利弗說：「你已經很慇懃地三次為法會中的所有大眾提出請求，那麼我豈能夠繼續不說呢？你如今就詳細聽好，並且要善於思惟憶念，我將會為你們廣作分別和解說。」世尊這些話才剛剛講完，這一場法華勝會中的比丘、比丘尼、優婆塞、優婆夷之中，有五千人隨即從座位上站了起來，向佛陀禮拜之後就離開了。為什麼呢？因為這一些人罪根是很深重的，而且他們都屬於增上慢人，還沒有證得的說他們已經證得了，還沒有實證的境界也說他們已經實證了；有這樣的過失，所以他們就沒辦法安住下來聽聞勝妙法。而世尊早就預料到會有這個狀況，所以靜靜地看著，

默然而不制止。】

講義：五千人是多少？我們這三個講堂（編案：當時台北講堂尚無第四、第五、第六講堂）的同修們加起來大約是一千一百多人，算算那些鞋子就知道了；因為鞋子不會說謊，大約一千一百多人。退席的有五千人，是我們的將近五倍；他們同時站了起來離開，那場面很壯觀呵！從我說法以來，沒有看見過同時有二個、三個人一起離開的，還沒有過啦！最多就是去洗洗手回來再聽；如果是眞正離開的人，最多只有二個人，好像只有一次吧？因為聽了我的說法以後就生起煩惱，覺得說：「這蕭平實說法好狂呵！」聽不慣。可是你如果想要證無上妙法，你就必須要聽得慣，因為無上妙法是一般人所不曾聽聞的，不是老生常譚一類讓大家耳熟能詳的表相法；而且敢出世演說無上妙法的人，他一定是如實說。可是如實說以後，少聞寡慧的人既不是「多聞聖弟子」，聽了就想：「你講話這麼狂。」然後聽不下去，那就只好離去了。不過我都感謝他們，因為他們至少沒有站起來大聲指責說「你胡說八道」再走人，算是很給我留了面子了。但是說眞話，想要修證無上菩提，對於聞所未聞的深妙法，應當要安忍一下；不管聽得多麼痛苦，也要安忍一下。能夠安忍，聽久了才能生起抉擇分，有了抉擇分以後自然就有能力判別眞假。

而且，如果你聽　佛說法聽久了，心量也會變大。就像你們本來從完全沒有自信的狀況下，跟著我走到今天心量變大了，所以敢下定決心說：「**我們努力去作，要把外道法趕出佛教。**」想想看，密宗的勢力有多大？跟他們來比較的話，我們是多麼單薄；而我們敢作，是因爲諸位心量變大了。那麼心量大了，就表示你們證悟的因緣已經開始次第成熟了。當你們的因緣次第成熟了，我能不辦禪三嗎？如果大家的因緣都不成熟，我就樂得輕鬆，禪三可以停辦了；因爲我現在不像二十年前那麼有體力了，所以無法陪著大家熬夜。

那麼增上慢的人，譬如說，佛如果今天講了初禪，他明天就宣稱他證得初禪了；佛陀今天說了二禪的定境，他明天就說也有二禪了；佛陀今天說了三果的證境是如何如何，他明天就會變成三果人；隔天再說了阿羅漢的證境，他在後天又有了第四果的證境。有沒有這種人？有，我弘法以來也遇過；今天晚上我說了什麼，明天消息就傳出來說她得了；每一次我說了一個新的證境出來，她第二天就宣稱已經證得了。而且是個女眾，不是男眾，厲害吧？

喔！好厲害！可是能不能經得起檢驗？不能。但是，我從來不曾當面指責說：「妳大妄語。」因爲別的師兄們看不過去，自然就會去對她講。

有一句俗話講得很好：「眞的假不了，假的也騙不了人。」當然是眞不了，說假話總有被拆穿的時候，因爲若是有人自稱得初禪、得二禪的時候，將來有人眞正證得時就要檢驗他了，看他說的是不是眞的實證，跟著就會發覺他沒有實證。當他宣稱開悟了，將來有人悟了也會檢驗他；若宣稱他見性了，也會有人來檢驗他；乃至有人說他成佛了，自然也會有人檢驗他。檢驗的結果，如果是眞的，那就成爲道侶；檢驗的結果，如果不是眞的，諸佛、菩薩、阿羅漢們都不許人家打誑語，當然要把他指出來。

可是，增上慢的人有一個特性，他們會成群結黨。成群結黨的時候，假使有人說他未證言證，他們就會合力出來攻擊。我們台灣佛教界不也是如此嗎？假使那一群人之中有誰講錯了，然後哪個法師出面寫了文章說他什麼法義講錯了，他們一群人就會一起來攻擊這個法師，讓他以後閉嘴不說，這是台灣佛教界可見的現象。所以，當年　佛陀還沒有講大乘法，而那一些聲聞法中的凡夫們自稱是阿羅漢，可是當　佛陀講出勝妙法的時候，他們知道自已不可能聽懂，卻還是硬要宣稱聽得懂。這個現象始終存在著，所以 世尊預備要開始宣講《法華經》了，他們如何能待得下去呢？待不下去嘛！所以，看見 世尊承諾要開始演說了，那只好個個站起來；但是爲了表示禮貌，因爲畢竟還是 佛陀的弟子，所以禮佛之後都離去了。那五千個人同時離去，還眞壯觀啊！因爲他們不是次第離去，他們是同時禮拜、同時離去。可是世尊早就知道有這麼些人會當場離去，所以靜靜看著他們走人，並不制止。等他們都走了以後，接著 世尊怎麼樣說呢？

經文：【爾時佛告舍利弗：「我今此眾，無復枝葉，純有貞實。舍利弗！如是增上慢人，退亦佳矣。汝今善聽，當爲汝說。」舍利弗言：「唯然，世尊！願樂欲聞。」】

語譯：【這時佛陀告訴舍利弗：「我們如今在這裡的大眾，不再有細枝片葉了，純粹是不虛而果實飽滿的人。舍利弗！像他們這樣的增上慢人，退席而去也是很好的。你們如今就得善於聽聞，我即將要爲你們演說。」舍利弗回答說：「我們一心專候著，世尊！我們心中很願意而且樂欲聽聞。」】

講義：這時候　佛陀並不制止那一些人，因爲制止也無用。把他們留在那裡能作什麼？勉強留在那裡繼續聽下去，一定會心裡面一直罵，倒不如讓他們走了好，免得心裡有惡行的意業。所以他們起來禮佛離去的時候，世尊都不制止。這就像儒家講的「**鐘鼎山林各有天性**」，我的意思是說「**人各有志，不必相強**」，因爲有的人樂於山林而不愛廟堂。有的人樂於廟堂，你叫他去山林裡面住著，過著清淡自守的生活，他會告訴你說：「**你不如殺了我吧！**」因爲他愛當官，愛得要死。可是有的人視當官爲惡事，如果聽說有哪一件官帽子要給他戴，他聽了可就嚇死了；他才不想當官，趕快溜走，半夜就搬家了。同樣的道理，那一些人既然無志於佛菩提道，他們的志向是趕快得解脫、出三界生死，然後偏偏又是大妄語；大妄語的人平常說話趾高氣揚：「**我什麼都懂！**」結果　世尊說出來的，他們從來都沒爲人演說過，人家會說：「你不是什麼都懂嗎？爲什麼這個法你都沒有講過？」那怎麼辦？那只好離去啊！所以　世尊不制止這一些人。

等他們走了，世尊才說：「**舍利弗啊！我這一場佛法勝會之中的大眾們再也不是枝葉一類的人了，是很純淨而且貞良飽滿。舍利弗啊！像這一類的**

增上慢人，讓他們退下去而離開了，其實也是好的。你們如今就該懂得善於聽受，我即將會為你們解說。」舍利弗說：「我們一心恭候世尊說法，心裡非常願意而且愛樂於聽聞。」

枝葉是形容什麼？形容紛雜而無條理，而且不堪大用。一棵大樹那些葉子不能做什麼大用；你想要拿來蓋屋頂都還不行，那些細枝與葉子最多只能拿來作柴火用，必須是粗大的莖與幹才能拿來作棟梁。所以說，現在法會中的這一些大眾們不再有枝葉了，而且留下來的這一些人都是很純粹而沒有糠粕，也就是說每一個人都是貞良而飽滿。**貞**，我記得以前我早期寫《公案拈提》或別的書，常常用「貞實」這兩個字，校對的人都把我改為眞假的眞。後來我想每一次都要改，眞麻煩，我乾脆就隨順他們用眞假的眞，所以我近年的書很少用這個貞字。但這個貞跟那個眞不一樣，這一個貞是含有潔淨的意思，眞假的眞只單單說它是眞正的，但不函蓋清潔、潔淨的意思，這二字的意思是不一樣的。

所以這一個貞，就是說他心地清淨而且是眞實的，它含有兩個涵意：不但眞實而且心地清淨。第二個字「**實**」呢，表示說它是有內涵的，不是夸夸其談的那一類膚淺的眾生。所以世尊說：「我這個法會裡面不再有枝葉了，純粹只剩下貞與實的求法者。」「法會」二字也要定義一下，一般人學佛而聽到法會二字時，那就認為是鏗鏗鏘鏘、唱唱誦誦。可是佛法中，本來的「法會」不是這樣定義的，而是說法之聚會。法會的定義一定是說法的，不是梵唄唱誦那一類的。以前佛陀的年代有誦經，可是沒有那一些法器鏗鏗鏘鏘來配合，這是中國人因為一個字一個字，為了配合就有這一些；在古時誦經的人，就是大家一群人把經文直接一起誦出來，就這樣而已。所以「法會」的定義是指說法的聚會，不是那一些法器演奏以及唱誦。

佛陀說：「舍利弗啊！這一些增上慢的人，讓他們退下去也是很好的。」因為如果他們沒有退走，很麻煩；當佛陀說了某一種聞所未聞法，他們就會互相討論說：「世尊這個說法應該是騙人的，我們怎麼可能相信？所以你也不要相信。」那就麻煩了，對不對？一定會這樣，總是會竊竊私議，所以「退亦佳矣」，確實如此。等他們退走了，「我如今可以分別演說，你們大家就應當善於聽受。」舍利弗當然心大歡喜：「唯然，世尊！願樂欲聞。」接下來呢？

經文：【佛告舍利弗：「如是妙法，諸佛如來時乃說之，如優曇鉢華，時一現耳。舍利弗！汝等當信佛之所說，言不虛妄。舍利弗！諸佛隨宜說法，意趣難解。所以者何？我以無數方便，種種因緣、譬喻言辭，演說諸法。是法非思量分別之所能解，唯有諸佛乃能知之。所以者何？諸佛世尊唯以一大事因緣故出現於世。舍利弗！云何名諸佛世尊唯以一大事因緣故出現於世？諸佛世尊，欲令眾生開佛知見，使得清淨故出現於世；欲示眾生佛之知見故，出現於世；欲令眾生悟佛知見故，出現於世；欲令眾生入佛知見道故，出現於世。舍利弗！是為諸佛以一大事因緣故，出現於世。」】

語譯：【佛陀告訴舍利弗說：「像我現在即將演說的勝妙法，諸佛如來是偶爾才會出現於世間來說明的，就如同優曇鉢華一樣，過很長的時間以後才會出現一次。舍利弗！你們大眾應當要信受佛的所說，因為佛所說法絕不虛妄。舍利弗！諸佛會觀察時節因緣，隨著時節因緣適宜的時候來演說勝妙法，所演說出來的法義，它的眞實義以及為什麼要演說這一些法，都是很難以理解的。為什麼是這樣呢？因為我以無數種的方便，以種種的因緣、譬喻的方式來演說種種諸法。而我所說的這個法不是思量分別所能夠理解的，這一個法有無量義的法，只有諸佛才能夠瞭解。爲什麼我這樣說呢？諸佛世尊就單單以一個大事因緣的緣故，才會出現於世間。舍利弗！什麼是我所說的諸佛世尊只是因爲一個大事因緣的緣故而出現於世間呢？諸佛世尊說法之目的，是想要使眾生能夠打開諸佛的所知所見，所以要使這一些眾生都能身心清淨的緣故而出現於世間；諸佛世尊都是爲了顯示給眾生知道佛的所知所見，以此緣故而出現於世間；諸佛世尊都是爲了要使眾生悟得諸佛的所知所見的緣故，而出現於世間；諸佛世尊都是爲了使眾生進入諸佛的所知所見的方法道路的緣故，出現於世間。舍利弗！這就是諸佛以一個大事因緣的緣故，而出現於世間。」】

講義：世尊剛剛講完《無量義經》，現在要開始宣講《妙法蓮華經》。《無量義經》就是以一法函蓋了無量法，說有一個法具有無量義。當然諸位都知道：這一法就是如來藏勝法，一個法就是如來藏，這一個法可以函蓋無量的法義在其中。那一些聲聞凡夫們聽不懂不能信受，所以當 佛陀準備要證明有這麼一個法可以函蓋無量法，他們不能接受，所以就退走了。因此 佛陀告訴舍利弗說：「像這樣的勝妙法，並不是時時都有佛來人間宣說。」所以說「諸佛如來時乃說之」。佛陀不是隨隨便便可以見到的，可是當時親見佛陀的聲聞人不知道這一點，他們認為說：佛陀跟諸阿羅漢是一樣的，不過是個普通人然後成為阿羅漢。

一直到二十一世紀的今天，還是有許多法師們這樣愚蠢地認為；所以當我們主張說「佛不同於阿羅漢」的時候，他們不接受。你們看看印順法師的書中怎麼說的：佛就只是一個普通的人，他的成就佛道，並不是大乘所講的三大阿僧祇劫累積下來的，釋迦如來的成佛只是人類演化史中的一個偶然。他的《妙雲集》中就是以這樣的大意暗示給大眾，所以他認為說：「只要後代有誰證悟了，他寫出來的教理也可以說是佛經，二轉法輪的般若諸經就是如此來的。」他在書中所講的大意正是如此，這就是他的看法。你們從《妙雲集》裡面去讀，有許多的蛛絲馬跡顯示他這個說法。

他雖然不是這樣明講，卻這樣不斷地暗示，灌輸了這樣的思想給信徒們。所以，印順派的那一些法師們、居士們就認為說：那　佛陀就像阿羅漢一樣，已經入無餘涅槃，如灰飛煙滅一般，永遠再也不可能有人再遇見　佛陀示現了；所以後代的弟子們基於對 佛陀的永恆懷念，於是創造了大乘經典流傳下來。這就是釋印順的想法，他只是講得比較含蓄一點，而我幫他宣揚擴大——把他的眞實想法寫出來。在他私心中認爲：「佛陀說三大阿僧祇劫才能成佛的說法是不正確的，釋迦如來的成佛只是人類演化史上的一個偶然；因此佛陀只是阿羅漢，所以只要修學羅漢法成爲阿羅漢就可以稱佛了。」而他自以爲成就阿羅漢果，所以也是成佛了，於是他同意把自己的傳記叫作《看見佛陀在人間》。可是釋印順這個佛陀不但是個假佛陀，而且是個假阿羅漢，因爲我見都還具足存在。他連自稱阿羅漢都不敢，卻把傳記命名爲《看見佛陀在人間》，這就是他要給大家看見的，心裡其實是希望他從密宗學來的應成派中觀邪見可以繼續弘傳下去。

那麼，諸佛如來可不是閒著無聊，誰想見就能見的。且不說諸佛如來，單說大菩薩就好，而且我們以最慈悲的菩薩舉例來說好了。在道教中常常有一些天神，人家來問事，簡單的事情都是當晚就回答、解決。可是有時候把某某上帝請回家裡來，二十四小時都要有人拿著特長的香，在神像前晃著、晃著、晃著，得要這樣子二十四小時都有人輪流而不許停。像這樣子求神問事，有時候連等四天才降乩，爲什麼呢？因爲被請來的上帝、大帝後來說了：「因爲你們祖先的恩怨情仇等事，那些祖先都已經往生而不在鬼神道中了，已經無可查考了。」後來，他只好去求 觀世音菩薩解惑，因爲 觀世音菩薩無所不知。可是他無法隨時想見大菩薩就見得到，他們要見菩薩並不容易的；而 觀世音菩薩是最慈悲的，結果他爲信徒足足等了菩薩四天才問出來說：哪個祖先如何，哪個祖先又是如何如何，終於把來龍去脈都跟你交代清楚了。他自己也無法去查，因爲那些祖先們已經不在鬼神道中了。

道教中的正神求見菩薩都那麼難見，那你想，一般沒有禪定也沒有神通的凡夫們，隨時想要見 佛，佛就得接見他喔？然後那些人沒有福德而感應不到 佛，就毀謗說：「沒有什麼佛陀啦！沒有釋迦佛啦！」釋迦佛又不是作生意的人，你說來祂就來，沒有這回事。且不說 釋迦佛，單說現在會外人士要見我，我也不隨便見。因爲我弘法早期，誰都可以來見我，結果他們都不當一回事，我爲他們演說的妙法，他們都當作馬耳東風。好啊！那我就不要見嘛！既然他們覺得我沒什麼，那我就不要見他們；因爲我也沒有二顆頭、四隻手臂，可以隨時隨地有求必應啊！所以我就不要再接見啊！我不要見他們，這倒是稀奇了；所以我現在變稀奇了，奇貨可居。我本來就沒有所求，我只是要把法送給大家，想不到大家因此而輕賤正法。他們輕賤的結果，我的先世罪業全部消滅；既然他們已經幫我滅罪了，我就可以不必再見了，因爲眾生就是這樣啊！

但是，聲聞法中的凡夫們都不知道這個道理，他們想：「**我已經看見佛陀，也沒什麼稀奇啊！**」因爲 佛陀不會閒著無聊就變個神通給他們看，諸佛都不輕易現神通啦！所以他們不懂。諸佛如來在人間示現爲人類，來宣說大乘法，那不是常常可以遇見的。我們現在只求龍華三會可以親見 彌勒尊佛，只求龍華三會以後可以再跟 彌勒佛學大乘法；但是他未來下生人間成佛時還要等多久？有的經文說五十六億年，其實是五億七千六百萬年，因爲印度的億跟我們的億不一樣，那阿含裡面有一部經說一億四千萬年；但最正確的說法應該是說「**久遠劫後**」，就是要經歷過很多劫數，例如刀兵劫、疾疫劫、飢饉劫……。請問距離那麼久的時間，世界到底已經變成怎麼樣了？可能是幾番大變動以後的事了，一定是如此啊！

不要以爲這個地球永遠不會有問題，現在科學家們在喊著說海水會漸漸漲上來了，又說美國有幾州都會淹掉，台灣的嘉南平原也完了，台北盆地也都淹水了，那時我們這大樓地面也要淹水一、二公尺了。這還是幾乎眼前可見的，如果不趕快改善的話。如果是在「久遠劫後」那麼長的時間，諸位不要以爲我們的《楞嚴經講記》等等著作那時都還存在。在那麼久的時間以後，早就不在了；因爲火劫、水劫、風劫一一都來，那時候全都不在了；等到劫災都過了以後，人間又漸漸可以安適地生活了以後，又漸漸有人從天上下生到人間來開始修道。彌勒菩薩那時看見往世 釋迦佛好多的凡夫弟子，現在磨練到這個時候差不多要成熟了，所以他來下生人間。

三劫，火劫來的時候，一個太陽接著變成有二個太陽輪流照耀大地，最後是有七個太陽輪流照耀，每天都很亮，而且熱得不得了，最後連大海都燒乾了，還能有眾生嗎？不可能啦！火劫還只燒到初禪天，那水劫來的時候，淹到二禪天，何況人間？風劫來的時候呢？三禪諸天的宮殿也都吹壞了，那人間呢？當然更糟糕了。所以，不必以爲我們現在寫了多少論典、註解了多少經典，彌勒佛降生的時候還可以拿來印證。甭想了！「久遠劫後」都不復存在了。我們的心量很小，只想這一世把正法鞏固的事情都作好，只求佛教妙法可以再延續三千年，那時還能夠繼續弘揚。三千年後若不行，那時我們再來奮鬥嘛！繼續再來拚一次啊！如果眞的很惡劣，正法在一千年後又被人搞得快要滅亡了，那我們一千年後，再來把它扶起來嘛！不要頹喪地想：「爲何正法那麼快就滅了？」因爲那是我們累積功德的好機會，要這樣想。

除了五濁惡世中有這個好機會，還有什麼更好的機會？找不到了。所以有智慧的人，應當生在這個地方，而這個地方不是時時刻刻都可以見到諸佛的，所以說「如優曇鉢華，時一現耳」。優曇鉢華不是時時開花的，那是幾千年、幾萬年才會開一次花的。鐵樹開花，大家就覺得稀奇，那也不過十年、二十年吧！優曇鉢華可不是這樣，所以說諸佛示現在人間，是非常的尊貴，那是眾生的福報已經夠了，才會有佛來人間；所以凡是佛法還在世的時候，大家都應當要珍惜。世尊雖然在二千五百多年前過去了，但是 世尊的法還在，依然可以親證，並不是那些人說的：「那大乘經都是後人編造的，並非佛說。」佛法依然可以親證，而 世尊的旨意，我們也還可以親奉，所以我們還是應當珍惜。今天講到這裡。（註：優曇鉢華就是無花果，永遠不開花。也許氣候大變時才會變種而開花？）

上週向諸位預告說，我們《楞嚴經講記》十二月初會出版，也講到那個原因，是因爲一位法師匯了五萬元來說要助印，所以我們決定把它提早五年出版。不過有點小錯誤要更正一下，因爲即使是短短一句話出去就是有因果，後來我們查了帳目，發現並不是五萬元；因爲那筆錢至今還浮在帳上，因爲專款專用，不能移用；如今查出來結果是六萬五千元，不是五萬元；因爲這話是有因果的，需要當眾更正。這筆錢即將要動用了，動用前查證是六萬五千元，終於可以把它正式的用來利益眾生。更正完了，接著回到我們的《妙法蓮華經》來。

上週講到十九頁，接著今天應當再從第二行開始說。佛說：「**舍利弗！汝等當信佛之所說，言不虛妄。**」佛的說法，菩薩們如果證悟了都會信，若不是聽來的表相佛法，只要是眞的證悟者都會相信。已經證果的人，凡是證得聲聞果的聲聞聖者也都會信，可是有許多凡夫菩薩及聲聞的凡夫們就會懷疑。爲什麼我說親證三乘菩提的三乘聖者都會相信呢？這是有原因的，因爲大阿羅漢們都很清楚知道自己絕對不是佛，也因爲大阿羅漢們都無法想像佛陀的智慧，所以大阿羅漢們因此完全信受。三果人看見大阿羅漢是如此，當然更會信受。其實三果人，七品三果人中的頂級三果，跟慧解脫阿羅漢是差不了多少的，他們都信 佛陀了，初果、二果人可想而知。

菩薩也是一樣，妙覺（也就是一生補處菩薩），對 佛陀是如此的恭敬，而等覺菩薩無法想像妙覺菩薩的證境，那麼十地菩薩更無法想像等覺菩薩的證境；所以最恭敬等覺菩薩的是十地菩薩，而最恭敬 佛陀的是妙覺菩薩。等而下之，這樣往下推移下來，初地菩薩由這個現象來觀察，就知道諸佛所說之言，必然不虛妄。什麼人會懷疑諸佛所說呢？賢位菩薩有時會有一點懷疑，雖然懷疑不多。可是如果還沒有明心不退，也就是說還沒有明心，或者雖然明心了，但他是聽來的，般若智慧無法證轉，這時候他對 佛的說法往往會有懷疑，心中生疑，連帶著就不相信最深妙的大乘經典了。所以凡是對佛有疑的，都是在凡夫位中。眞實證悟者，是依他的證量來決定他對 佛陀的信心；如果他的證量是越高的，對 佛的信心就越強烈。正當很多人還不知道 佛所說的那一些法究竟該不該信的時候，證量越高的菩薩認知到全部都該信受，因爲自己大部分都已經歷過，可是還有許多是自己未曾經歷的；因此證量越高的菩薩，對 佛陀的信受就越強。

可是，對於才剛剛準備要迴心大乘的一般阿羅漢們來講，他們還不知道般若，是因爲才剛進入二轉法輪時期，準備要開演第二轉法輪之法，所以一定要先建立大家的信心。那麼這時既然已經是第三轉法輪的末期，已經演說過《無量義經》，說明有一個法是具足無量義的；這些阿羅漢們聽了，當然會從過去 佛陀所說的一切法來加以現觀：無一不是眞實語。而且 佛說出來的一法具無量義，確實也是有道理，雖然某些阿羅漢們自己還沒有親證，但確實是應該信受的。可是接下來要演說的法是那麼深妙，當然還是應該先咐囑一番，所以 世尊告訴舍利弗說：「汝等當信佛之所說，言不虛妄。」要先作一個咐囑，然後大家會把自己安住於客觀的立場，來聽聞 佛接下來要說的法，所以 世尊先作這樣的吩咐。

接著說：「舍利弗！諸佛隨宜說法，意趣難解。」這是說：「不單是我釋迦牟尼佛是這樣的，乃至諸佛都是如此；所說的法一定都是隨順因緣而說，不會在因緣尚未成熟之前就特地拿出來說。」因此諸佛所說諸法都是隨宜而說。雖然是隨宜而說，「可是其中的義理，所要表達的那一些法義是非常難以理解的。」爲什麼會說是「隨宜」？例如大部分的大乘經典，都是因爲某一個緣故或某一件事情出現了，所以 佛陀針對那一件事情而說出一部經典來，往往是如此而說，所以叫作「隨宜說法」。不問而說的大乘經典其實不多，大部分都是因爲某一個因緣，佛陀順著那個因緣來說出一部經典。這一部《妙法蓮華經》卻不是因爲某一件事情而演說的，而是不問自說；表示這是 世尊特地要爲菩薩們宣講的一部經；因爲第三轉法輪過了以後，講了《無量義經》而說有一法具無量義，這就是告訴大家：如來藏是函蓋一切法的。

因此講完之後「入無量義處三昧」，放光照耀 佛所面對的東方一萬八千佛世界。這時並沒有別的什麼因緣來引生，所以《法華經》是 佛陀不問而說的一部經，就是連著兩部經一起講。《無量義經》講完了，然後看看大家反應如何，覺得大家可以信受，開始要宣演甚深妙法。因此，只有這一部經以及其他少數的幾部經不是「隨宜說法」，不是應於某一種因緣而演說出來的。譬如《楞嚴經》爲什麼演說出來？《楞嚴經》的法很深，未入地以前都無法理解；在其他大乘經裡面並沒有那樣深妙的法，爲什麼卻要演說這樣深妙的法呢？是因爲阿難過去世跟摩登伽女的因緣，導致這一世即將毀破戒體了，所以才演出《楞嚴經》來，正是「隨宜說法」。

但這一部《妙法蓮華經》就不是「隨宜說法」了，而是刻意要講的；因此先以《無量義經》講出來，讓大家聽完以後，看看大家的攝受狀況怎麼樣；大部分人已經可以接受了，這些大阿羅漢們、三果人等等都能接受了，菩薩當然更沒問題，所以準備要宣講了，才會放光照耀東方一萬八千世界，把菩薩道中的三世各種事相全都顯示出來給大家看到，證明即將開演的《法華經》的內容都是眞實的。但是大乘法是絕妙之法，不是隨隨便便可以演說出來的，因爲眾生無法立即信受，尤其是《法華經》要講十方三世諸佛的境界，更難令人信受，所以得要這樣神頭鬼臉一番，再由 文殊與 彌勒配合演出，然後大家才相信遠古以前就是如此，已經有諸佛講過這樣的經，然後還要經舍利弗三請，這時當然就不是「隨宜」了。可是經過三請之後，佛陀準備要說了，那時五千聲聞人當場退席，很壯觀。再要找五千人當場退席的情況，我看大概是不可能的，所以這既是空前也是絕後，因此這部經就不是「隨宜說法」。

那麼，佛的意思是說，即使是「隨宜說法」的經典，都已經「意趣難解」。

爲什麼會意趣難解呢？因爲 世尊「以無數方便，種種因緣、譬喻言辭」所「演說諸法」的難解，不單是大乘法如此，二乘法就已經如此了。在四阿含中的許多關於解脫道經典，一樣是「隨宜說法」，往往某一位弟子來問，或者外道來問，或者外道公開倡言：「要問到釋迦牟尼佛無話可說。」所以藉這一些因緣，世尊就說出一些解脫道的法義，使外道啞口無言。大乘經典的演說當然也會如此，可是從二乘法中要轉入大乘法中，畢竟要有一個時間點：什麼時間點是適合的，可以正式開展第二轉法輪、第三轉法輪？什麼時候該把一代時教作個圓滿的收攝等？當然要由 佛陀來觀察決定。

這一部經典就在這樣的狀況下，認爲應該把三乘菩提收攝圓滿於「此經」如來藏了，所以先由《無量義經》作爲序說，接著才正式開演《法華經》。在此之前，一定要用教外別傳配合實相般若的演說，讓大家的實相般若可以證轉；再以《如來藏經》等方廣諸經內涵，讓大眾具足對諸佛不可思議境界的大信心，然後接著說《法華經》，大眾才能信受。所以第二轉法輪開始以後，平常就會有一些教外別傳的指授，讓大阿羅漢們可以悟入，於是第三轉法輪的大乘經才可以繼續「隨宜說法」。可是 佛陀的「隨宜說法」，總是

「意趣難解」，因爲都不是世間法，而且接下來要宣說的法也都不是二乘菩提，一般阿羅漢們都還是不明白的，因此必須要以「無數方便」，還要藉著「種種因緣」加上許多的「譬喻」，並且用各種「言辭方便」來演說，這樣弟子們才能夠如實瞭解佛菩提的本末始終。

接著說：「是法非思量分別之所能解，唯有諸佛乃能知之。所以者何？諸佛世尊唯以一大事因緣故出現於世。」是說，接著即將要宣講的勝妙法，其實就是《無量義經》所說的那個「一法」，而那個「一法」不是用思量或者思惟分別所能夠理解的，只有諸佛才能夠究竟了知。也許有人是第一次來正覺講堂，聽了就說：「有可能嗎？世間科學家、哲學家那麼多，難道還眞的不懂嗎？」但是，我要跟大家打包票，保證他們一定不懂。有許多科學家、醫學家以及許多哲學家，都在探討生命的本源，然而他們研究的方向都是從物質上面去研究；落到物質層面去，就永遠找不到生命的本源了。

宇宙之所從來，是心而不是物質；宇宙是因爲有情的心而生住異滅，然而有情的根源是心，不是物質；因爲物質不可能生心，所以科學家們研究宇宙的起源，方向都偏了。但是我們也不必抵制或否定他們，因爲他們也可以利益世俗層面的眾生。他們能夠利益眾生是在哪個部分呢？在於增長生死輪迴的部分；使眾生不斷的愛樂世間，然後在世間繼續輪迴、繼續生死，但日子可以過好一點。日子過得越好，越發願意在世間輪迴，這就是科學家們的貢獻。那麼，哲學家們靠著什麼？都靠思惟分別；可是他們研究到後來，看看那麼多的哲學家，有沒有研究出什麼成果來呢？結果是沒有，因爲他們全都落入玄學思想之中。而這個「一法」不是玄學，不是思想，是眞實法，這不是靠語言文字思想來作研究可以了知的。如果靠語言文字來作思想研究便能了知，那麼古往今來這麼多的哲學家有許多思惟研究，而且現在哲學也變得很有系統了，卻仍然無法了知。

也許有人想：「那，不然這樣吧，我們出家專門去作研究好了。」我說：「免了，你如果要研究這個，不用出家，但也不一定在家就行。」有人抗議說：「那你叫我怎麼辦？」我說：「不怎麼辦，你就來正覺修學就好。」爲什麼呢？例如釋印順二十九歲出家，他說自己《遊心法海六十年》，可是如果算到他捨報爲止，那要叫作「遊心法海八十年」了，可是他八十年遊於什麼法的海中呢？遊於佛學思想大海。因爲他不是走實證的「性海眞空」正路，於是就整個偏差了。饒他思辨非常好，世間聰明也是一級棒，然而他思惟研究的結果，卻只能落到密宗應成派假中觀的六識論常見、斷見外道思想之中。所以，假使有誰說：「那我乾脆出家來研究好了。」我就說：「免了。」「那不然我就不出家，我一生專門研究這個。」我也說：「免了。」因爲作學問研究是沒有用的，這個法的實證沒有第二條路，只有正覺所教導依次實修這一條路，才能親證。

因此呢，說這個法不是靠意識思惟所能夠瞭解的，我自己也是個現成的例子，因爲我靠的是往世親證的種子流注出來。假使要靠思惟，那要憑什麼思惟？當年參禪時大乘佛經也沒讀過，只懂得打坐，然後我被人家教的參禪知見又是顛倒的、全面錯誤的，從別人學來的知見是顛倒的，如果再加上沒有自行發展出來的參禪功夫，那要怎麼思惟？可是當年單憑「明心見性」四個字，我自己思惟、思惟，也就解決了，半個鐘頭內可就全部解決了。世間哪有這麼厲害的人？人家研究七十年都還弄不懂，我半個鐘頭全部解決，哪有可能？這當然不是靠思惟得來的，那就是捨棄別人所教的內容以後自己思惟時，往世的種子流注出來，這樣就把它解決了，所以本質仍然不是思惟分別。如果靠思惟分別，請問如何能夠眼見佛性？不可能嘛！那如來藏在哪裡？又有誰能研究出來？也沒有啊！

所以說，「**是法非思量分別之所能解**」，是說這個法只有諸佛才能知道。換句話說，想要得這個法，只有追隨諸佛來修學，別無他途。因此，這個法，誰能證呢？只有菩薩。如果不肯當菩薩，想要當阿羅漢，就沒有機會得這個法；因爲 佛陀只把這個法傳給菩薩，不傳給阿羅漢。傳給他們沒有用啊！傳給他們十年、二十年，他們就入涅槃去了，以後誰來弘這個法？然後眾生又繼續過著原來漫漫長夜的無明生活，所以只傳給菩薩。正因爲這個緣故，「**諸佛世尊唯以一大事因緣故出現於世**」。所以，諸佛世尊出現在人間，單純是爲一件事情而來，這件事情不是爲了幫大眾證阿羅漢果，也不是爲了幫助大眾證辟支佛果，不是想要讓大家當阿羅漢跟緣覺，而是爲了菩薩眾來的。

那麼由此來證明，假使有人沒有宣演大乘法就離開人間，而徒眾們卻可以推崇說他是佛，這個顯然叫作戲論佛，因爲所言從來不及第一義諦——從來不曾論及實相法界。即使所說諸法眞的能使人親證二乘菩提，仍然叫作戲論，所以二乘菩提的眞實理，就叫作世俗諦，不及第一義諦，那當然要叫作言不及義。可笑的是，竟然還有人會相信那一些言不及義的所謂的佛，那不是很荒唐的事嗎？這種荒唐佛當然會有荒唐人信受，永遠如此；這齣戲是永遠不會改變的，永遠會繼續重演下去。所以諸位別以爲說：我們正覺弘法以後，將來不會有荒唐佛，也不會有荒唐的佛弟子。我保證永遠都會有，因爲世間永遠都會有極愚癡眾生；但是我們要設法讓這一種情形越來越少，那就是世間的福報。佛陀又說：

「舍利弗！云何名諸佛世尊唯以一大事因緣故出現於世？諸佛世尊，欲令眾生開佛知見，使得清淨故出現於世；欲示眾生佛之知見故，出現於世；欲令眾生悟佛知見故，出現於世；欲令眾生入佛知見道故，出現於世。」這段經文中講了很多句，總共就是四個字：開、示、悟、入。諸佛世尊出現於人間，不是爲了教導大眾實證二乘菩提，而是純粹爲了一件大事的因緣，這一件大事的因緣就是打「開」佛的所知所見；打開以後呢，眾生是否就能看得見？那可不一定，絕大多數都是看不見的，所以才要繼之以「示」。打開有很多種方式，譬如我常常告訴諸位的：有一天有好多阿羅漢追隨著 世尊，世尊突然在沙地上畫了一個圓圈，說這個地方適合建立一所清淨的佛剎。那時釋提桓因也在場，他已經悟了，隨即去路邊摘了一根草來，就往那個圓圈中間一插；才剛插好了，就稟告 世尊：「建佛剎竟。」這麼一根草插了，清淨的梵剎就已經蓋好了，這叫作教外別傳。世尊拿了一根樹枝往地上畫個圓圈，這是打開諸佛所知所見的一種方式，但眾生總是看不見，所以才要繼之以「示」，就是讓已悟的弟子們在祂的示意下，接著來「示」。

佛陀的機鋒有很多，這就是打開的方式。有時候遇見了一堆朽爛的骨頭，佛陀馬上就五體投地禮拜，大眾好奇怪：「這是什麼人值得人天至尊來禮拜他？」佛陀說：「這不是什麼人，這是我過去世留下的臭骨頭，如果不是他，就沒有我今天。」這也是「開」佛知見。又譬如說，無門關那個很有名的公案，外道來了，遇見了 佛陀就問：「不問有言，不問無言。」可是 佛陀都不答，只是定定地看著他。過了一會兒，那外道很歡喜向 佛陀禮拜，禮了三拜起來說：「很感謝世尊大慈大悲，開我迷雲。」然後又禮佛三拜，走了。世尊踞坐默然，這也是「開」佛知見。又譬如 維摩詰菩薩在毘耶離城也是杜口無言，「開」給大家看；所以 文殊問他：「你的不二法門呢？」結果他杜口無言，那也是「開」佛知見。然而打開了佛的所知所見之後，有多少人會呢？很少人會。譬如我們東山禪，每一次過堂，有的人好期待過堂，因爲那時有禪宗的妙法可聞；可是有的人過堂的時候食不知味，覺得好難過，說那個飯菜好難吃。眞的冤枉！我們典座師兄姊們，他們煮得色香味俱全，他爲什麼覺得很難吃？因爲怕被問。這一口飯才剛扒進去，我說：「是什麼？」我可就問了，你總不能白吃嘛！人家好辛苦煮出來，你不能白吃。這是什麼意思？這也是「開」佛知見。

把佛的所知所見打開給大家看，可是大家看不見啊！看不見的緣故，就只好不斷地用語言文字、譬喻、種種方便來解說，這也叫作「示」佛知見。打「開」了，大家看不見，只好把它顯「示」出來，所以用語言文字來作詳細說明，然後大家終於可以看得見。經過這樣的說明以後，有因緣的人在突然間，當佛才一打開，他就看見了，所以開與示得要放在一起。如果開與示放在一起；先請問：你們曾經在什麼道場看見善知識有開、示？有沒有？沒有啊！因爲他們從來沒有開，他們自己都沒有貨色，要怎麼「開」給你看？一定要有貨，才能「開」給你看嘛！至於他們的「示」呢？也就是他們的解說呢？都是解說錯誤，那也沒有「示」啊！「示」一定是把想要讓大家看見經中諸佛的所知，若是都用世間法來解釋，哪來的「示」呢？那麼請問：他們每天上堂開示，到底開示個什麼？

但我們可以說他們也有「開、示」，叫作**開**常見外道法、**示**常見外道法。是那樣的開示，不是經中這樣的「開、示」。所以怎麼樣叫作眞的「開、示」？一定要把 佛陀的所知所見打開，並且詳細宣說 佛陀的所知所見是什麼；這樣打開的時候，眾生看不見，接著就指示清楚一些，眾生才可以看得見。打開之後眾生看不見，你要怎麼樣示，這個示就是重點。所以我們現在不像以前的共修了，很早以前，最早期，平常在共修，大家或者打坐或者拜佛時，我就另外找個房間，把同修們一個一個調進來，當場就把他們弄出來；可惜的是後來死光光，爲什麼呢？因爲沒有示，只有開。而且他們的根基—定力、慧力、福德—都還不夠，承擔不了，所以後來全部死光了。

你若是有**開**而無**示**，也就是沒有作出更好的指示，他們無法建立一個通透的理路，無法去作一個簡擇，因爲他沒有別的東西可以用來作簡擇。所以，**示**就是先把聖教量拿出來，讓大家把聖教量作一個秤、作一個衡，可以來秤一秤、來檢驗一下：**你開了之後，給我開出來的到底對或者不對？**多方檢驗正確無誤了就不會退轉，才能說是**悟**；眞悟了以後，開始能夠體會佛菩提妙法了，才能說是**入**。所以，**開**與**示**必須互相配合，也就是宗門與教門必須互相配合。所以我才會說：宗不離教，教不離宗。**悟**後也必須能**入**於法性大海遨遊；假使有誰把宗門跟教門給切割了，表示他們一定不是眞**悟**，也一定無法**入**於法性大海中遨遊；我就說這些人是破壞佛法者，因爲他們一定會使宗與教分離，然後佛法就會因此開始分崩離析。爲何會分崩離析呢？因爲那時宗門無法用教門來檢驗，於是由教門想要**悟**、**入**宗門，也就沒有辦法；而宗門開**悟**後是否悟錯了？也無法藉教門加以檢驗，悟錯了成爲大妄語人都還不知道呢。所以，**開**與**示**必須合併，宗與教必須緊密聯結，這是我從一開始弘法時就這樣主張。所以說：爲了想要讓眾生能夠**悟**、**入** 佛陀的所知所見，而使得眾生清淨的緣故，因此諸佛出現於世間來**開**、**示**。

所以諸佛來人間降生的目的，就是要打開諸佛的所知所見，要送給眾生，看眾生能不能看得見。釋迦牟尼佛也是如此啊！祂是老婆到無以復加。你看，祂才剛剛降生，行走七步，步步金蓮，可是很多人都找來找去說：「哪裡？**我怎麼沒看到地上有金蓮？**」你看得到的就不叫作金蓮了，那只能叫作土蓮。金蓮哪有那麼容易可以看得見的？然後大家看不見，沒辦法，只好來個「天上天下唯我獨尊」；如果這樣還看不見，就無可奈何了，大家就只好再等了，等祂三十六歲成佛以後再來「開」和「示」，要多等了三十六年了。釋迦如來才一下生就開佛知見了，可是何曾有人知曉？那開佛知見，眾生沒辦法看見，只好成佛以後不斷地示眾生以佛之知見，那就是不斷地加以解說。

講這一句話的意思在哪裡呢？是說：「接下來我釋迦牟尼佛會說很多的法，就是在示佛知見，你們就要用心聽。」所以一部又一部的《般若經》宣演出來，就是爲了示佛知見的緣故，因此諸佛才會出現於世間。可是開與示的目的在哪裡？就是想要讓眾生可以悟得佛的知見，打開了給大家看；大眾被無明所障，看不見，就不斷地說明——示佛知見。

開了、示了諸佛的所知所見之後，目的就是要讓眾生可以證悟，證悟了諸佛的所知與所見。既然是要眾生證悟諸佛的所知與所見，那當然要探討一下，諸佛悟後所知與所見到底是什麼？這當然要探討。簡單地說，就是眞如與佛性。諸佛來人間要眾生證悟的，就是眞如與佛性。眞如是講如來藏心，證眞如是證得如來藏心；因爲證得如來藏的時候，就可以現前看見如來藏具有眞實與如如的法性。所以眞如有時被指稱如來藏心，有時則是在說明如來藏所顯示的眞實與如如的法性，這就是證眞如。除此以外，別無眞如可知可證。而眞如是第八識心體顯示出來的行相，只有一個心能顯示這個眞如法相，這心就稱爲如來藏，又名阿賴耶識；所以有時候《般若經》裡面，也會用眞如二個字來指稱第八識。那麼，這個第八識心體在運作的過程之中，總要有祂的自體性吧！祂以什麼樣的功德來產生萬法呢？總不能夠說一個心體而沒有作用就能產生萬法，那個作用就稱之爲佛性。

當然，有很多人誤會佛性，並且誤會到很嚴重。而且，古時候禪宗祖師說的佛性，不一定就是眞如心的佛性，大部分時候他們說的是「眞如心能使人成佛的自性」，那也叫作佛性。所以，中國祖師所說的見性，常常就是看見眞如心能使人成佛的自性，其實就等於是明心；這也沒有錯啊！因爲眞如心的成佛自性就是明心的時候所得的。可以看得見這個心具足使人成佛的自性，這也沒錯啊！但這不是 佛陀所說的佛性。佛說的佛性是眞如心在六識外顯現出來的自性，祂以這樣的自性，可以和七轉識、和器世間互相聯結來運作，這就更難知了。這個眞如與佛性是從來不分家的，你證得眞如的時候不一定看得見佛性：明心時可以看見眞如心的成佛之性，但不一定看得見佛性。所以，這一個「開、示」主要就是這二個總相，就是眞如與佛性二個法，而這二個法就函蓋了一切佛法。

早期，我也常常說，如果只明心而沒有眼見佛性，往往會偏空；可是假使有人有見性而沒有明心，他就會偏有。這個在早期，我就常常這麼講；後來不講了，因爲沒多少人懂，講了也白講，而且不免誤會。眞如、佛性這二個法就函蓋了三乘菩提、函蓋了實相法界的一切；這就是諸佛世尊來人間打開了佛的所知所見、指示了佛的所知所見，而想要眾生去悟得佛的所知與所見，就是眞如與佛性，如來是爲了這個大事因緣而出現於世間。當眾生明心證得眞如了，他就可以第一步進入 佛陀的所知所見中；假使又眼見佛性了，就可以有更好的函蓋面來進入 佛的所知所見之中。如果能夠這樣證了以後，眾生就可以進入 佛的所知所見的種種法門之中，這就是「入佛知見道」。換句話說，想要進入 佛的所知所見之中，你得要先進入 佛陀所知所見的方法中用功。一定要有法門，你沒有方法，要怎麼實證呢？

以前，常常有大師動輒自稱開悟佛法、自稱是阿羅漢等等；然而你若推究他們的實證過程，你會發覺他們都沒有過程，而他們都是一念之間就成爲阿羅漢，或者一念之間就成爲大菩薩；竟然都沒有過程，那是有問題的。不管誰，在三乘菩提之中，只要他有所證，都一定有過程，那個過程就顯示出他的實證方法。所以，要看一個人是不是有實證，其實很容易，你就看他有沒有提出方法論；如果他提出了方法論，有那個方法與過程，而且是正確、合理的，你就知道那是可以實證的，那麼這個人一定是親證者。

而我們弘法一開始就是提出方法來，那《無相念佛》、《念佛三昧修學次第》、《禪——悟前與悟後》，就是方法論。你要實證念佛三昧，方法在這裡列出來，內涵、過程、次第就在裡頭。你想要開悟，開悟的方法如何？也在裡頭，這就是方法論。如果沒有方法論，不管怎麼樣，就是打坐、打坐、打坐，一直坐，每天跟腿痛對抗，其實是在練腿功，與禪悟無關，而說這樣可以開悟，那將來他所能提出的方法論是什麼？就是腿功論，說明腿功如何練成？腿功練成而不妨礙他的一念不生，就是他以爲的開悟境界。那練腿功或一念不生都是意識境界，所以練出來的當然也是意識境界，那一定會落到一念不生、離念靈知中；或者落入前念已過、後念未生中間的一念不生，一定會落在這裡面，永遠不能外於意識生滅境界。

這就是說，一定要有個「知見道」，你的所知所見是怎麼達成的方法，那個知見之道一定要提出來，才能證明確實有了方法論。所以諸佛世尊來人間，一定要把成佛之道的內涵、次第，和完成這一些內涵與次第的方法來告訴眾生；要把諸佛的知見都呈現出來，眾生才有辦法進入。所以，諸佛出現於人間的唯一大事因緣，就是開佛知見、示佛知見，欲令眾生悟佛知見；然後接著要使眾生進入佛的「知見道」中，也就是要使眾生進入諸佛所知所見的那一些方法之中，可以據以爲用、付諸實行，這樣才是眞正的成佛之道。世尊說完了這些道理，接著作一個結論說：「舍利弗！這就是諸佛以一個大事因緣的緣故，而出現於世間。」

經文：【佛告舍利弗：「諸佛如來但教化菩薩，諸有所作常爲一事，唯以佛之知見示悟眾生。舍利弗！如來但以一佛乘故爲眾生說法，無有餘乘若二若三。舍利弗！一切十方諸佛，法亦如是。舍利弗！過去諸佛以無量無數方便，種種因緣、譬喻言辭，而爲眾生演說諸法，是法皆爲一佛乘故。是諸

眾生從諸佛聞法，究竟皆得一切種智。舍利弗！未來諸佛當出於世，亦以無量無數方便，種種因緣、譬喻言辭，而爲眾生演說諸法，是法皆爲一佛乘故。是諸眾生從佛聞法，究竟皆得一切種智。舍利弗！現在十方無量百千萬億佛土中，諸佛世尊多所饒益安樂眾生，是諸佛亦以無量無數方便，種種因緣、譬喻言辭，而爲眾生演説諸法，是法皆爲一佛乘故；是諸眾生，從佛聞法，究竟皆得一切種智。」】

語譯：【佛陀告訴舍利弗說：「諸佛如來只是爲了教化菩薩眾們，不論是作什麼事情，永遠不變都只是爲了一件事情，就是只用諸佛的所知所見來開示給眾生悟入。舍利弗！如來只會爲了以一佛乘的緣故而爲眾生說法，沒有其他能夠到達佛地的方法，不會或者說有二種、或者說三種。舍利弗！一切十方諸佛所說的法，也都是像我說的這樣。舍利弗！過去諸佛以無量無數方便，藉著種種因緣、以及無數的譬喻和言辭，來爲眾生演說一切諸法，而諸佛所演說的這一切諸法都是爲了一佛乘而說的。聽聞諸佛演說一切法的眾生，隨從諸佛聞法以後，最後到達究竟位時都會獲得一切種子的智慧。舍利弗！過去諸佛如是，未來諸佛將會繼續出現於世間，也是會以無量無數的方便，藉著種種因緣、和無數的譬喻與言辭，而為眾生演說諸法，所說的一切諸法也都是為了開示一佛乘的緣故。這一些眾生們隨從未來的諸佛聞熏佛法以後，修行到究竟位之後也一樣都會獲得一切種子的智慧。舍利弗！不但過去諸佛、未來諸佛如此，現在仍然住在世間的十方無量百千萬億佛土之中，所有諸佛世尊也是用種種的方便善巧來饒益眾生、安樂眾生，而現在十方世界無量諸佛同樣也是以無量無數方便，種種的因緣、無量的譬喻言辭，來為眾生演說諸法；現在十方無量諸佛所說的一切法，也都是為了一佛乘的緣故而說的；而這一些眾生隨從諸佛聞法以後，修行到最究竟位，一樣是會獲得一切種子的智慧。」】

講義：這一段經文中說，過去諸佛、未來諸佛、現在十方一切諸佛，都在教化眾生，同樣都以無數的譬喻言辭，在種種因緣之中運用無量無數的方便，來為眾生演說無量無數的法，目的都是為了演說唯一佛乘的勝妙法；而這唯一佛乘修行，到最後的所證就是一切種智。以前，那些六識論者在共修完畢以後，功德迴向的時候他們也都這樣迴向：「願以共修佛法殊勝功德，迴向究竟一切種智。」六識論者也這樣迴向，問題來了：識陰六識都無法去到未來世，而一切諸法的種子究竟含藏在哪裡呢？在第八識如來藏中。而他們都在否定如來藏，卻想要證得如來藏含藏一切種子的智慧，可是他們一直都沒有覺得自己有問題。後來，他們的信徒讀到我們的書，說一切種智就是如來藏含藏一切種子的智慧，於是提出來請問：「**師父啊！我們這樣迴向，到底對不對？**」所以後來他們就改了，不再迴向一切種智了。

改了以後，又有新的問題出現，那到底他們改變了，是對還是不對？他們又不去探究了。學佛法時，每作一件事情都應該弄清楚：我這樣改變，到底是對或者不對？假使我改了，不再迴向一切種智，是不是說我將來絕對不能成佛，我不想修學佛法？如果這樣，以後只要修學羅漢法就好了，他們那佛案上的佛像可以請下來，就改為供奉頭陀第一的大迦葉就好了，是不是應當如此呢？因為都只修聲聞法而不修佛法了。如果不迴向一切種智，有智慧的徒眾們就會考慮說：那到底我們要不要繼續跟著學？因為這裡不教人家證一切種智，我們將來是不可能成佛的。不過話說回來，好在徒眾們都不懂一切種智，所以師徒雙方也就相安無事，這就是目前佛教界的怪象。

一切諸法的法種都含藏在如來藏中，從來不在虛空中。如果一切諸法的法種都在虛空中，那應該每一個學佛人每天都要作什麼事呢，就是要從虛空中抓個什麼法種來用，或者至少也要覺知心可以跟虛空中某一個法種相應。問題是有沒有這個事實呢？又沒有！因爲虛空不能含藏諸法種子。眾生們相應的法種到底應該是在哪裡呢？這是個很切身的問題、很直接的問題，是不可迴避的問題，可是那些六識論者又有多少人能夠檢點到這個地方呢？好在因爲大多數的佛教徒都是住在無明漫漫長夜之中，所以不管那些寺院裡面繼續亂說法，甚至怎麼樣胡搞瞎搞也都沒問題，供養還是繼續會來。可是，這樣就顯示末法時代的佛弟子們水準未免太差了吧？福報未免太下劣了吧？而這就是我們要設法消除掉的現象。我們要作的就是讓所有人學佛之後，都有很高的佛法知識水平，我們要把水平不斷地拉上來，讓大家都有在佛法中決擇佛法正訛的能力，也可以有實證的希望；並且還想要讓他們有部分人可以實證，大眾的福報就提升上來了，這就是我們要作的事。

那麼，在這一段經文中，世尊刻意三度說明，也就是從過去諸佛、未來諸佛以及現在的十方無數諸佛，都在演說唯一佛乘來告訴大家：諸佛世尊來人間不會演說了二乘法就走人的。因爲來人間降生示現的目的是爲了唯一佛乘，而唯一佛乘就是函蓋了二乘菩提的大乘佛法，修完大乘佛法而使人能夠到達究竟佛地、獲得一切種智，這才是諸佛來人間示現的目的。所以，沒有哪一尊佛來人間示現以後，只講了阿羅漢道就走了。

如果是這樣就走的，一定還要預記說：「我沒有時間講完，我太笨了，所以我還要再來人間一趟。下一趟我會生在哪一個國家、哪一個縣市、哪一個村落，姓什麼、名什麼的人家，你們到那裡去迎接我。」一定要這樣授記，不然他就不能說是化緣圓滿而取滅度。他沒有把唯一佛乘講清楚以前，是不許走人的，否則他就是只懂二乘法而不懂佛法的假佛。所以你們可以告訴親朋好友：「如果你師父說他成佛了，有一天他說要走人了，你就告訴他：『師父！你不許走，因為唯一佛乘的法門中，如何證得一切種智的妙法，你還沒有教給我們，你的化緣還沒有圓滿，你憑什麼走人？』徒弟們都可以義正辭嚴要求：「請佛住世。」好啦！他答應留下來之後，能怎麼辦？也是沒辦法解決這問題。真的無法解決，因為他沒有一條路可走，熱炒涼拌都不通。你想，他怎麼辦？他是死路一條！因為他根本就沒有成佛。

所以，一定要把「一佛乘」講完，而「一佛乘」的內涵就是如何使人證得佛地一切種智；而佛地一切種智的最初內涵就是讓人家親證如來藏，去實際驗證如來藏究竟含藏了多少種子；各類種子都要體驗，也就是如來藏含藏的各類功能差別，都必須使人可以實證，這樣才能夠說他已經宣演了唯一佛乘。並且宣演了還不算數，得要弟子可以親證，親證了以後可以代代相傳，這樣才能夠證明他已經把唯一佛乘給弘傳了，然後他才有資格走人，否則他沒資格走人，因爲這是一切佛都應該辦到的事。所以，這個道理請諸位要教導你的親朋好友，他們沒因緣來正覺，但是他們至少要懂這一點：當他們的師父宣稱成佛了，那就必須提出要求：「師父！你還不許走。你現在七十歲了，你是不是還有三十年、四十年來教我們修證一切種智？」當然要提出要求，如果師父八十歲了，都還沒有開講這唯一佛乘的法，那就要告訴他：「師父！你下一輩子要生到哪一國、哪一縣、哪一鎮、哪一户人家？還要先講清楚是在什麼時候？不然我們跟著你學那麼久了，都還沒有學到唯一佛乘，那你化緣還沒有圓滿，你不許走人。」這個道理要講清楚。

可是你們看看，台灣南部有自稱是「毘盧遮那佛」的比丘尼，新竹有住在蘭若而自稱是佛陀的比丘，還有密宗無量無數的活佛、法王，他們有誰宣演了唯一佛乘？有誰教導什麼人證得如來藏？有誰教導什麼人親眼看見了佛性？有誰教導什麼人可以現觀如來藏的一切種子？全都沒有。這樣也能自稱成佛，竟然還有人崇拜到五體投地，然後竟然有人向弟子眾恐嚇說：「你們都不聽我的話，所以我要走了。」問題是她走得成嗎？根本走不成嘛！只是在籠罩徒眾。假使徒眾那個時候具格又夠膽，就像九峰道虔禪師一樣當面說：「師父！妳走給我看看。」她就下不了台了，絕對下不了台。因爲她連初禪都沒有，就別說是四禪的定境，還能隨意走人嗎？而且無生法忍也沒有，連大乘見道的功德也都沒有，甚至二乘菩提斷我見的功德也沒有，她想要走人就能走嗎？她如果眞的堅持要走，就只有一個辦法——上吊；就是只有自殺一個辦法，沒有別的辦法了。可是，末法時代這樣的佛，還眞是數不勝數，數不完。

但是，佛陀在這一段經文很強調，所以從三世來說：過去諸佛、未來諸佛、現在十方無量數諸佛，都是在講唯一佛乘。而唯一佛乘所說的，就是讓人家到究竟位的時候，可以圓滿證得一切種智，這樣才是眞正的佛法。所以這一段經文中一開頭，佛就說：「諸佛如來但教化菩薩，諸有所作常爲一事，」

不許作第二種事，就是經常一直都是作這一件事情，就是只教導眾生唯一佛乘的實證如來藏的事，所以「唯以佛之知見示悟眾生。」換句話說，諸佛如來都吩咐菩薩們說：「你們不管作什麼，都只能作一件事情，就是把諸佛如來的所知所見演說出來讓眾生瞭解，讓眾生可以悟得佛的所知與所見。」只能作這件事情。即使初轉法輪時期宣演了二乘法，目的也是爲了誘引大眾建立信心而轉入大乘法中，所以才說「但」。「但教化菩薩」，是說只教化諸菩薩這件事情。所以，如果是眞正的菩薩，必須要宣演佛菩提道，不許單單宣演二乘菩提而排斥大乘菩提。

然後，世尊作了一個很明確的聲明：「我釋迦如來只用唯一佛乘的緣故而爲眾生說法，我沒有所謂的二乘、三乘菩提，就是唯一佛乘；所說的二乘菩提、三乘菩提的目的，就是爲了要宣示一乘菩提、唯一佛乘。」所以三乘菩提，總而言之就是大乘菩提、就是佛菩提，但是因爲眾生無法一開始就信受、就實證，所以必須要先從唯一佛乘中分析一小部分出來，讓眾生可以實證出離三界生死痛苦的方法；實證了以後，大家信心具足了，然後才能夠爲大眾宣說三大阿僧祇劫才能圓滿成就的一切種智，這時候才可以宣示諸佛的

「知見道」，所以說：「如來但以一佛乘故爲眾生說法，無有餘乘若二若三。」因此說，三乘菩提其實是方便說，二乘菩提則是方便度化眾生的權巧之作。這樣就把這一部經典所要表達的意思很清楚表達出來了，所以這一部經所說的是在說什麼？說將來接著要演說的全部都是唯一佛乘；所說的二乘菩提，目的也只是想要讓大眾實證佛菩提，所以大家都應該迴小向大，轉入佛菩提道中。這就是 世尊這一段經文所要揭示的宗旨。

經文：【「舍利弗！是諸佛但教化菩薩，欲以佛之知見示眾生故，欲以佛之知見悟眾生故，欲令眾生入佛之知見故。舍利弗！我今亦復如是，知諸眾生有種種欲，深心所著，隨其本性以種種因緣、譬喻言辭、方便力而爲說法。舍利弗！如此皆爲得一佛乘、一切種智故。」】

語譯：【接著世尊又開示說：「舍利弗！我所說的過去未來乃至現在十方一切諸佛，都只教化菩薩們，想要以諸佛的所知所見來顯示給眾生的緣故，想要以諸佛的所知所見來開悟眾生的緣故，都是想要使眾生進入諸佛的所知所見的緣故。舍利弗！我釋迦牟尼如今也是像這樣，了知種種眾生有不同的種種所欲，而他們深心之中都有所執著，於是隨著這一些眾生不同的本性，而以種種的因緣、無數的譬喻言辭、和各種善巧方便力量來為眾生演說諸法。舍利弗！像我這樣子教化菩薩們，都是為了讓眾生進入唯一佛乘而證得一切種智的緣故。」

講義：世尊在這裡重複宣示，諸佛都是只教化菩薩們：應該要以諸佛的所知所見來宣示給眾生。換句話說，有時候解說二乘菩提，那只是一種方便，為建立眾生對佛的信心而方便演說，是讓他實證解脫道而能脫離三界生死時生起大信心，但眞正要給眾生的是諸佛的所知與所見；所以菩薩們在 佛陀的教化下，當然同樣要以佛的所知與所見來轉手給眾生。既然如此，當然是應該要幫助眾生可以悟得佛的所知與所見；幫助眾生悟得佛的所知與所見以後，當然眾生就開始進入諸佛的所知與所見之中了。所以，菩薩為眾生說法的目的，不在於教化眾生出離三界生死；如果只是教化眾生出離三界生死，那菩薩日子可就好過了。這就是說，菩薩每一世都可以只當通教菩薩；通教菩薩弘法的日子可就輕鬆了，每天只要把四阿含裡面與大乘法義有關的部分都剔除掉，專拿那個五陰十八界觀行的部分來講解就好了。

像這樣的話，菩薩根本不用像我這樣，一部經典講完，接著還要再講另一部經。不停地講經，很辛苦；他都不用，只講四阿含中的解脫道法義就好了。而四阿含裡面被聲聞結集出來的殘缺不全的大乘經部分全都剔除掉，剩下的就只有四分之一了。把這四分之一拿來講，千篇一律，講到後來，每天講的都一樣，不斷地播放「人腦錄音帶」就好，這樣弘法最輕鬆了；而且很多人一世就可以完成道業，因爲利根的人，阿羅漢果只要一世就可以完成，這最輕鬆了。我也不必舉辦禪三了，那好累人！因爲根本用不著小參，大家就每天打坐、經行、聽聲聞法滅除性障就好了。有問題隨時來問，五個人、十個人、一百個人都可以同時問，因爲那些聲聞法都可以明講；至於聽聞以後能不能斷我見、我執，那是個人的事情。但若是這樣，跟隨他修學的人還能看見佛的知見嗎？根本看不見，也悟不了佛的知見，更入不了佛的知見。

想要幫助眾生**悟**佛知見、**入**佛知見是很辛苦的，因爲 佛早已告誡說不許明講，那該怎麼辦？就只好入泥入水，每天都得像禪師說的「落草」，爲弟子們不斷地撒土撒沙，看大家瞧不瞧得見，就只好這樣辛苦而且沒完沒了。菩薩很清楚是應該顯示什麼，可是參加禪三的人，大家都覺得好像是在猜啞謎，就像是這樣啊！當大家猜不著，菩薩就要很辛苦：「就這樣，就這樣啊！」又不能明講，只好像打啞謎一樣，眞的好辛苦，這叫作有口難言。如果不必以佛的知見示給眾生，那麼開示就容易了，因爲只有二乘菩提，那內涵並不多；雖然說那些大師們都還不懂，在我們來講卻是很粗淺的東西。可是，如果是講到諸佛的知見，你要示給眾生可以親見，那你可得要講上一大堆。

諸位看看，我出來弘法講到現在，有沒有哪一本書是講一樣的？都不一樣。可是，我講的也就只有眞如與佛性二個東西，講出來時爲什麼卻都不一樣？因爲祂就是一切法。眞如佛性就是一切法，一切法就是眞如佛性；眞如佛性函蓋一切法，講了一切法以後，卻都不外於眞如佛性的範圍。所以，要怎樣把祂具足顯示給眾生呢？眞的不容易，因爲你要面面俱到，而且要深淺兼顧，所以只好一而再、再而三，乃至九而十，不斷地講下去，所以講出來的妙法就有不同的內涵、不同的面向。雖然辛苦了，菩薩也正因爲如此，所以充滿法樂；因爲法是講不完的，越來越深妙，就看大家能不能吸收，只要能吸收，無妨繼續講下去。就好像說：聚天下英才以教之，其樂何如！

那就是說，諸佛教化菩薩們，都只教化一件事情：「你必須以佛的知見示給眾生，以佛的知見開悟眾生，以佛的知見教導眾生進入其中，就只教導這件事情。」所以，菩薩們如果不以佛的知見來開示悟入給眾生，他就是背叛諸佛。我這個指控會不會太重？夠重？可是也有人說「不會」。是啊！這個指控確實是很嚴重，但是我並沒有加重其罪，只是因爲他們都不懂這個道理，所以我並沒有加重其罪。如果他們懂了，還故意不用佛的知見爲眾生開示悟入，我就得加重其刑二分之一，因爲是明知故犯。正因爲他們不知道，所以我們來爲大眾說明，這就是必須要講這部經的緣由。因爲大家不知道，所以我們要告訴他們：「你如果自認爲是菩薩，你就必須以佛的知見來爲眾生開示悟入。」這才是菩薩，因爲諸佛只教化菩薩作這件事，諸佛從來沒有教化菩薩說：「你要開示悟入給眾生的只是二乘菩提。」既然如此，我們應該尊奉 佛陀的開示來作。所以，菩薩凡有所作，必須以 佛陀的所知所見來打開給眾生看。眾生看不見，就要如何細加說明而演示出來，然後設法幫有緣的眾生悟了 佛陀的所知所見；悟了以後，眾生自然可以次第進入諸佛的所知所見之中。但是，諸佛的所知所見既深又廣，不能以思惟分別而得了知；

所以，菩薩當然要隨從諸佛來修學：如何運用種種譬喻、言辭和方便，在各種因緣之中把 佛陀的教導開示給眾生得以悟入，這才是菩薩之所應爲。

世尊說：「不但諸佛都是如此，我釋迦牟尼佛也是如此，了知各類眾生有種種不同的欲求，深心之中各有所執著，所以我釋迦牟尼就隨順著不同眾生的不同本性，在各種因緣之中以無數譬喻言辭和方便善巧的力量而爲眾生說法。」然後作了一個結論說：「我釋迦牟尼這樣作的目的，都是爲了使眾生可以獲得唯一佛乘；也因爲從唯一佛乘的實修之中，可以獲得一切種智的緣故。」這是 世尊在這一部經裡面特別強調的。也就是說，接下來要宣演的法是什麼？就是佛的知見，而佛的知見是唯一佛乘的勝妙法，這個唯一佛乘的勝妙法之所證，最究竟位就是一切種智。這就是先埋下伏筆，所以用種種方便讓迴小向大的諸大阿羅漢們悟了以後，那些大阿羅漢們將來就知道：「我還沒有獲得一切種智，所以我還不是佛。」這樣所有證悟的人就不至於誤會，就知道接著是該如何一步一步去修學未來的第二、第三大阿僧祇劫的道業。這樣把整個佛法收攝圓滿爲唯一佛乘，這才能稱之爲圓教之法。先有這樣的開示，眾生將來悟了就知道：「我現在是見道位，我已經悟佛知見，那麼我要如何入佛知見呢？那就要隨從世尊繼續修學。」這就是 世尊所說的「如此皆爲得一佛乘、一切種智故」，這就是先提示將來只有證得一切種智，你才可以說你已經成佛了，否則你永遠都還只是菩薩。

經文：【「舍利弗！十方世界中尚無二乘，何況有三？舍利弗！諸佛出於五濁惡世，所謂劫濁、煩惱濁、眾生濁、見濁、命濁；如是，舍利弗！劫濁亂時，眾生垢重，慳貪嫉妒，成就諸不善根故，諸佛以方便力，於一佛乘分別說三。舍利弗！若我弟子，自謂阿羅漢、辟支佛者，不聞不知諸佛如來但教化菩薩事，此非佛弟子、非阿羅漢、非辟支佛。」】

語譯：【世尊接著說：「舍利弗！十方諸佛世界中尚且沒有二乘之名，何況有三乘菩提呢？舍利弗！諸佛出現於五濁惡世之中，所謂劫濁、煩惱濁、眾生濁、見濁、命濁之中；就像是這個樣子，舍利弗！當劫濁混亂的時候，眾生的污垢是非常厚重的，既慳又貪而且懷著嫉妒之心，成就種種不善根的緣故，所以諸佛才以無數方便力，把唯一佛乘拆開來分別說爲三乘菩提。舍利弗啊！如果我的弟子自稱是阿羅漢、辟支佛的人，不聽聞也不知道

諸佛如來只教化菩薩的事情是什麼，這種人就不是佛弟子、不是阿羅漢、也不是辟支佛。」〕

講義：這段話講得重不重？很重呵！世尊把話講這麼重了，可是有好多人拜《法華經》、誦《法華經》時，卻總是誦了以後都不知不覺、不痛不癢。他們誦《法華經》的時候，對於 世尊這一段開示是完全沒有感覺的，只能夠說他們是沒有神經的人；因爲他們一面在誦或者在講解《法華經》，可是另一面還在支持那些以解脫道取代佛菩提道的人，我們只能夠說他們可能是文盲吧！可是文盲還會誦經，眞的好奇怪呵！眞的，就好比人家說的：「**徒呼負負，無可奈何！**」就像這樣子。佛說：「**舍利弗！十方佛世界中尚且沒有二乘，何況有三乘？**」也就是說，十方世界之中同樣都是唯一佛乘，因爲十方世界諸佛不可能只爲了教導眾生二乘菩提而降生人間，一定都是爲了教導眾生唯一佛乘而降生人間的。如果 佛來人間受生示現八相成道，結果只講二乘菩提，會不會太浪費了？不然就是那一尊佛閒著無聊，下來人間串串場子，一定是這樣。可是十方諸佛有可能閒著無聊嗎？

在《長阿含經》中 世尊也說，過去諸佛有一轉法輪，有二轉法輪，也有三轉法輪。如果是一轉法輪，那就是純粹演說大乘，不把大乘菩提裡面的解脫道分析出來先說；這表示那時的眾生根性都是非常好，所以只講唯一佛乘，是一開始就宣講唯一佛乘。如果是二轉法輪，那就是直接講般若而不先講二乘菩提，接著就講唯識增上慧學的一切種智，也還是唯一佛乘。只有五濁惡世的時候，才須要講三乘菩提，因爲眾生具足五濁，沒有辦法直接切入佛菩提中，只好從佛菩提裡面分析出一小部分來講二乘菩提。這就表示說，那個時節的眾生一定是五濁具足，才須要分割成爲三乘菩提來作前後三轉法輪。

這在《長阿含經》中就有講過了，世尊說過去諸佛有一轉法輪，有二轉法輪，有三轉法輪者。所以這唯一佛乘分析出三乘菩提的事，並不是在大乘經典中才說，而是聲聞人結集的四大部阿含諸經裡面就已經這麼說的。那麼，現代那一些六識論的聲聞凡夫們在否定三轉法輪之說，他們到底是信不信阿含諸經呢？有機會遇見他們的話，就用這個道理問問他們：「你們到底信不信阿含諸經？」如果他們說：「信啊！信啊！」你就要告訴他：「《長阿含經》說，過去諸佛有一轉法輪，有二轉法輪，有三轉法輪。請問你們信不信阿含？」再問一遍，他們只好講：「我還是信啊！」可是口裡說信呢，心裡面可不太情願答了，那你再告訴他：「諸佛既然有三轉法輪，現在釋迦佛三轉法輪，你爲什麼還有意見？」這樣問了，也許就能一語驚醒夢中人，他就醒過來了，那無妨又成爲一位菩薩了。今天說到這裡。

已經十一月初了，本來應該已是冬天，結果今天才只像秋天而已，還沒有一絲絲冬天的氣氛。閒話表過，接著還是講我們的《妙法蓮華經》，這才是最重要的事。上一週是二十頁第二段的第一行，說：「十方世界中尚無二乘，何況有三？」在《長阿含經》裡面 世尊有說，十方諸佛或者有一轉法輪、或有二轉法輪、或有三轉法輪，可是從來沒有講過一轉法輪是只講解脫道的，也沒有講過二轉法輪是只講解脫道跟因緣法。如果是三轉法輪，當然是三乘菩提全部具足。在這裡，講過二乘法而轉入大乘法之後，佛陀說：「十方世界的一切佛剎尚且沒有二乘，何況說有三乘？」不知道的人就覺得這裡面好像有一些矛盾，而其實沒有矛盾，因爲不論是一轉、二轉或三轉法輪，永遠都是以佛菩提爲主要道，從來沒有以二乘菩提爲主要道。

所以，如果有佛降生於人間，而只有一轉法輪，就表示那個時代、那個國土中沒有二乘種性的人，全部是大乘種性的人，所以一開始就純說大乘，因此才會成爲一轉法輪。那麼如果是二轉法輪，就是講了般若以後，接著講一切種智唯識增上慧學；也可能觀察眾生因緣，先講二乘法的解脫道、因緣觀以後，直接就從第三轉法輪開始說，把般若混在第三轉法輪的唯識增上慧學中來說。如果是三轉法輪，就像 釋迦世尊一樣，先說解脫道、因緣法，然後把三賢位應該要學的般若實相爲大眾解說，接著就是說明十地之道，也就是十度波羅蜜的如何成佛，所以這樣看來根本就沒有衝突或矛盾。換句話說，諸佛降生來人間的目的不是只爲了講解二乘法，也不是只爲了要講般若實相，而是要宣示如何讓大家可以成就究竟佛果的法門，這才是諸佛降生人間的目的。

假使有佛降生來人間，只有初轉法輪的二乘法、以及第二轉法輪的實相般若，沒有第三轉法輪的十地之道，那只有二個情形：第一、這個佛還不是成佛，他最多只是個初地、五地菩薩，來人間示現成佛鼓勵大家，所以他還沒有成佛。第二、那一尊佛，假使他是佛，一定是有私心，不肯把成佛之道教給大家，所以十度波羅蜜就不講。諸位想想，有沒有這種佛？（眾答：沒有。）對啊！用膝蓋想就知道了。所以，假使只有轉了第一轉法輪的二乘法而不講大乘法，他來人間不必示現成佛，他只要示現阿羅漢就夠了。如果他來人間講了二乘菩提，又講了三賢位應該證的實相般若，卻沒有講解十地成佛之道，那表示他對法有慳貪，不肯教眾生如何成佛。可是世間不可能有這種佛。我們就把他往比較好的方向來說，說他因為意外，所以化緣沒有滿足就先走了；但是這個說法講得通嗎？依舊講不通啊！因為諸佛都是福慧圓滿才能成佛的，他既然成佛了，表示他的福德圓滿，怎麼可能沒有福德把第三轉法輪的十地之道說完就入涅槃走了？所以，那一些「大乘非佛說」的說法，是完全不通的，有許多過失；而他們自己都不知道，那還是得要菩薩來告訴他們，否則他們永遠也不會知道。

基於這一些簡單而說的理由（深的就不談），基於這個最容易理解的理由，我們來解釋 佛說的：「**十方世界中尚無二乘，何況有三？**」為什麼呢？因為初轉法輪乃至到三轉法輪，目的都只是為了幫眾生開示悟入諸佛的所知與所見。總不會說，示現在人間成佛了，結果只講二乘菩提，不講自己的所知與所見，然後就入涅槃了。這好像說，結了婚以後把孩子生下，夫妻兩個人都走了，就好像這樣子，那叫作「不人道」。我們就說，如果有人這樣的話，我們就說他「非佛道」；因爲眞的講不通，一點點的佛格都沒有。你既然示現成佛，而你來人間度了人，竟不肯把成佛之道教給你所度的眾生，那不是法慳嗎？於法有慳貪，怕眾生得到了跟他一樣；這樣的佛，我們不跟也罷，因爲他一定不是眞的佛；原來他的心量只跟耶和華一樣，耶和華從來不肯教人家怎麼當上帝。可是，佛沒有這樣的想法，佛是希望每一個人將來都跟祂一樣成佛，所以不管是一轉、二轉或三轉法輪，目的都在講大乘法，就是唯一佛乘。因此十方佛剎裡面，不可能有二乘法，因爲二乘法都是從大乘法中分析出來，幫助大家建立對佛菩提道的信心而已，所以說：「尚無二乘，何況有三？」這就是強調唯一佛乘。

佛又說：「舍利弗啊！諸佛出現於五濁惡世，這五濁就是劫濁、煩惱濁、眾生濁、見濁與命濁；那麼就像是這個狀況，舍利弗！劫濁非常雜亂的時候，眾生的污垢是非常的粗重，既慳又貪、既嫉又妒，成就了種種的不善根的緣故，所以諸佛才要以方便的力量，把唯一佛乘分開來爲大家解說爲三乘菩提。」這裡講的，是五濁具足的惡世中，才須要分別爲三乘菩提；如果不是五濁惡世來降生人間成佛，就不須要三乘菩提。何時沒有五濁？彌勒菩薩來人間降生成佛，就不叫作五濁惡世了，那時人壽八萬四千歲，沒有五濁現行。所以，彌勒菩薩來人間時不須要三轉法輪，今晚剛剛出家，明天早上成佛，他成佛這麼快。你看，釋迦佛得要示現六年苦行，瘦到皮包骨，肚子貼著後背，青筋浮現，因爲五濁惡世眾生必須要這個示現才會信受說祂是佛，人們會認爲這沒有人作得到；是因爲眾生垢重，於勝妙法不能信受。

彌勒菩薩不是這樣，那時人壽八萬四千歲，你想大家都受夠教訓了沒？都學過無量的教訓了。人類不要說八萬四千歲，只要活上一萬歲，都成爲好人了；所以八萬四千歲時的人類沒有五濁，他今天晚上出家，明天早上成佛，成佛之後初次定了時間，就是龍華三會。那時候有一棵樹叫作龍華樹，在那大樹下講三次的法，都是講什麼法呢？講解脫道。那時會講三遍，三遍講完了，會有多少人成阿羅漢？諸位再怎麼懈怠不努力，到那時候只要聽祂說法一遍，你也會當場成爲阿羅漢；因爲你經過 釋迦如來這一段時間的修學，然後那時又活八萬四千歲，你絕對有信心不懷疑。所以第一會說法，九十六億人成阿羅漢，第二會滅二億，第三會再滅二億，都成爲阿羅漢。只要講過一次解脫道，你就成為阿羅漢，那算不算初轉法輪？也可以說算，也可以說不算；因為是把大乘法中讓你可以立即出三界的法先拿出來講，但只有講完三次的解脫道法會就過去了。只要大家成為阿羅漢，三批人都成為阿羅漢，就不再講聲聞法了，接著就是直接講般若，就是十地之道。

那也表示說，只有在非五濁惡世才能這樣講，五濁惡世不行。所以你看，世尊那麼辛苦度眾，就只有那麼一千二百五十大阿羅漢，人間的大阿羅漢就只有這麼多（當然，大阿羅漢們座下的一般阿羅漢不算在內）。可是，為什麼五濁惡世的人會這麼難度呢？當然有原因，就是因為這時候是五濁惡世。諸位想想看，我們弘法前後二十年，法義講得這麼清楚，還是有很多人不信。你們破參的人看到我書中寫的，不論二乘菩提或大乘菩提，都是講得清清楚楚明明白白，對不對？講得夠清楚明白了，你們破參後都說：「**老師！你看，你這書中都明寫著，都是明講的。**」是明講的，那道理也鋪陳到很詳細，不是只有正確而且詳細，可是仍然有很多人讀不懂，也不信，那只有一個原因，叫作五濁。

五濁的現象為什麼會產生？這個緣故當然得要探究一下。譬如說劫濁，劫濁是說在每一個小劫之中，有很多的災變，大的災變譬如說火劫、水劫、風劫，那小的災變呢？那時的眾生是「空見不分」，全都落入妄知妄覺之中。我們現在全球大家都在擔憂的新流感，這叫作疾疫劫，這要不是現在醫學發達、通訊發達，大家注意在提防社區感染，早就像中古時代的黑死病一樣死一大堆人。還有什麼呢？例如饑饉劫、刀兵劫，一一都會出現。為什麼有這樣的劫濁出現呢？都是眾生身見堅固所引生的，大家貪著於五陰中的色陰，沒有辦法接受這是虛妄的，所以就產生了劫濁。八萬四千歲的時候，你若要說什麼刀兵劫、疾疫劫、饑饉劫，小三災根本不會出現。所以，這就是五濁中的第一濁——劫濁。接著說，有身見的人，你告訴他說：「**色陰虛妄，所以不要因為色陰而去造作惡事。**」他聽不進去，因此劫濁就會在這一些執著色身而造惡業的普遍現象存在的時候越來越嚴重，劫濁因此出現。

再說第二個見濁，見濁是因為執著於苦樂捨受，一天到晚落在覺受之中，所以產生了許多的看法。因為落在覺受之中，所以被受陰所掌控，解脫的智慧以及實相的智慧被受陰所遮蓋，因此就產生種種錯誤的見解而出生了煩惱。世間惡人，你只要不小心瞧了他一眼，他就兇狠地走過來亮起刀子捅你一刀，爲什麼？只因爲受陰的緣故，你看他那一眼，他覺得不舒服，他的覺受不舒服，認爲你鄙視他。譬如他們幾個在那邊飲酒划拳喧聲震地，你覺得不耐煩看過去瞧他一眼，只這麼一眼就遭殃了。爲什麼遭殃？因爲他覺得你看他那一眼，他的覺受很不爽，這種人是身見很重的人。你可別說開悟了應該就不會，我告訴你：開悟了還是有受陰，除非你已經把受陰的習氣種子也斷盡，否則你即使成爲阿羅漢了，也都還有受陰習氣。這受陰的習氣只是不障礙你出三界生死，但仍然會障礙你的佛菩提道，這就成爲見濁習氣。

至於一般眾生的煩惱覺受，那就太嚴重了；剛剛說的，你瞧他一眼，他就給你一刀，那還算是容易了知的。有的人可不是，你講一句話，他聽不中意，心裡面就自言自語說：「你給我記住。」他講究的是什麼？人家說「君子報仇三年不晚」，他卻是「小人報仇九年不晚」，他就慢慢等，等到有機會時對你來個落井下石。爲什麼這樣？也是因爲聽到你那一句話，他心裡面的覺受很不舒服，但這只是聲塵中的一句話，他依於所見而永遠記恨於你，這叫作見濁。所以，好多密宗喇嘛們讀到我的書都覺得很不爽，修起誅法來。你們不曉得他們已誅殺多少蕭平實了，不過那些蕭平實都是麵粉做的；也有用青稞粉做的，都有啦！那表示他們煩惱很重，但我只不過特地要救他們離開水深火熱的三塗深坑——不叫他們永遠住在深坑鄉，如此而已。我並沒有惡意，完全是善意，可是他們對我生起仇視的見解來，是因爲：「**你竟然敢責備我們的至尊宗喀巴！**」然後生起邪見，就開始對我修誅法。不過，他們的誅法生效時間很長，要等到我將來死了以後才會生效，他們的誅法一向如此。既然我死了以後才會生效，我就不理他了，那就是說他們對受陰的執著很重。

還有，眾生濁其實來自受生的煩惱，然而煩惱成濁其實是因爲執著想陰。想陰有粗有細，粗的想陰就是語言文字在腦袋瓜裡面不斷地流轉，就是想陰。就是世俗人講的：「**你在想什麼啊？**」如果細的想陰，那就是佛門所謂的修行人一天到晚說：「**我離念靈知了了分明而不分別。**」那就是現代末法時候佛門中的大師與學人，都落入想陰之中；這種想陰如果依禪定來說，那還算是很粗、很粗的。乃至證得初禪、二禪一直到非想非非想定裡面，那個完全離念的靈知也還是想陰。因爲有想陰，被想陰所遮蓋，不瞭解想陰的虛妄，所以死後一定要再去受生，具足煩惱濁。譬如證得初禪，他死後就一定會去初禪天受生，證得四禪就生到四禪天去；他就永遠要去受生，爲了要保持他的想陰，這就是煩惱。由於這個想陰所遮蓋，智慧無法生起，所以他得要繼續當眾生，這就是源於煩惱濁。所以三界會有那麼多的眾生，除了三惡道是因惡業而受生以外，其餘的人間、天界，都是爲了要保持覺知而繼續受生，這就是出自想陰，落於想陰，所以永遠都會有人間、欲界天、色界天、無色界天的眾生不斷生死，就是煩惱濁，有了煩惱濁才會有眾生濁。三惡道有情有沒有想陰？當然有，只是相形於惡業之下，那想陰的影響太微細了，不足道哉，就單說他是因爲業而往生三惡道。所以，有想陰，不能破想陰，就成爲煩惱濁，就會有三界中的眾生。

接下來說眾生濁，眾生濁就是因爲不能突破行陰，看不破行陰；對於行陰不斷地現行，他無法斬斷。譬如世間人，凡是沒有學佛的人，你教他說：「你安靜下來，坐個半天好不好？即使打妄想都沒關係，你只要安靜下來就好。」可是，一百個人倒有九十九個人不願意，而剩下那一個願意的人，只是因爲老到動不了，才乖乖坐下來不動，這就是一般人。好了，你說：「我們佛門中總不是這樣吧？」是啊！佛門中是好一點，所以說到修行、打坐：

「好，該打坐、就來打坐。」他願意把色身的行陰停下來。世間人是不可能的，你叫他無所事事在那邊坐半天，不可能。

修行人願意打坐，把色身的行陰給停下來；可是他在打坐的時候，腦袋瓜一直在運轉，修數息法都還數不到一分鐘，馬上就想到：「我兒子在澳洲，不曉得事業幹得怎麼樣？」不然又想到：「我女兒嫁到英國去，不曉得那個英國丈夫對她好不好？」等一下又想說：「別管他，聽說那一家新開張的什麼餐廳好好吃，我下座以後先去打牙祭。」反正他的語言文字不曾停過，等他想到要拉回來再數息的時候，才剛剛數一、二、三、四、五——噹！一支香到了。這就是標準的，一般所謂佛門中的修行人。這是很標準的狀況，所以數息數了三十年，現在都還無法一心不亂。我們說，縱使有人可以一、二、三、四、五、六、七、八、九、十，數了三個鐘頭下來，都沒有斷也都不錯亂，當妄想一出現，馬上就發覺捨棄，繼續數息；他是不是還有行陰呢？有啊！那還叫作口行，爲什麼呢？他還在心裡面數一、二、三，那就是覺觀。那覺觀還是得叫作口行，《阿含經》裡面說這叫作口行。既有口行，還是不離行陰。

因爲有行陰，他就有邪見了。世間人，你叫他安坐一會兒，他不肯，爲什麼呢？因爲他說：「我既然出生下來，生來就是要到處活動，你爲什麼叫我不要動？」身行斷不了，所以他就有這個邪見，這就是眾生濁。在那邊打坐數息的人，功夫非常好了，可是他數到十，就是十個妄念，這還是落在覺觀，覺觀就是口行；只要有覺觀就會有口行，只是他沒有用嘴巴講出來，還是在心裡面有口行。那就會有心行、口行，因此他對生命本質的知見是汙濁的，因爲他不能離開覺觀。即使入了定，入二禪、四禪好了，那還是有覺觀，有覺觀就是口行，於是不能突破這個行陰，他就有邪見而落入眾生見中：「我住在四禪之中，息脈俱停、一念不生，念清淨、捨清淨，這就是涅槃。」所以他就不離眾生濁。總而言之，只要不離行陰就不離眾生濁，假使有人說：「我證得四禪以後，每天進入無想定中；我息脈俱斷，而且我意識也不在了，沒有覺觀了，這總沒有行了吧？」錯了，那仍然有行，依舊不離眾生的行陰，因爲色身以無想定的行爲繼續在運作著，繼續在度過那個過程，還是行。所以，他會以爲無想定中就是無餘涅槃，被這種邪見所耽誤，那就必須繼續輪迴去當眾生，就具足眾生濁了，這樣有四個濁了。

最後一個是命濁，命濁都是因為不願意六識永遠斷盡，希望保持著眼耳鼻舌身意六個識，想要永遠具足存在，所以他就永遠會有命，不肯捨命。不肯捨命，一旦死了要怎麼辦？趕快再去受生再獲得生命；所以不能夠突破識陰的現行，他就會有命濁。菩薩入地以後是不一樣的，是可以突破識陰的現行，但是還沒有突破色受想行識五陰的習氣種子，五陰還沒有全部斷盡，但是已經可以斷盡現行了，是可以出三界的，所以就不叫作五濁。因為一般說的五濁不針對習氣種子來說，而是針對五陰的現行來說的。

講到這裡要跟大家作個廣告，《楞嚴經講記》這個部分講得很精彩，譬如說色陰盡，色陰盡的時候就是色陰的習氣種子也斷盡了，那他怎麼樣呢？突然間停電了、烏漆墨黑，他卻可以用色陰盡的境界看得清清楚楚：誰在那邊偷笑，誰在那邊戳著我指指點點。他都看得清楚，這就是色陰盡，已經不受色陰—也就是不受五色根以及五塵—的侷限。這是色陰盡，勝妙嗎？勝妙啊！那是什麼時候證？三地滿心，但是三地滿心之前的三地心中，有時候會讓你體驗過一、二遍，有時候讓你在暗黑無月、無星又停電的情境下都看得見，你就信了：「啊！果然佛不欺我。」要是永遠都能這樣，就是《楞嚴經》

講的色陰盡——已經斷盡色陰習氣種子了。

沒有哪一部經講出那麼勝妙細膩的法義，《楞嚴經》是無可取代的，跟其他的大乘經典都不重複——所講的實證內容都不重複，所以在這裡順便作個廣告。突破色陰的區宇，斷盡色陰的習氣種子——不是現行而是習氣種子，那才叫作色陰盡。那識陰盡是什麼境界呢？十地滿心修完等覺位成為妙覺菩薩了，是「於涅槃天將大明悟」。所以，聰明人不要隨便評論經典，沒有絕對把握就不要亂講話。以前呂澂寫了一篇〈楞嚴百僞〉文章，如今他到哪裡去了？可想而知。那是連七地、八地菩薩都想不出來的經典，一個凡夫敢說它是僞經，膽子未免太大了。

但這裡講的五濁，都是在五陰的現行是否斷除上面來說，而不是在五陰的習氣種子是否斷除來說的。因爲這五陰習氣種子的斷除，是十地菩薩以後到達妙覺位的事情；是從初地開始要修斷的事，不是阿羅漢們所要修的。因爲有這五陰現行的侷限，或者說被五陰執著所遮蓋，所以眾生具有五濁。這五濁很嚴重的時候，世尊親自爲眾生說法，也沒有辦法使一切有情都成爲阿羅漢。所以，前來聽 釋迦佛說法的人那麼多，才只有一千二百五十位成爲大阿羅漢；後來才漸漸有諸大阿羅漢座下的一般阿羅漢，人數才增加起來，但終究無法使所有人都成爲阿羅漢。這只是在斷除五陰執著的現行上面來講而已，由此可見人壽百歲時的五濁有多麼嚴重。佛世五濁已經很嚴重了，我們現在末法時期是比那時候更嚴重的，嚴重過很多倍，所以我們從理證、從教證來證明：離念靈知是識陰、是虛妄的。到現在，有哪一個大法師、小法師出來承認說意識果然是虛妄的？有沒有？一個也沒有。希望明年、後年看看會不會有。這顯示現在的佛教界，五濁仍然是非常嚴重的。

那麼，因爲有這五濁，所以在這一種時候，特別是劫濁的時候（劫濁是最粗的煩惱，見濁又輕一點，煩惱濁更輕，眾生濁、命濁又更輕，所以劫濁是最重），所以現在的人都在什麼上用心？在感官上用心。所以你看，經濟再怎麼差，豪宅照樣賣得好。對啊！因爲他們想：「我有這麼多錢，我不享受，留著幹什麼？」這一些人，如果錢可以讓他帶到未來世，我告訴你：他們中的某些人，對豪宅就有可能買不下去了。你們都沒有想通這一點，我們孫老師說：「他們還沒想到。」所以他們若有想到，假使這一世的錢財可以帶到未來世去，那我告訴你，他們一個個都會捨不得花大錢，那精品店就準備關門幾家吧。那表示什麼？都是在追求感官的享受。所以現在既是追求感官享受的年代，就表示這個時候是劫濁之時。

有錢人如此，窮人家也是如此啊！所以今天賺到五千塊錢就說：「**我明天、後天不去工作了，就是要大吃大喝了。**」這就是劫濁很重的人，而這種現象在這個年代是很普遍的。所以，吃飯的時候打開新聞報導，你一面吃、一面看那節目就一面搖頭，為什麼呢？什麼 iPhone、什麼 iPad，我根本不知道那是怎麼用的東西，我都還不知道如何用，可是聽說一賣就是幾百萬支。那些買的人都是有錢人嗎？不！大多是薪水階級。特別是那些年輕人，一個月領個二萬五、三萬元的那一些年輕人，都在買這一些東西。聽說那種產品一個好像是一萬多塊錢、二萬多塊錢？對啊！那我買不下去欸！寧可用來買書送人或作布施，真的買不下手。

這就是說，這個年代就是劫濁很重的年代，大家都只會往外看，根本就不想無常空、緣起空，更不會想要觀行空性如來藏，只會依止於妄覺妄見，這就是劫濁。劫濁重的時候，跟著就一定有見濁、煩惱濁、眾生濁與命濁。如果劫濁消失了，那就是落入見濁中，就輕微一些了。有見濁的時候就跟著有煩惱濁、眾生濁、命濁，乃至說有見濁的時候就一定有命濁，但有命濁時不一定有前四濁；只要有前者就必定會有後者，這是有粗重差異的。劫濁，就是大家都很注重感官享受的時候，都落入色陰境界中；這一種時候就是劫濁非常混亂的時候，因此針對色身而來的種種災難就會接二連三出現。從現在大家最注重的議題來看，說地球暖化，所以如何環保減碳是一個很重要的事；可是偏偏有好多國家，都不願意簽定減碳承諾書，仍要繼續浪費資源；爲什麼呢？不外是追求感官的享受，都是從色身的立場來考量他們的利益；至於未來的子孫，那是子孫們的事。他們並不知道自己就是未來世的子孫，這就是最大的問題所在，因爲洋人的信仰不信有前世、後世，他們認爲死了就到天堂去，才能不死，所以才說「信上帝，得永生」。可是他們不曉得那個天堂是假的，不肯行善就不能生欲界天，所以他們死了還是要在人間受生乃至三惡道，沒有天堂可去，那他們就是現在自己嘴裡說的那些未來子孫。他們不知道，所以眾生很愚癡，這就是「劫濁亂時」。

所以「劫濁亂時，眾生垢重，慳貪嫉妒，」眾生的種種煩惱汙垢是非常沉重、非常粗大的，這時候的眾生有慳有貪、有嫉有妒。只有慳而無貪，倒也還好啦！就是說：「我捨不得花錢，可是我也不貪求人家的錢財。」這是有慳而無貪，這還算好啦！有慳若再加上貪，自己捨不得花錢，然後處處要叫別人爲他花錢；或者他只出一張嘴叫別人花錢，別人花了錢，他再從裡面去剋扣利益，也就是取得回扣納爲己用，這就是貪了。既慳又貪，表示這個人一定是很追求感官享受的人，至少他每天會拿著存摺說：「我的存款數目後面又多了一個零。」每天就看個歡喜。可是那一些零，他都用不著，他只是看著歡喜，成爲守財奴。

如果是有嫉而無妒，倒也還好，偏偏大多數是有嫉的時候就有妒。看見人家有錢，或如看見人家開悟了，心裡很不是滋味。所以有好多道場的信徒，你要是對他說：「正覺同修會裡面眞的可以證悟。」他問你說：「你悟了嗎？」你告訴他：「悟了。」他卻說：「悟是不可以講的，你爲什麼要講出來？」對吧？對啊！這表示他不但有嫉，他還有妒，他要制止你，目的只是要讓你不得風光。如果別人有錢，生意作得成功，他便有嫉；就是看見那個有錢的好朋友時，他轉頭就走，那就是嫉的表現。可是他如果有妒，就會對人家講：「他只是運氣好啦！好機會都給他撞上了，否則他能夠有這麼多錢嗎？我才不信。」那他就是有妒了。所以學佛還眞的要注意，學佛的人有慳就學不好；如果加上貪，那更學不好，因爲這都會障道。

如果有嫉就已經不好了，有妒的話，那更會斷了自己的路。譬如說某甲悟了，這某乙有嫉又有妒，就說：「他只是運氣好，一學佛就給他碰見了蕭平實；可是，我不稀罕蕭平實，我還要罵他邪魔外道，那有什麼稀罕的！」那就表示他心中既嫉又妒了。這一句話一說出來，以後他有機會遇見了蕭平實，心想：「這蕭平實看來人還蠻和藹的，不是個凶神惡煞，講話又有道理。」然後，接著一想：「我以前罵過他，我看不要去學了。」因爲，他公開罵了很多次，如果進了正覺，給人家知道了，怎麼辦？所以就永遠進不了正覺，就這樣子。那聰明人就不一樣了：「我以前是誤會，原來他不是這樣，我去跟他懺悔就結了。如果他不接受我懺悔，那個人眞的就是邪魔外道，徒有虛名。」對啊！因爲眞的證悟了，怎麼可能沒有心量接受人家懺悔，沒有這回事，對不對？所以說：「如果願意接受我懺悔，這個人一定是有證量；我以前罵他那麼嚴重，他也會接受，這樣才是證悟的人。哪有證悟了，還在跟人家記恨的？」這個想法沒有錯啊！他就來懺悔，懺悔過了，被無根毀謗的人誠心誠意接受了，他未來世的重報就結束了。那表示他很聰明，而且他的嫉妒是輕微的，只是口沒遮攔亂說一氣，不是故意起嫉心妒心。

然而五濁具足的眾生總是生在「劫濁亂時」，所以心中的污垢煩惱，那是非常粗大嚴重的；像這樣的眾生，你要對他解說成佛之道，他很難接受。他想要明心、想要見性，然後要修學後得無分別智，未來還要修學十地的道種智，這樣要經過多久？要三大阿僧祇劫。他聽了不罵你才怪，一定罵你。你得要怎麼樣？施設方便，而施設方便說穿了就是先給一點甜頭。譬如父母都望子成龍、望女成鳳，所以每一次考試前要求：「你要好好讀，你這一次如果每一科都考一百分，我給你某某獎品。」這就是先給甜頭，可是眼看著每一次都無法考一百分，父母要怎麼用方便力呢？告訴他：「沒關係！你這一回只要都考九十五分，我也給你一百塊錢，去買糖果吃。」有甜頭了，對吧？「原來媽媽說的不是假話，所以我如果拚到一百分，她一定會給我那個玩具。」就信了嘛！這就是父母親的「方便力」。如果沒有「方便力」，就是這麼說：「不行！你一定要考一百分，我才給你那個玩具。」這小孩子想：「明知道我考不了一百分，妳偏要堅持。」那他就不信妳了，這表示這位媽媽沒有「方便力」。

諸佛就像這樣子，因為諸佛是眾生父母，有種種的「方便力」；看見眾生出生於「劫濁亂時」，知道「眾生垢重，慳貪嫉妒」，這樣的眾生當然會成就種種的不善根；成就了不善根，當然分內是應該要下墮三惡道的；所以諸佛就用種種的「方便力」，把眾生無法信受、無法知解的唯一佛乘，拆開來分別演說三乘菩提。這就好像媽媽有方便善巧，看看兒子考了半年都考不到一百分，然後看看有沒有九十五分的，也沒有。終於有一次考了八十五分，不再是紅字了：「好啦！給你一百塊錢去買糖果。」這兒子看見了說：「八十五分可以有一百塊錢買糖果，我如果考九十五分一定更多，不一定要一百分才能拿到好處。雖然我還拿不到一百分，我就努力拚啊！九十五分應該不只一百塊錢。」他就努力拚了，對不對？對啊！對一個小學生來講，那一百塊錢，譬如說小學一年級、二年級的學生，那一百塊錢已經很多了。有一天，他就開始奮發一直拚命讀，就常常有八十五分。當他常常考八十五分，妳可別吝嗇那一百塊錢；只要八十五分考來，妳就給一百塊錢，那麼他拚到後來就是九十五分了。九十五分了，當然要增加，妳就給他三百元。他一看：「哇！

九十五分，三百元，喔！賺死了！賺死了！」他就努力拚，後來他就可以拿到一百分了，妳履行諾言，眞的給他某一種玩具，這就是妳的方便善巧。因爲對於智慧不是很好的孩子來講，一百分是非常非常困難的；眞的很困難，所以妳得要運用種種方便善巧給他各種鼓勵。

經過這樣不斷地鼓勵，最後終於可以到達一百分。眾生也是如此，你要先給他證得解脫，這解脫果其實只是一個小小的甜頭。譬如說考六十分，就給他初果，六十分就是佛菩提道中剛剛及格。考了七十五分，給他二果；考了九十分，給他三果；考一百分，就給他四果。他想想：「我期末考一百分就有這麼好，我如果考上台大呢？」他就想這個了，心就放大了。同樣的道理，證得初果只是個初步的目標，後面還有出三界生死的阿羅漢果；得阿羅漢以後，還有菩薩道的實證，將來可以攝受無量無邊眾生，最後可以成就究竟佛果，成爲善逝、世間解、無上士、佛、世尊。眾生得了解脫果的甜頭以後，知道 世尊講的都是眞實可證的法，於是後來就願意迴小向大，永遠不停地精修菩薩道了，這就是諸佛的「方便力」。所以 世尊把唯一佛乘拆出來，先拿出一些給眾生得到甜頭，這就是因爲「劫濁亂時，眾生垢重，慳貪嫉妒，成就諸不善根故」，你沒有辦法一開始就爲他演說成佛之道，因爲他們聽到要苦修三大阿僧祇劫才能成就，他們心中可就不信了。因此你必須先給他們自己親自體驗，確定說，出三界是可能的。等他有能力出三界，自知自作證了，然後才告訴他：「你得到這個，只是一個小果，還有更大的果實一堆在那邊等著你；但是要獲得這一堆更大甜美的果實，你必須要辛勤努力。」當他證得那個聲聞小果，他就會相信 佛不欺人，然後就可以如實履踐，具足信心繼續往前邁進。這就是「諸佛以方便力，於一佛乘分別說三」的道理。

那麼，接著 佛陀又說：「舍利弗！若我弟子，自謂阿羅漢、辟支佛者，不聞不知諸佛如來但教化菩薩事，此非佛弟子、非阿羅漢、非辟支佛。」由這一段話就可以證明：**那一些在主張「大乘非佛說」的人，絕對不是佛弟子、不是阿羅漢、不是辟支佛，更不會是證悟的菩薩。**他們若自稱是阿羅漢，根本就不可信，因爲 佛說這種人，連佛弟子都不是，怎麼可能是阿羅漢呢？佛說這句話，眞是很嚴厲的指控。所以那一些主張大乘非佛說的人，他們很討厭《法華經》，原因也在這裡，因爲《法華經》中直接告訴他們說：「你們不是佛弟子。」

「此非佛弟子」，這是很嚴重的指控。請你們諸位假使常常上網辨正，有人再主張大乘非佛說，你就引用這一句話告訴他：「你非佛弟子。」因爲有的人聰明絕頂，譬如好馬，那鞭影一揮，牠就走了。但有的人就不是好馬了，你要把牠馬腹輕輕靠一下，牠才會走。有的人就像劣馬，得要用馬刺；那個牛仔鞋後面有尖尖的馬刺，要用馬刺往馬的兩邊肋骨這麼一刺，牠覺得很痛，才知道要開步走。那一種人，你就要告訴他：「你不是佛弟子，這是世尊講的。」這樣他才會去反省。

如果　釋迦如來的弟子之中，有人自稱是阿羅漢、自稱是辟支佛，一定早就聽聞　世尊說過「諸佛如來只教化菩薩應該要修證的事情，不是單單教化二乘人應該修證的事」，早就聽過了。假使有人不信，可以去讀四阿含，四阿含諸經是聲聞人結集的，四十位阿羅漢加上四百多位的三果以下以及凡夫聲聞眾一起結集出來的。那裡面有沒有說三乘部眾？有啊！有說三乘部眾啊！也有講如來藏，也有講本識第八識，都有啊！只是沒有把成佛之道加以記載；既然如此，怎麼可以說沒有大乘法教呢？又怎能說大乘諸經非佛說呢？聲聞阿羅漢結集出來的經中已說有這一些大乘法，也說有三乘部眾，表示確實是有三乘菩提，也說有天界的佛弟子；可是後來自稱阿羅漢的人，爲什麼都不信四阿含？這表示他們不是眞正的阿羅漢，也不是佛弟子。

我說他們其實是住如來家、穿如來衣、吃如來食，然後看來是行如來法，卻在毀破如來法；套一句大陸以前的話，叫作「打著紅旗反紅旗」，就是這樣的可惡！所以 佛陀在說聲聞法、因緣法的時候，必然也同時講過大乘法的某一些內容，因爲這是不得不講的；不可能在講二乘菩提時，完全不提到大乘法；因爲如果不提到大乘法，二乘法就不可能成立的，這是必然的。所以，佛弟子如果自稱是阿羅漢或辟支佛，一定早就聽聞過諸佛如來只教化菩薩修道之事，因爲諸佛如來降生人間，一定會告訴大眾：「**我來人間不是只爲了教導大家出離三界，而是要教導大家同樣證得我的所證。**」

「**諸佛如來但教化菩薩事**」，「但」就是說「只是」——只有這樣子。諸佛如來當然「**但教化菩薩事**」，絕對不會「**但教化聲聞緣覺事**」；因爲如果只是想要教化聲聞緣覺事，派一位初地菩薩下來人間就夠了，何必要諸佛如來親自降生呢？所以，凡是「**不聞不知諸佛如來但教化菩薩事**」，這個人絕對不是佛弟子，因爲他沒有聽過 佛陀親自說法而不能信受，或者他聽聞 佛陀的所說，但他沒有從深心之中完全信受，所以不是佛弟子。如果是阿羅漢或辟支佛，他們一定會探究大乘菩薩之所悟，因爲阿羅漢想要斷我見與我執之時，一定要向 佛提出疑問：「**我們滅盡十八界，將來入了無餘涅槃以後，是不是斷滅空？**」他一定會想到這個問題。自我全部滅盡以後是不是斷滅空？這是絕對要探究的，沒有人笨到說，可以成爲阿羅漢而沒有想到這個問題，這是不可能的。

同樣的，有人即將成爲辟支佛以前，他一定要先從理上推出，必然有一個根本識常恆不滅，入涅槃時才不會是斷滅空，名色才不會是無因唯緣而生，這才能夠成爲辟支佛。如果是另外一類辟支佛，叫作緣覺，聽聞 佛的說法而成就辟支佛，所以不是獨覺；但這種緣覺一定也聽 佛陀演講十因緣法，然後自己有智慧去推論，可以得出爲什麼會有名與色，而名與色明明是虛妄法，爲什麼生生世世會延續下來？他也可以推斷出來：必然是有這麼一個根本識。這樣的人，才有資格是辟支佛。那些六識論者自稱阿羅漢、辟支佛，全都是大妄語人，我可以爲你寫保證書：**凡是堅持六識論的人，如果有人自稱證果，絕對是大妄語**。這我可以寫保證書，其實根本用不著寫，因爲這話講出來，天界都已經記錄去了，大家都聽去了。如果有人需要保證書，我可以開給他，即使是會外的大師、小師或者信徒，都可以來要；反正影印機印了出來，名一簽就可以給了，這很簡單。但這個道理是永遠不可能被推翻的，即使是十方諸佛來，也無法推翻這個道理，因爲這是法界中的眞理。凡是支持六識論的人，假使斷了我見以後，他一定要重新再落入另一種我見，因爲他一定不肯落入斷滅空。縱使是斷見論者，死後也會繼續執著後有，一樣不會眞的永遠住在斷見中；所以六識論者一定不可能證果，我見絕對斷不了。

既然自稱阿羅漢以後，知道入無餘涅槃是要滅盡自己十八界，難道他不會想到「這十八界滅了是不是斷滅空」嗎？當他想到了，他一定要設法求證這一點。想要求證這一點，很簡單，聽說正智出版社有一套《阿含正義》，買來瞧一瞧。不說恭閱，就說瞧一瞧吧，至少也可以幫他解惑。所以 世尊這話講得很白，套一句俗話說「打開天窗說亮話」，凡是不信大乘法的人，都不是佛弟子，更別說是阿羅漢、辟支佛。如今那些六識論的所謂大乘者，用聲聞解脫道而且是錯誤的聲聞解脫道來替代佛菩提道，這樣的人說他成佛了，其誰能信？咱們都不信，只有一種人會信，就是釋昭慧一類人，因爲釋印順連我見都斷不了，連初果人都不是，又否定眞如理體如來藏，怎麼可能成佛呢？竟然有人會相信，我們也只能嘆氣了。

那麼，大乘經中把許多道理都講得很清楚，他們卻是不願意接受，所以不管你說什麼，他們都說：「大乘非佛說，我不要聽。」不聽就結束了。對啊！很容易結束，可是捨報的時候，這一世的人身也跟著結束了，未來世已不在人間了，把未來世的「人生」也給結束掉，也就開始當「畜生」了。他們不心痛，我這個傻瓜蛋卻爲他們心痛。但是我心痛有用嗎？沒有用。所以各人造業各人擔，你也眞的無可奈何！我們就是盡量想辦法，看能不能影響更多的人可以接受：**六識論眞的是邪說**。有更多人接受的時候，有一句話說得很好：「千夫所指，無疾而亡。」到那個時節，假使他們周遭的所有信徒、所有徒弟都說：「你堅持六識論是不對的。」他們就會反省。這就是我們應該作的事，我們再怎麼慈悲，也只能作到這一點。如果千夫所指，他們還是不改，那眞的無藥可救，諸佛降生也無可奈何了，就讓他們自己結束未來世的「人生」吧。

這一段經文的意思就是說，不得不把唯一佛乘分析爲三乘菩提來講解的原因，是因爲眾生五濁垢重；當五濁具足而非常嚴重的時候，就不得不把唯一佛乘分析成三乘菩提來方便說法。如果分成三乘菩提以後，這明明是方便說法，是爲了利樂這一些五濁垢重的眾生而苦心積慮方便施設來說，愚癡眾生竟然只取其中最粗淺的法，而且又誤會了最粗淺的二乘菩提，就來否定最深的大乘妙法，這種人眞的叫作無可救藥。那麼，接下來 世尊又怎麼說呢？

經文：【「又舍利弗！是諸比丘、比丘尼自謂已得阿羅漢，是最後身，究竟涅槃，便不復志求阿耨多羅三藐三菩提，當知此輩皆是增上慢人。所以者何？若有比丘實得阿羅漢，若不信此法，無有是處；除佛滅度後，現前無佛。所以者何？佛滅度後，如是等經受持讀誦解義者，是人難得；若遇餘佛，於此法中便得決了。舍利弗！汝等當一心信解受持佛語。諸佛如來言無虛妄：無有餘乘，唯一佛乘。」爾時世尊欲重宣此義，而說偈言：】

語譯：【世尊說了重話以後，接著又說：「不但如此，舍利弗啊！這一些離開法會現場的比丘、比丘尼們，他們自己稱說已經證得阿羅漢，都宣稱這一世的五陰身就是最後身，宣稱已經究竟到達了涅槃的境界，因此而不再立志進求無上正等正覺，你應當知道這些人都是增上慢的人。爲何我這麼說呢？如果有比丘確實已經證得阿羅漢果了，如果他竟然不相信我說的這一個法，事實上是沒有這樣的道理的；除非佛滅度以後，人間已經沒有佛了。爲何這麼說呢？佛滅度之後，像這樣的經典能夠受持讀誦而且瞭解其中義理的人，這樣的人是非常難得的；像這一類的人能夠受持讀誦而瞭解經中的義理，未來世如果再遇到了別的佛降生人間，他只要遇見了，對於這個法，當他遇見未來示現的佛爲他開示時就可以決了。舍利弗！你們應當要一心不疑、信解受持佛所說的開示。因爲諸佛如來凡有所說都不虛妄，說的同樣都是：沒有二乘與三乘，只有唯一的一佛乘，叫作成佛之道。」這時候，世尊說完了這些話，就以偈頌再講一遍：】

講義：世尊講的這些話眞的很重，可是眞正的佛弟子們都不會說：「世尊生氣了。」爲什麼呢？因爲都知道 世尊不可能生氣，因爲瞋的習氣種子全都滅盡了。可是爲了要強調這一個事實，必須要講重話。如果我也跟著講重話，大家一定罵翻了：「啊！這蕭平實生氣了。」可是外面那一些人，不管他們怎麼毀謗我，我從來沒有氣過。我不氣他們，因爲我明知道他們會無根毀謗，那有什麼好氣的？預料之外，才會生氣，對不對？如果你早就料定了說：你講這一句話，他們一定會毀謗你。你早料定了，這是你預料中事，你當然就不會生氣了。

諸佛也是一樣，早就知道說，講了這些話以後，未來世一定會有人罵、有人否定。所以世尊講這個話，當然不是因爲生氣而講重話，因爲這是事實。先前離開的那五千個聲聞人，那五千個比丘、比丘尼，自己宣稱已經得到羅漢果，也都宣稱他們不會再受後有了，個個都認爲已經「究竟涅槃」，認爲證得涅槃以後就不再有法可學可修了，這一種人絕對不是阿羅漢；因爲阿羅漢絕對聽過佛陀講了一些大乘法，還沒有進入二轉法輪時就會偶爾講到。一定會告訴他們：還有更勝妙的法，但是因緣沒有到，不會正式宣講。因爲如果離開了大乘法，二乘涅槃是不可能成立的，必然要落於斷滅空；而且二乘菩提的所有行門與理論，也必然會分崩離析，不能成立。

在正覺同修會出來弘法以前，沒有人講過這話；因爲他們根本不懂什麼叫作三乘菩提，從來都被釋印順誤導，也就是被密宗應成派中觀的六識論邪見誤導，都用錯誤的解脫道來取代正確的佛菩提道。他們連正確的解脫道都不懂，怎麼可能會懂得更深妙難解的佛菩提道呢？所以，自從我出來弘法以來，佛教界中有許多一天到晚想要跟人家攀緣對話的人，竟然沒有一個人要來找我對話。因爲他們知道的，我都知道；而我知道的，他們都不知道；那你說，他們要怎麼與我對話？所以，有好多人越來越慶幸說：「好在我沒有去找他踢館。」越來越多人這樣想。對正覺踢館的都是什麼人呢？是完全不懂佛法的人，他們也不敢當面來踢，就只是化名在網站上亂貼文，都是這樣。

他們一直都在檢查我：「唉呀！他只懂禪，他是別的都不懂啦！」好啦！都不懂，我們講了禪以後就開始講一些唯識的法義。他們就改口：「他懂禪，經論讀多了，所以懂一點唯識，他不懂中觀啦！」我們就來解釋般若中觀是怎麼來的，是因爲證如來藏來的。然後他們就說：「他不懂阿含啦！他也不懂密宗，這些他全都不懂，他只是經論讀多了，敢說、會說啦！」好，我們就把密宗的過失寫出來給大家瞧一瞧。他們從來沒聽過的密宗那些祕密，包括達賴都不知道的祕密，我告訴他們說：「你們即使能把射出的精液吸回身中而說是具格了，說你有資格可以修雙身法了，那也是沒有用；因爲你吸回去只是回到膀胱去，不是原來的地方；撒尿時還是排出去了，沒有用。而且樂空雙運的境界也跟三乘菩提的實證全然無關。」後來，達賴讀了我這書，他就開始解釋；他這幾年出的書，一直在解釋說他們是吸回原來的地方，而且是吸回到頭頂。我說：胡扯！他們密宗不是有一張傳單，特地寫出他對這件事情的回應嗎？可見有人翻譯《狂密與眞密》給他讀。

這是連他們自己都不知道的，我都知道，寫出來給他們讀讀，看能不能救得了他們。好了，最後剩下的就是說我不懂阿含，我們接著就寫出《阿含正義》，讓他們知道什麼樣的法才眞的叫作阿含。側聞，不是正聞；我側聞說，有些阿含專家開始轉向了，我就隨喜讚歎他們。他們開始改變，認同八識論了，因爲《阿含正義》舉出《阿含經》原文來，這麼清楚，又不是依據大乘經典講的；因爲既是阿含專家，得要依阿含來定論；阿含諸經說的解脫道既是八識論，所以他們讀懂了就開始轉變。這表示他們心性還算不錯，那我就隨喜讚歎他們，不作負面的評論。我隨喜讚歎他們，但有一毫之善，我就應當鼓勵。

世尊這句話的意思在告訴我們什麼呢？是告訴我們說：凡是眞正證得阿

羅漢果的人，他絕對不可能否定大乘法；因爲他很清楚知道，當他證得阿羅漢以後，向 佛提出某一些疑問，佛陀告訴他：「涅槃不是斷滅，涅槃之中有本際等等。」爲他開惑釋疑。所以眞正阿羅漢，一定聽 佛陀多多少少講過一些大乘的道理；但是因緣還沒有到，佛陀不會特地解說整部的大乘經。所以 世尊說這個話：「是諸比丘、比丘尼自謂已得阿羅漢，是最後身，究竟涅槃，便不復志求阿耨多羅三藐三菩提，當知此輩皆是增上慢人。」這樣的人都是未證言證、未得謂得，這種人當然不可能立志想要進求無上正等正覺。因爲他連還沒有證得的聲聞涅槃，都能自認爲證得了，這種人是慢心非常重的人，叫作增上慢。

所有的慢，就是這個慢最大；一般人不過是慢、過慢，如果說到卑慢，也有很多人。如果是慢過慢，那就算是很嚴重了。可是，這一種人是增上的慢，就是慢到不得了；這一些人自稱得阿羅漢以後，佛陀要講《法華》時，他們都不想一想自己那個假阿羅漢果是從哪裡來的，竟然就公然退席。縱使不是眞的阿羅漢果，假阿羅漢果，如果不是 世尊出來說法，他們還能有這個假阿羅漢果可以宣稱嗎？他們連假的也得不到，不要說是眞的阿羅漢果了。當　世尊要演說《法華經》時，他們竟然當眾退席。想想看，五千人當眾退席，那時候又不是水泥地、不是柏油地，那五千人同時走，一定塵土揚起，很壯觀！想想看，超過我們這一些人的四倍；這三個講堂加起來，再怎麼擠也不會超過一千二百人，一定不會超過。那五千人是幾倍？他們同時離開，很壯觀欸！而且是當場離開，這樣的人難道不是增上慢人嗎？當然是增上慢啊！

佛陀接著解說那個道理：如果有比丘是眞實證得阿羅漢，他如果不相信《妙法蓮華經》、《無量義經》所說的一法含攝一切法，在佛法中、在解脫道中，都是沒有這個道理的；除非　佛陀滅度以後，誤會了佛法的人才會有他們這樣的說法，因為實證佛法的人都不會這樣作。

佛陀解說了一個道理：如果佛滅度了以後，像《無量義經》、《妙法蓮華經》這樣的經典，願意受持、讀誦，並且如實理解其中法義的人，這種人是非常難得的。怎麼難得呢？這種人的心性淳厚，不會自以為是。所以我有時候說，不要輕視人家在拜經；那些初學佛的人常常拜經，就是把經本請來，然後預備個紙鎮或撫尺，再作個記號，每一個字拜一拜。請問你們有沒有人這樣拜經拜過？請舉手！你看，不少人嘛！五樓講堂有沒有？請舉手！怎麼沒看到舉手？喔！有了。十樓就別問了，應該都有。我有時候就說，拜經的人都遠比那一些能評論大乘經典的人更強，爲什麼呢？至少他是信具足，這表示他在十信位是修過來了，否則不可能信到這個地步，願意把《法華經》請來一字一拜。有的人是拜過好幾部了，這種人遠比那一些評論大乘經的人更強過很多倍，雖然他也許沒有能力去和對方辯論，可是他的信具足。信具足的人，會好好修學六度波羅蜜多，自然而然就會有因緣遇到聞所未聞法而不誹謗，然後緣熟了他就可以親證，這就是信具足的人所擁有的好處。

所以 佛陀滅度之後，像《無量義經》、《法華經》這一類的經典，願意受持讀誦而瞭解義理的人，這種人不是很多。且不談大陸，單說台灣佛法這麼興盛，是不是眞的興盛？不是。看來這麼興盛的台灣寶島，信受大乘非佛說的人竟然那麼多，而我們不斷地證明大乘才是眞正的 佛陀本懷，前後也講了快二十年，即將滿二十年了（編案：這是二〇〇九年十一月三日所說），可是都仍然有人不相信大乘法。現在就是靠《阿含正義》，讓他們去互相轉介，才終於有一點成果，所以現在公然主張大乘非佛說的人減少了。

日本批判大乘法最嚴重的那些人，大陸曾經有個官方單位想要爲他們再印《修剪菩提樹》一書，聽說他們拒絕了，不敢再讓人家繼續印了，也許是考慮再印出來流通時，我們會加以評判吧。但如果已經絕版了，我們就不理會它。這表示我們是有一些成績出來，可是有人還是覺得沒有成績，這是什麼原因呢？其實不足爲慮，因爲那一些人都是顧慮名聞與利養，怕大名聲損害；一旦受損害，徒眾便跑光了。徒眾跑光了，他就沒有辦法再收受很多供養，因此他們不會站出來支持正覺的。但是，當他們這一代人陸陸續續走了以後，絕大多數人就會相信大乘是佛說。

在無佛之世，又沒有菩薩出來善說正法以前，能夠信受《法華經》這一類經典的人，願意一字一拜來拜經，這一些人都遠勝過那一些聰明伶俐而能批判大乘經的人，爲什麼呢？因爲「是人難得」，「難得」就表示未來世會有好果報：如果將來遇到別的佛，譬如他願意這樣拜經，拜了一輩子都沒有開悟，可是信具足的緣故，將來遇到　彌勒佛的時候，他一定馬上成爲阿羅漢，是因爲信具足。然後再聽到　彌勒尊佛講《法華經》的時候，心中就可以決了，馬上就可以進入大乘法中實證而且繼續前進。

所以　佛陀才教化說：「舍利弗啊！你們應當要一心信解受持佛語。」事實上學佛過程中，最難的就是一心。有很多人剛開始學佛時全心全意投入，大家都很看好他，認爲他這一世一定會有成就；因爲他全心投入，什麼都不管。可是才不過三年，又混到世間法裡面去了，這表示他沒有一心；也就是說，他還沒有心得決定，就是學佛的定性不足。台灣常常有老人家罵孩子說：「你這個孩子無定性。」也就是說他心中不得決定，所以一下子學這行，學不過三個月又換另一行，一年換了不只十二行，結果行行都不通。這就是說他心中不得決定，就稱爲他沒有定性，意思是說他心中不得決定。如果心得決定，他就一直學到底，非要把它學會不可；學會了以後，學到究竟了，再來決定要不要幹這一行，這才叫作有定性的人。

學佛也是一樣，一定要有決定性，否則就表示他信不具足，還得要繼續在十信位裡面再混，混到他有一心了，心得決定了，這個定力起來了，才能夠確實去對大乘經加以信解，有信有解才能夠受持。大乘經裡面都是一些什麼話呢？都是佛說的話，以佛所說爲主要，因爲諸菩薩所說，不過是將佛的所說加以演繹而已。所以一定要一心、要信解、要受持諸佛的聖教，因爲諸佛如來所說絕不虛妄。到現在爲止，我們沒有看過哪一部經典裡面、哪一句佛的開示是虛假的，我們一步一步去親證的結果都證明是眞的。我們沒有親證的，我們就不能評論，要評論一定是已經證了才可以評論，沒有親證的人怎麼可以評論呢？我們目前的所證都證明全部眞實。諸佛如來說的不虛妄語就是：**無有餘乘，唯一佛乘**。不論諸佛怎麼說法，都是以唯一佛乘來說的，從來不是爲了要度大眾得阿羅漢而下生人間，都是爲了讓大家得阿羅漢以後再得菩薩果，將來可以究竟成佛，才下生人間說法，所以說：「**諸佛如來言無虛妄：無有餘乘，唯一佛乘**。」三乘菩提都是從唯一佛乘中，爲了要方便利樂眾生而分析爲三，實際上還是唯一佛乘。

（未完，詳續第三輯詳解。）

佛菩提二主要道次第概要表——二道並修，以外無別佛法

佛菩提道——大菩提道

遠波羅蜜多

資糧位

十信位修集信心——一劫乃至一萬劫

初住位修集布施功德（以財施爲主）。

二住位修集持戒功德。

三住位修集忍辱功德。

四住位修集精進功德。

五住位修集禪定功德。

六住位修集般若功德（熏習般若中觀及斷我見，加行位也）。

外門廣修六度萬行

見道位

七住位明心般若正觀現前，親證本來自性清淨涅槃。

八住位起於一切法現觀般若中道。漸除性障。

十住位眼見佛性，世界如幻觀成就。

一至十行位，於廣行六度萬行中，依般若中道慧，現觀陰處界猶如陽焰，至第十行滿心位，陽焰觀成就。

一至十迴向位熏習一切種智；修除性障，唯留最後一分思惑不斷。第十迴向滿心位成就菩薩道如夢觀。

內門廣修六度萬行

初地：第十迴向位滿心時，成就道種智一分（八識心王一一親證後，領受五法、三自性、七種第一義、七種性自性、二種無我法）復由勇發十無盡願，成通達位菩薩。復又永伏性障而不具斷，能證慧解脫而不取證，由大願故留惑潤生。此地主修法施波羅蜜多及百法明門。證「猶如鏡像」現觀，故滿初地心。

二地：初地功德滿足以後，再成就道種智一分而入二地；主修戒波羅蜜多及一切種智。滿心位成就「猶如光影」現觀，戒行自然清淨。

解脫道：二乘菩提

斷三縛結，成初果解脫

→ 薄貪瞋癡，成二果解脫

→ 斷五下分結，成三果解脫

→ 入地前的四加行令煩惱障現行悉斷，成四果解脫，留惑潤生。分段生死已斷，煩惱障習氣種子開始斷除，兼斷無始無明上煩惱。

近波羅蜜多

大波羅蜜多

圓滿波羅蜜多

修道位

究竟位

三地：二地滿心再證道種智一分，故入三地。此地主修忍波羅蜜多及四禪八定、四無量心、五神通。能成就俱解脫果而不取證，留惑潤生。滿心位成就「猶如谷響」現觀及無漏妙定意生身。

四地：由三地再證道種智一分故入四地。主修精進波羅蜜多，於此土及他方世界廣度有緣，無有疲倦。進修一切種智，滿心位成就「如水中月」現觀。

五地：由四地再證道種智一分故入五地。主修禪定波羅蜜多及一切種智，斷除下乘涅槃貪。滿心位成就「變化所成」現觀。

六地：由五地再證道種智一分故入六地。此地主修般若波羅蜜多——依道種智現觀十二因緣一一有支及意生身化身，皆自心眞如變化所現，「非有似有」，成就細相觀，不由加行而自然證得滅盡定，成俱解脫大乘無學。

七地：由六地「非有似有」現觀，再證道種智一分故入七地。此地主修一切種智及方便波羅蜜多，由重觀十二有支一一支中之流轉門及還滅門一切細相，成就方便善巧，念念隨入滅盡定。滿心位證得「如犍闥婆城」現觀。

八地：由七地極細相觀成就故再證道種智一分而入八地。此地主修一切種智及願波羅蜜多。至滿心位純無相觀任運恆起，故於相土自在，滿心位復證「如實覺知諸法相意生身」故。

九地：由八地再證道種智一分故入九地。主修力波羅蜜多及一切種智，成就四無礙，滿心位證得「種類俱生無行作意生身」。

十地：由九地再證道種智一分故入此地。此地主修一切種智——智波羅蜜多。滿心位起大法智雲，及現起大法智雲所含藏種種功德，成受職菩薩。

等覺：由十地道種智成就故入此地。此地應修一切種智，圓滿等覺地無生法忍；於百劫中修集極廣大福德，以之圓滿三十二大人相及無量隨形好。

妙覺：示現受生人間已斷盡煩惱障一切習氣種子，並斷盡所知障一切隨眠，永斷變易生死無明，成就大般涅槃，四智圓明。人間捨壽後，報身常住色究竟天利樂十方地上菩薩；以諸化身利樂有情，永無盡期，成就究竟佛道。

七地滿心斷除故意保留之最後一分思惑時，煩惱障所攝色、受、想三陰有漏習氣種子全部斷盡。

← 煩惱障所攝行、識二陰無漏習氣種子任運漸斷，所知障所攝上煩惱任運漸斷。

← 斷盡變易生死成就大般涅槃

圓滿成就究竟佛果

佛子蕭平實 謹製

（二〇〇九、〇二 修訂）

（二〇一二、〇二 增補）

佛教正覺同修會〈修學佛道次第表〉

第一階段

* 以憶佛及拜佛方式修習動中定力。
* 學第一義佛法及禪法知見。
* 無相拜佛功夫成就。
* 具備一念相續功夫—動靜中皆能看話頭。
* 努力培植福德資糧，勤修三福淨業。

第二階段

* 參話頭，參公案。
* 開悟明心，一片悟境。
* 鍛鍊功夫求見佛性。
* 眼見佛性〈餘五根亦如是〉親見世界如幻，成就如幻觀。
* 學習禪門差別智。
* 深入第一義經典。
* 修除性障及隨分修學禪定。
* 修證十行位陽焰觀。

第三階段

* 學一切種智真實正理—楞伽經、解深密經、成唯識論…。
* 參究末後句。
* 解悟末後句。
* 透牢關—親自體驗所悟末後句境界，親見實相，無得無失。
* 救護一切衆生迴向正道。護持了義正法，修證十迴向位如夢觀。
* 發十無盡願，修習百法明門，親證猶如鏡像現觀。
* 修除五蓋，發起禪定。持一切善法戒。親證猶如光影現觀。
* 進修四禪八定、四無量心、五神通。進修大乘種智，求證猶如谷響現觀。

佛教正覺同修會 共修現況 及 招生公告　2016/1/16

一、共修現況：（請在共修時間來電，以免無人接聽。）

台北正覺講堂 103 台北市承德路三段 277 號九樓 捷運淡水線圓山站旁
Tel..**總機** 02-25957295（晚上）（**分機：九樓**辦公室 10、11；知客櫃檯 12、13。 **十樓**知客櫃檯 15、16；書局櫃檯 14。 **五樓**辦公室 18；知客櫃檯 19。**二樓**辦公室 20；知客櫃檯 21。）
Fax..25954493

第一講堂　台北市承德路三段 277 號九樓

禪淨班：週一晚上班、週三晚上班、週四晚上班、週五晚上班、週六下午班、週六上午班（皆須報名建立學籍後始可參加共修，欲報名者詳見本公告末頁）

增上班：瑜伽師地論詳解：每月第一、三、五週之週末 17.50～20.50 平實導師講解（僅限已明心之會員參加）

禪門差別智：每月第一週日全天　平實導師主講（事冗暫停）。

佛藏經詳解　平實導師主講。已於 2013/12/17 開講，歡迎已發成佛大願的菩薩種性學人，攜眷共同參與此殊勝法會聽講。詳解 釋迦世尊於《佛藏經》中所開示的眞實義理，更爲今時後世佛子四眾，闡述佛陀演說此經的本懷。眞實尋求佛菩提道的有緣佛子，親承聽聞如是勝妙開示，當能如實理解經中義理，亦能了知於大乘法中：如何是諸法實相？善知識、惡知識要如何簡擇？如何才是清淨持戒？如何才能清淨說法？於此末法之世，眾生五濁益重，不知佛、不解法、不識僧，唯見表相，不信眞實，貪著五欲，諸方大師不淨說法，各各將導大量徒眾趣入三塗，如是師徒俱堪憐憫。是故，平實導師以大慈悲心，用淺白易懂之語句，佐以實例、譬喻而爲演說，普令聞者易解佛意，皆得契入佛法正道，如實了知佛法大藏。

此經中，對於實相念佛多所著墨，亦指出念佛要點：以實相爲依，念佛者應依止淨戒、依止清淨僧寶，捨離違犯重戒之師僧，應受學清淨之法，遠離邪見。本經是現代佛門大法師所厭惡之經典：一者由於大法師們已全都落入意識境界而無法親證實相，故於此經中所說實相全無所知，都不樂有人聞此經名，以免讀後提出問疑時無法回答；二者現代大乘佛法地區，已經普被藏密喇嘛教滲透，許多有名之大法師們大多已曾或繼續在修練雙身法，都已失去聲聞戒體及菩薩戒體，成爲地獄種姓人，已非眞正出家之人，本質只是身著僧衣而住在寺院中的世俗人。這些人對於此經都是讀不懂的，也是極爲厭惡的；他們尚不樂見此經之印行，何況流通與講解？今爲救護廣大學佛人，兼欲護持佛教血脈永續常傳，特選此經宣講之。每逢週二 18.50~20.50 開示，不限制聽講資格。會外人士需憑身分證件換證入內聽講（此是大樓管理處之安全規定，敬請見諒)。桃園、台中、台南、高雄等地講堂，亦於每週二晚上播放平實導師所講本經之 DVD，不必出示身分證件即可入內聽講，歡迎各地善信同霑法益。

第二講堂　台北市承德路三段 267 號十樓。

禪淨班：週一晚上班、週六下午班。

進階班：週三晚上班、週四晚上班、週五晚上班（禪淨班結業後轉入共修）。

佛藏經詳解：平實導師講解。每週二 18.50~20.50（影像音聲即時傳輸）。本會學員憑上課證進入聽講，會外學人請以身分證件換證進入聽講（此爲大樓管理處安全管理規定之要求，敬請諒解）。

第三講堂　台北市承德路三段 277 號五樓。

進階班：週一晚上班、週三晚上班、週四晚上班、週五晚上班。

佛藏經詳解：平實導師講解。每週二 18.50~20.50（影像音聲即時傳輸）。本會學員憑上課證進入聽講，會外學人請以身分證件換證進入聽講（此爲大樓管理處安全管理規定之要求，敬請諒解）。

第四講堂　台北市承德路三段 267 號二樓。

進階班：週一晚上班、週三晚上班、週四晚上班、週五晚上班（禪淨班結業後轉入共修）。

佛藏經詳解：平實導師講解。每週二 18.50~20.50（影像音聲即時傳輸）。本會學員憑上課證進入聽講，會外學人請以身分證件換證進入聽講（此爲大樓管理處安全管理規定之要求，敬請諒解）。

第五、第六講堂　爲**開放式講堂**，不需以身分證件換證即可進入聽講，台北市承德路三段 267 號地下一樓、地下二樓。已規劃整修完成，每逢週二晚上講經時段開放給會外人士自由聽經，請由大樓側面梯階逕行進入聽講。**聽講者請尊重講者的著作權及肖像權，請勿錄音錄影，以免違法；若有錄音錄影被查獲者，將依法處理。**

正覺祖師堂　大溪鎭美華里信義路 650 巷坑底 5 之 6 號（台 3 號省道 34 公里處　妙法寺對面斜坡道進入）電話 03-3886110　傳眞 03-3881692 本堂供奉　克勤圓悟大師，專供會員每年四月、十月各二次精進禪三共修，兼作本會出家菩薩掛單常住之用。除禪三時間以外，每逢單月第一週之週日 9:00~17:00 開放會內、外人士參訪，當天並提供午齋結緣。教內共修團體或道場，得另申請其餘時間作團體參訪，務請事先與常住確定日期，以便安排常住菩薩接引導覽，亦免妨礙常住菩薩之日常作息及修行。

桃園正覺講堂（第一、第二講堂）：桃園市介壽路 286、288 號 10 樓（陽明運動公園對面）電話：03-3749363（請於共修時聯繫，或與台北聯繫）

禪淨班：週一晚上班、週三晚上班、週四晚上班、週五晚上班。

進階班：週六上午班、週五晚上班。

佛藏經詳解：平實導師講解。每週二晚上，以台北正覺講堂所錄 DVD 放映；歡迎會外學人共同聽講，不需出示身分證件。

新竹正覺講堂 新竹市東光路 55 號二樓之一　電話 03-5724297（晚上）

第一講堂：

禪淨班：週一晚上班、週五晚上班、週六上午班。

進階班：週三晚上班、週四晚上班（由禪淨班結業後轉入共修）。

佛藏經詳解：平實導師講解。每週二晚上，以台北正覺講堂所錄 DVD 放映。歡迎會外學人共同聽講，不需出示身分證件。

第二講堂：

禪淨班：週三晚上班、週四晚上班。

佛藏經詳解：每週二晚上與第一講堂同時播放佛藏經詳解 DVD。

台中正覺講堂 04-23816090（晚上）

第一講堂 台中市南屯區五權西路二段 666 號 13 樓之四（國泰世華銀行樓上。鄰近縣市經第一高速公路前來者，由五權西路交流道可以快速到達，大樓旁有停車場，對面有素食館）。

禪淨班：週三晚上班、週四晚上班。

進階班：週一晚上班、週六上午班（由禪淨班結業後轉入共修）。

增上班：單週週末以台北增上班課程錄成 DVD 放映之，限已明心之會員參加。

佛藏經詳解：平實導師講解。每週二晚上，以台北正覺講堂所錄 DVD 放映。歡迎會外學人共同聽講，不需出示身分證件。

第二講堂 台中市南屯區五權西路二段 666 號 4 樓

禪淨班：週一晚上班、週三晚上班、週六上午班。

進階班：週五晚上班（由禪淨班結業後轉入共修）。

佛藏經詳解：每週二晚上與第一講堂同時播放佛藏經詳解 DVD。

第三講堂、第四講堂：台中市南屯區五權西路二段 666 號 4 樓。

嘉義正覺講堂 嘉義市友愛路 288 號八樓之一　電話：05-2318228

第一講堂：

禪淨班：週一晚上班、週四晚上班、週五晚上班。

進階班：週三晚上班（由禪淨班結業後轉入共修）。

佛藏經詳解：平實導師講解。每週二晚上，以台北正覺講堂所錄 DVD 放映。歡迎會外學人共同聽講，不需出示身分證件。

第二講堂 嘉義市友愛路 288 號八樓之二。

台南正覺講堂

第一講堂 台南市西門路四段 15 號 4 樓。06-2820541（晚上）

禪淨班：週一晚上班、週三晚上班、週四晚上班、週五晚上班、週六下午班。

增上班：單週週末下午，以台北增上班課程錄成 DVD 放映之，限已明心之會員參加。

佛藏經詳解：平實導師講解。每週二晚上，以台北正覺講堂所錄 DVD 放映。歡迎會外學人共同聽講，不需出示身分證件。

第二講堂　台南市西門路四段15號3樓。

佛藏經詳解：每週二晚上與第一講堂同時播放佛藏經詳解DVD。

第三講堂　台南市西門路四段15號3樓。

進階班：週三晚上班、週四晚上班、週六上午班（由禪淨班結業後轉入共修）。

佛藏經詳解：每週二晚上與第一講堂同時播放佛藏經詳解DVD。

高雄正覺講堂　高雄市新興區中正三路45號五樓07-2234248（晚上）

第一講堂（五樓）：

禪淨班：週一晚上班、週三晚上班、週四晚上班、週五晚上班、週六上午班。

增上班：單週週末下午，以台北增上班課程錄成DVD放映之，限已明心之會員參加。

佛藏經詳解：平實導師講解。每週二晚上，以台北正覺講堂所錄DVD放映。歡迎會外學人共同聽講，不需出示身分證件。

第二講堂（四樓）：

進階班：週三晚上班、週四晚上班、週六上午班（由禪淨班結業後轉入共修）。

佛藏經詳解：每週二晚上與第一講堂同時播放佛藏經詳解DVD。

第三講堂（三樓）：

進階班：週四晚上班（由禪淨班結業後轉入共修）。

香港正覺講堂　☆**已遷移新址**☆

九龍觀塘，成業街10號，電訊一代廣場27樓E室。

（觀塘地鐵站B1出口，步行約4分鐘）。電話：(852) 23262231

英文地址：Unit E, 27th Floor, TG Place, 10 Shing Yip Street, Kwun Tong, Kowloon

禪淨班：雙週六下午班14:30-17:30，已經額滿。

雙週日下午班14:30-17:30，2016年4月底前尚可報名。

進階班：雙週五晚上班（由禪淨班結業後轉入共修）。

增上班：單週週末上午，以台北增上班課程錄成DVD放映之，限已明心之會員參加。

妙法蓮華經詳解：平實導師講解。雙週六19:00-21:00，以台北正覺講堂所錄DVD放映；歡迎會外學人共同聽講，不需出示身分證件。

美國洛杉磯正覺講堂　☆已遷移新址☆

825 S. Lemon Ave Diamond Bar, CA 91798 U.S.A.
Tel. (909) 595-5222（請於週六 9:00~18:00 之間聯繫）
Cell. (626) 454-0607

禪淨班：每逢週末 15：30~17：30 上課。

進階班：每逢週末上午 10：00~12：00 上課。

佛藏經詳解：平實導師講解。每週六下午 13：00~15：00，以台北正覺講堂所錄 DVD 放映。歡迎各界人士共享第一義諦無上法益，不需報名。

二、招生公告　**本會台北講堂及全省各講堂，每逢四月、十月下旬開新班，每週共修一次**（每次二小時。開課日起三個月內仍可插班）；**但美國洛杉磯共修處之禪淨班得隨時插班共修。各班共修期間皆爲二年半，欲參加者請向本會函索報名表**（各共修處皆於共修時間方有人執事，非共修時間請勿電詢或前來洽詢、請書），**或直接從本會官方網站**(http://www.enlighten.org.tw/newsflash/class)**或成佛之道網站下載報名表**。共修期滿時，若經報名禪三審核通過者，可參加四天三夜之禪三精進共修，有機會明心、取證如來藏，發起般若實相智慧，成爲實義菩薩，脫離凡夫菩薩位。

三、新春禮佛祈福　農曆**年假**期間停止共修：自農曆新年前七天起停止共修與弘法，正月 8 日起回復共修、弘法事務。新春期間正月初一～初七 9.00～17.00 開放台北講堂、正月初一~初三開放新竹講堂、台中講堂、台南講堂、高雄講堂，以及大溪禪三道場（正覺祖師堂），方便會員供佛、祈福及會外人士請書。美國洛杉磯共修處之休假時間，請逕詢該共修處。

密宗四大派修雙身法，是外道性力派的邪法；又以生滅的識陰作爲常住法，是常見外道，是假的藏傳佛教。

西藏覺囊巴以他空見弘揚第八識如來藏勝法，才是真藏傳佛教

佛教正覺同修會　弘法行事表　　2017/03/31

1、**禪淨班**　以無相念佛及拜佛方式修習動中定力，實證一心不亂功夫。傳授解脫道正理及第一義諦佛法，以及參禪知見。共修期間：二年六個月。每逢四月、十月開新班，詳見招生公告表。

2、**《佛藏經》**詳解　平實導師主講。已於 2013/12/17 開講，歡迎已發成佛大願的菩薩種性學人，攜眷共同參與此殊勝法會聽講。詳解 釋迦世尊於《佛藏經》中所開示的眞實義理，更爲今時後世佛子四眾，闡述 佛陀演說此經的本懷。眞實尋求佛菩提道的有緣佛子，親承聽聞如是勝妙開示，當能如實理解經中義理，亦能了知於大乘法中：如何是諸法實相？善知識、惡知識要如何簡擇？如何才是清淨持戒？如何才能清淨說法？於此末法之世，眾生五濁益重，不知佛、不解法、不識僧，唯見表相，不信眞實，貪著五欲，諸方大師不淨說法，各各將導大量徒眾趣入三塗，如是師徒俱堪憐憫。是故，平實導師以大慈悲心，用淺白易懂之語句，佐以實例、譬喻而爲演說，普令聞者易解佛意，皆得契入佛法正道，如實了知佛法大藏。每逢週二 18.50~20.50 開示，不限制聽講資格。會外人士需憑身分證件換證入內聽講（此是大樓管理處之安全規定，敬請見諒）。桃園、新竹、台中、台南、高雄等地講堂，亦於每週二晚上播放平實導師講經之 DVD，不必出示身分證件即可入內聽講，歡迎各地善信同霑法益。

有某道場專弘淨土法門數十年，於教導信徒研讀《佛藏經》時，往往告誡信徒曰：「後半部不許閱讀。」由此緣故坐令信徒失去提升念佛層次之機緣，師徒只能低品位往生淨土，令人深覺愚癡無智。由有多人建議故，平實導師開始宣講《佛藏經》，藉以轉易如是邪見，並提升念佛人之知見與往生品位。此經中，對於實相念佛多所著墨，亦指出念佛要點：以實相爲依，念佛者應依止淨戒、依止清淨僧寶，捨離違犯重戒之師僧，應受學清淨之法，遠離邪見。本經是現代佛門大法師所厭惡之經典：一者由於大法師們已全都落入意識境界而無法親證實相，故於此經中所說實相全無所知，都不樂有人聞此經名，以免讀後提出問疑時無法回答；二者現代大乘佛法地區，已經普被藏密喇嘛教滲透，許多有名之大法師們大多已曾或繼續在修練雙身法，都已失去聲聞戒體及菩薩戒體，成爲地獄種姓人，已非眞正出家之人，本質上只是身著僧衣而住在寺院中的世俗人。這些人對於此經都是讀不懂的，也是極爲厭惡的；他們尚不樂見此經之印行，何況流通與講解？今爲救護廣大學佛人，兼欲護持佛教血脈永續常傳，特選此經宣講之，主講者平實導師。

3、**瑜伽師地論**詳解　詳解論中所言凡夫地至佛地等 17 師之修證境界與理論，從凡夫地、聲聞地……宣演到諸地所證一切種智之眞實正理。由平實導師開講，每逢一、三、五週之週末晚上開示，僅限已明心之會員參加。

4、**精進禪三**　主三和尚：平實導師。於四天三夜中，以克勤圓悟大師及大慧宗杲之禪風，施設機鋒與小參、公案密意之開示，幫助會員剋期取證，親證不生不滅之眞實心——人人本有之如來藏。每年四月、十月各舉辦二個梯次；平實導師主持。僅限本會會員參加禪淨班共修期滿，報名審核通過者，方可參加。並選擇會中定力、慧力、福德三條件皆已具足之已明心會員，給以指引，令得眼見自己無形無相之佛性遍佈山河大地，眞實而無障礙，得以肉眼現觀世界身心悉皆如幻，具足成就如幻觀，圓滿十住菩薩之證境。

5、**大法鼓經**詳解　詳解末法時代大乘佛法修行之道。佛教正法消毒妙藥塗於大鼓而以擊之，凡有眾生聞之者，一切邪見鉅毒悉皆消殞；此經即是大法鼓之正義，凡聞之者，所有邪見之毒悉皆滅除，見道不難；亦能發起菩薩無量功德，是故諸大菩薩遠從諸方佛土來此娑婆聞修此經。

本經破「有」而顯涅槃，以此名爲眞法；若墮在「有」中，皆名「非法」；若人如是宣揚佛法，名爲擊大法鼓；如是依「法」而捨「非法」，據以建立山門而爲眾說法，方可名爲法鼓山。此經中說，以「此經」爲菩薩道之本，以證得「此經」之正知見及法門作爲度人之「法」，方名眞實佛法，否則盡名「非法」。本經中對法與非法、有與涅槃，有深入之闡釋，歡迎教界一切善信（不論初機或久學菩薩），一同親沐　如來聖教，共沾法喜。由平實導師詳解。不限制聽講資格。

6、**不退轉法輪經**詳解　本經所說妙法極爲甚深難解，時至末法，已然無有知者；而其甚深絕妙之法，流傳至今依舊多人可證，顯示佛學眞是義學而非玄談，其中甚深極妙令人拍案稱絕之第一義諦妙義，平實導師將會加以解說。待《大法鼓經》宣講完畢時繼續宣講此經。

7、**阿含經**詳解　選擇重要之阿含部經典，依無餘涅槃之實際而加以詳解，令大眾得以現觀諸法緣起性空，亦復不墮斷滅見中，顯示經中所隱說之涅槃實際—如來藏—確實已於四阿含中隱說；令大眾得以聞後觀行，確實斷除我見乃至我執，證得**見到**眞現觀，乃至**身證**……等眞現觀；已得大乘或二乘見道者，亦可由此聞熏及聞後之觀行，除斷我所之貪著，成就慧解脫果。由平實導師詳解。不限制聽講資格。

8、**解深密經**詳解　重講本經之目的，在於令諸已悟之人明解大乘法道之成佛次第，以及悟後進修一切種智之內涵，確實證知三種自性性，並得據此證解七眞如、十眞如等正理。每逢週二 18.50~20.50 開示，由平實導師詳解。將於《大法鼓經》講畢後開講。不限制聽講資格。

9、**成唯識論**詳解　詳解一切種智眞實正理，詳細剖析一切種智之微細深妙廣大正理；並加以舉例說明，使已悟之會員深入體驗所證如來藏之微密行相；及證驗見分相分與所生一切法，皆由如來藏—阿賴耶識—直接或展轉而生，因此證知一切法無我，證知無餘涅槃之本際。將於增上班《瑜伽師地論》講畢後，由平實導師重講。僅限已明心之會員參加。

10、**精選如來藏系經典**詳解　精選如來藏系經典一部，詳細解說，以此完全印證會員所悟如來藏之眞實，得入不退轉住。另行擇期詳細解說之，由平實導師講解。僅限已明心之會員參加。

11、**禪門差別智**　藉禪宗公案之微細淆訛難知難解之處，加以宣說及剖析，以增進明心、見性之功德，啓發差別智，建立擇法眼。每月第一週日全天，由平實導師開示，僅限破參明心後，復又眼見佛性者參加（事冗暫停）。

12、**枯木禪**　先講智者大師的《小止觀》，後說《釋禪波羅蜜》，詳解四禪八定之修證理論與實修方法，細述一般學人修定之邪見與岔路，及對禪定證境之誤會，消除枉用功夫、浪費生命之現象。已悟般若者，可以藉此而實修初禪，進入大乘通教及聲聞教的三果心解脫境界，配合應有的大福德及後得無分別智、十無盡願，即可進入初地心中。親教師：平實導師。未來緣熟時將於大溪正覺寺開講。不限制聽講資格。

註：本會例行年假，自 2004 年起，改爲每年農曆新年前七天開始停息弘法事務及共修課程，農曆正月 8 日回復所有共修及弘法事務。新春期間（每日 9.00~17.00）開放台北講堂，方便會員禮佛祈福及會外人士請書。大溪區的正覺祖師堂，開放參訪時間，詳見〈正覺電子報〉或成佛之道網站。本表得因時節因緣需要而隨時修改之，不另作通知。

佛教正覺同修會　贈閱書籍 目錄　2015/09/29

1.**無相念佛**　平實導師著　回郵 10 元
2.**念佛三昧修學次第**　平實導師述著　回郵 25 元
3.**正法眼藏—護法集**　平實導師述著　回郵 35 元
4.**真假開悟簡易辨正法＆佛子之省思**　平實導師著　回郵 3.5 元
5.**生命實相之辨正**　平實導師著　回郵 10 元
6.**如何契入念佛法門**（附：印順法師否定極樂世界）平實導師著　回郵 3.5 元
7.**平實書箋**—答元覽居士書　平實導師著　回郵 35 元
8.**三乘唯識**—如來藏系經律彙編　平實導師編　回郵 80 元
（精裝本　長 27 cm　寬 21 cm　高 7.5 cm　重 2.8 公斤）
9.**三時繫念全集**—修正本　回郵掛號 40 元（長 26.5 cm×寬 19 cm）
10.**明心與初地**　平實導師述　回郵 3.5 元
11.**邪見與佛法**　平實導師述著　回郵 20 元
12.**菩薩正道**—回應義雲高、釋性圓…等外道之邪見　正燦居士著　回郵 20 元
13.**甘露法雨**　平實導師述　回郵 20 元
14.**我與無我**　平實導師述　回郵 20 元
15.**學佛之心態**—修正錯誤之學佛心態始能與正法相應　孫正德老師著　回郵35元
附錄：平實導師著**《略說八、九識並存…等之過失》**
16.**大乘無我觀**—《悟前與悟後》別說　平實導師述著　回郵 20 元
17.**佛教之危機**—中國台灣地區現代佛教之真相（附錄：公案拈提六則）
平實導師著　回郵 25 元
18.**燈　影**—燈下黑（覆「求教後學」來函等）　平實導師著　回郵 35 元
19.**護法與毀法**—覆上平居士與徐恒志居士網站毀法二文
張正圜老師著　回郵 35 元
20.**淨土聖道**—兼評**選擇本願念佛**　正德老師著　**由正覺同修會購贈**　回郵 25 元
21.**辨唯識性相**—對「紫蓮心海《辯唯識性相》書中否定阿賴耶識」之回應
正覺同修會 台南共修處法義組 著　回郵 25 元
22.**假如來藏**—對法蓮法師《如來藏與阿賴耶識》書中否定阿賴耶識之回應
正覺同修會 台南共修處法義組 著　回郵 35 元
23.**入不二門**—公案拈提集錦 第一輯（於平實導師公案拈提諸書中選錄約二十則，
合輯爲一冊流通之）平實導師著　回郵 20 元
24.**真假邪說**—西藏密宗索達吉喇嘛《破除邪說論》真是邪說
釋正安法師著　回郵 35 元
25.**真假開悟**—真如、如來藏、阿賴耶識間之關係　平實導師述著　回郵 35 元
26.**真假禪和**—辨正釋傳聖之謗法謬說　孫正德老師著　回郵 30 元

27.**眼見佛性**—駁慧廣法師**眼見佛性的含義**文中謬說

游正光老師著　回郵 25 元

28.**普門自在**—公案拈提集錦 第二輯（於平實導師公案拈提諸書中選錄約二十則，合輯爲一冊流通之）平實導師著　回郵 25 元

29.**印順法師的悲哀**—以現代禪的質疑為線索　恒毓博士著　回郵 25 元

30.**識蘊真義**—現觀識蘊內涵、取證初果、親斷三縛結之具體行門。

—依《成唯識論》及《惟識述記》正義，略顯安慧《大乘廣五蘊論》之邪謬

平實導師著　回郵 35 元

31.**正覺電子報** 各期紙版本　免附回郵　每次最多函索三期或三本。

（已無存書之較早各期，不另增印贈閱）

32.**現代人應有的宗教觀**　蔡正禮老師 著　回郵 3.5 元

33.**遠惑趣道**—正覺電子報般若信箱問答錄　第一輯　回郵 20 元

34.**遠惑趣道**—正覺電子報般若信箱問答錄　第二輯　回郵 20 元

35.**確保您的權益**—器官捐贈應注意自我保護　游正光老師 著　回郵 10 元

36.**正覺教團電視弘法三乘菩提 DVD 光碟（一）**

由正覺教團多位親教師共同講述錄製 DVD 8 片，MP3 一片，共 9 片。有二大講題：一爲「三乘菩提之意涵」，二爲「學佛的正知見」。內容精闢，深入淺出，精彩絕倫，幫助大眾快速建立三乘法道的正知見，免被外道邪見所誤導。有志修學三乘佛法之學人不可不看。（製作工本費 100 元，回郵 25 元）

37.**正覺教團電視弘法 DVD 專輯（二）**

總有二大講題：一爲「三乘菩提之念佛法門」，一爲「學佛正知見（第二篇）」，由正覺教團多位親教師輪番講述，內容詳細闡述如何修學念佛法門、實證念佛三昧，以及學佛應具有的正確知見，可以幫助發願往生西方極樂淨土之學人，得以把握往生，更可令學人快速建立三乘法道的正知見，免於被外道邪見所誤導。有志修學三乘佛法之學人不可不看。（一套 17 片，工本費 160 元。回郵 35 元）

38.**佛藏經** 燙金精裝本　每冊回郵 20 元。正修佛法之道場欲大量索取者，請正式發函並蓋用大印寄來索取（2008.04.30 起開始敬贈）

39.**喇嘛性世界**—揭開假藏傳佛教譚崔瑜伽的面紗　張善思 等人合著

由正覺同修會購贈　回郵 20 元

40.**假藏傳佛教的神話**—性、謊言、喇嘛教　張正玄教授編著　回郵 20 元

由正覺同修會購贈　回郵 20 元

41.**隨　緣**—理隨緣與事隨緣　平實導師述　回郵 20 元。

42.**學佛的覺醒**　正枝居士 著　回郵 25 元

43.**導師之真實義**　蔡正禮老師 著　回郵 10 元

44.**淺談達賴喇嘛之雙身法**—兼論解讀「密續」之達文西密碼

吳明芷居士 著　回郵 10 元

45.**魔界轉世**　張正玄居士 著　回郵 10 元

46.**一貫道與開悟**　蔡正禮老師 著　回郵 10 元

47.**博愛**—愛盡天下女人　正覺教育基金會 編印　回郵 10 元

48.**意識虛妄經教彙編**—實證解脫道的關鍵經文　正覺同修會編印　回郵 25 元

49.**邪箭囈語**—破斥藏密外道多識仁波切《破魔金剛箭雨論》之邪說
陸正元老師著　上、下冊回郵各 30 元

50.**真假沙門**—依 佛聖教闡釋佛教僧寶之定義
蔡正禮老師著　俟正覺電子報連載後結集出版

51.**真假禪宗**—藉評論釋性廣《印順導師對變質禪法之批判
及對禪宗之肯定》以顯示真假禪宗
附論一：凡夫知見 無助於佛法之信解行證
附論二：世間與出世間一切法皆從如來藏實際而生而顯
余正偉老師著　俟正覺電子報連載後結集出版　回郵未定

52.**假鋒虛焰金剛乘**—揭示顯密正理，兼破索達吉師徒《般若鋒兮金剛焰》。
釋正安 法師著　俟正覺電子報連載後結集出版

★ 上列贈書之郵資，係台灣本島地區郵資，大陸、港、澳地區及外國地區，請另計酌增（大陸、港、澳、國外地區之郵票不許通用）。尚未出版之書，請勿先寄來郵資，以免增加作業煩擾。

★ 本目錄若有變動，唯於後印之書籍及「成佛之道」網站上修正公佈之，不另行個別通知。

函索書籍請寄：佛教正覺同修會　103 台北市承德路 3 段 277 號 9 樓
台灣地區函索書籍者請附寄郵票，無時間購買郵票者可以等值現金抵用，但不接受郵政劃撥、支票、匯票。大陸地區得以人民幣計算，國外地區請以美元計算（請勿寄來當地郵票，在台灣地區不能使用）。欲以掛號寄遞者，請另附掛號郵資。

親自索閱：正覺同修會各共修處。　★請於共修時間前往取書，餘時無人在道場，請勿前往索取；共修時間與地點，詳見書末正覺同修會共修現況表（以近期之共修現況表爲準）。

註：正智出版社發售之局版書，請向各大書局購閱。若書局之書架上已經售出而無陳列者，請向書局櫃台指定治購；若書局不便代購者，請於正覺同修會共修時間前往各共修處請購，正智出版社已派人於共修時間送書前往各共修處流通。 郵政劃撥購書及 大陸地區 購書，請詳別頁正智出版社發售書籍目錄最後頁之說明。

成佛之道 網站：http://www.a202.idv.tw　正覺同修會已出版之結緣書籍，多已登載於 成佛之道 網站，若住外國、或住處遙遠，不便取得正覺同修會贈閱書籍者，可以從本網站閱讀及下載。　書局版之《宗通與說通》亦已上網，台灣讀者可向書局治購，售價 300 元。《狂密與眞密》第一輯~第四輯，亦於 2003.5.1.全部於本網站登載完畢；台灣地區讀者請向書局治購，每輯約 400 頁，售價 300 元（網站下載紙張費用較貴，容易散失，難以保存，亦較不精美）。

＊＊假藏傳佛教修雙身法，非佛教＊＊

正智出版社 籌募弘法基金發售書籍目錄 2017/04/22

1.**宗門正眼**—公案拈提 第一輯 重拈 平實導師著 500 元
因重寫內容大幅度增加故，字體必須改小，並增爲 576 頁 主文 546 頁。比初版更精彩、更有內容。初版《禪門摩尼寶聚》之讀者，可寄回本公司免費調換新版書。免附回郵，亦無截止期限。（2007 年起，每冊附贈本公司精製公案拈提〈超意境〉CD 一片。市售價格 280 元，多購多贈。）
2.**禪淨圓融** 平實導師著 200 元（第一版舊書可換新版書。）
3.**真實如來藏** 平實導師著 400 元
4.**禪—悟前與悟後** 平實導師著 上、下冊，每冊 250 元
5.**宗門法眼**—公案拈提 第二輯 平實導師著 500 元
（2007 年起，每冊附贈本公司精製公案拈提〈超意境〉CD 一片）
6.**楞伽經詳解** 平實導師著 全套共 10 輯 每輯 250 元
7.**宗門道眼**—公案拈提 第三輯 平實導師著 500 元
（2007 年起，每冊附贈本公司精製公案拈提〈超意境〉CD 一片）
8.**宗門血脈**—公案拈提 第四輯 平實導師著 500 元
（2007 年起，每冊附贈本公司精製公案拈提〈超意境〉CD 一片）
9.**宗通與說通**—成佛之道 平實導師著 主文 381 頁 全書 400 頁售價 300 元
10.**宗門正道**—公案拈提 第五輯 平實導師著 500 元
（2007 年起，每冊附贈本公司精製公案拈提〈超意境〉CD 一片）
11.**狂密與真密 一～四輯** 平實導師著 西藏密宗是人間最邪淫的宗教，本質不是佛教，只是披著佛教外衣的印度教性力派流毒的喇嘛教。此書中將西藏密宗密傳之男女雙身合修樂空雙運所有祕密與修法，毫無保留完全公開，並將全部喇嘛們所不知道的部分也一併公開。內容比大辣出版社喧騰一時的《西藏慾經》更詳細。並且函蓋藏密的所有祕密及其錯誤的中觀見、如來藏見……等，藏密的所有法義都在書中詳述、分析、辨正。每輯主文三百餘頁 每輯全書約 400 頁 售價每輯 300 元
12.**宗門正義**—公案拈提 第六輯 平實導師著 500 元
（2007 年起，每冊附贈本公司精製公案拈提〈超意境〉CD 一片）
13.**心經密意**—心經與解脫道、佛菩提道、祖師公案之關係與密意 平實導師述 300 元
14.**宗門密意**—公案拈提 第七輯 平實導師著 500 元
（2007 年起，每冊附贈本公司精製公案拈提〈超意境〉CD 一片）
15.**淨土聖道**—兼評「選擇本願念佛」 正德老師著 200 元
16.**起信論講記** 平實導師述著 共六輯 每輯三百餘頁 售價各 250 元
17.**優婆塞戒經講記** 平實導師述著 共八輯 每輯三百餘頁 售價各 250 元
18.**真假活佛**—略論附佛外道盧勝彥之邪說（對前岳靈犀網站主張「盧勝彥是證悟者」之修正） 正犀居士（岳靈犀）著 流通價 140 元
19.**阿含正義**—唯識學探源 平實導師著 共七輯 每輯 300 元

20.**超意境** CD 以平實導師公案拈提書中超越意境之頌詞，加上曲風優美的旋律，錄成令人嚮往的超意境歌曲，其中包括正覺發願文及平實導師親自譜成的黃梅調歌曲一首。詞曲雋永，殊堪翫味，可供學禪者吟詠，有助於見道。內附設計精美的彩色小冊，解說每一首詞的背景本事。每片 280 元。【每購買公案拈提書籍一冊，即贈送一片。】

21.**菩薩底憂鬱** CD 將菩薩情懷及禪宗公案寫成新詞，並製作成超越意境的優美歌曲。 1.主題曲〈菩薩底憂鬱〉，描述地後菩薩能離三界生死而迴向繼續生在人間，但因尚未斷盡習氣種子而有極深沈之憂鬱，非三賢位菩薩及二乘聖者所知，此憂鬱在七地滿心位方才斷盡；本曲之詞中所說義理極深，昔來所未曾見；此曲係以優美的情歌風格寫詞及作曲，聞者得以激發嚮往諸地菩薩境界之大心，詞、曲都非常優美，難得一見；其中勝妙義理之解說，已印在附贈之彩色小冊中。 2.以各輯公案拈提中直示禪門入處之頌文，作成各種不同曲風之超意境歌曲，值得玩味、參究；聆聽公案拈提之優美歌曲時，請同時閱讀內附之印刷精美說明小冊，可以領會超越三界的證悟境界；未悟者可以因此引發求悟之意向及疑情，眞發菩提心而邁向求悟之途，乃至因此眞實悟入般若，成眞菩薩。 3.正覺總持咒新曲，總持佛法大意；總持咒之義理，已加以解說並印在隨附之小冊中。本 CD 共有十首歌曲，長達 63 分鐘。每盒各附贈二張購書優惠券。每片 280 元。

22.**禪意無限** CD 平實導師以公案拈提書中偈頌寫成不同風格曲子，與他人所寫不同風格曲子共同錄製出版，幫助參禪人進入禪門超越意識之境界。盒中附贈彩色印製的精美解說小冊，以供聆聽時閱讀，令參禪人得以發起參禪之疑情，即有機會證悟本來面目而發起實相智慧，實證大乘菩提般若，能如實證知般若經中的眞實意。本 CD 共有十首歌曲，長達 69 分鐘，每盒各附贈二張購書優惠券。每片 280 元。

23.**我的菩提路**第一輯　釋悟圓、釋善藏等人合著　售價 300 元

24.**我的菩提路**第二輯　郭正益、張志成等人合著　售價 300 元

25.**我的菩提路**第三輯　王美伶等人合著　售價 300 元

26.**鈍鳥與靈龜**—考證後代凡夫對大慧宗杲禪師的無根誹謗。

平實導師著 共 458 頁 售價 350 元

27.**維摩詰經講記** 平實導師述 共六輯 每輯三百餘頁 售價各 250 元

28.**真假外道**—破劉東亮、杜大威、釋證嚴常見外道見 正光老師著 200 元

29.**勝鬘經講記**—兼論印順《勝鬘經講記》對於《勝鬘經》之誤解。

平實導師述　共六輯　每輯三百餘頁　售價 250 元

30.**楞嚴經講記** 平實導師述 共 **15** 輯，每輯三百餘頁 售價 300 元

31.**明心與眼見佛性**—駁慧廣〈蕭氏「眼見佛性」與「明心」之非〉文中謬說

正光老師著　共 448 頁　售價 300 元

32.**見性與看話頭** 黃正倖老師 著，本書是禪宗參禪的方法論。

內文 375 頁，全書 416 頁，售價 300 元。

33.**達賴真面目**—玩盡天下女人 白正偉老師 等著 中英對照彩色精裝大本 800 元
34.**喇嘛性世界**—揭開假藏傳佛教譚崔瑜伽的面紗　張善思 等人著　200 元
35.**假藏傳佛教的神話**—性、謊言、喇嘛教　正玄教授編著　200 元
36.**金剛經宗通**　平實導師述　共九輯　每輯售價 250 元。
37.**空行母**—性別、身分定位，以及藏傳佛教。
珍妮·坎貝爾著 呂艾倫 中譯 售價 250 元
38.**末代達賴**—性交教主的悲歌　張善思、呂艾倫、辛燕編著 售價 250 元
39.**霧峰無霧**—給哥哥的信　辨正釋印順對佛法的無量誤解
游宗明 老師著　售價 250 元
40.**第七意識與第八意識？**—穿越時空「超意識」
平實導師述　每冊 300 元
41.**黯淡的達賴**—失去光彩的諾貝爾和平獎
正覺教育基金會編著　每冊 250 元
42.**童女迦葉考**—論呂凱文〈佛教輪迴思想的論述分析〉之謬。
平實導師 著 定價 180 元
43.**人間佛教**—實證者必定不悖三乘菩提
平實導師 述，定價 400 元
44.**實相經宗通**　平實導師述　共八輯　每輯 250 元
45.**真心告訴您(一)**—達賴喇嘛在幹什麼？
正覺教育基金會編著　售價 250 元
46.**中觀金鑑**—詳述應成派中觀的起源與其破法本質
孫正德老師著　分爲上、中、下三冊，每冊 250 元
47.**佛法入門**—迅速進入三乘佛法大門，消除久學佛法漫無方向之窘境。
○○居士著　將於正覺電子報連載後出版。售價 250 元
48.**藏傳佛教要義**—《狂密與真密》之簡體字版　平實導師 著 上、下冊
僅在大陸流通　每冊 300 元
49.**法華經講義**　平實導師述　共二十五輯　每輯 300 元
已於 2015/05/31 起開始出版，每二個月出版一輯
50.**西藏「活佛轉世」制度**—附佛、造神、世俗法
許正豐、張正玄老師合著　定價 150 元
51.**廣論三部曲**　郭正益老師著　定價 150 元
52.**真心告訴您(二)**—達賴喇嘛是佛教僧侶嗎？
—補祝達賴喇嘛八十大壽
正覺教育基金會編著　售價 300 元
53.**廣論之平議**—宗喀巴《菩提道次第廣論》之平議　正雄居士著
約二或三輯　俟正覺電子報連載後結集出版　書價未定
54.**末法導護**—對印順法師中心思想之綜合判攝　正慶老師著　書價未定
55.**菩薩學處**—菩薩四攝六度之要義　陸正元老師著　出版日期未定。
56.**八識規矩頌**詳解　○○居士 註解　出版日期另訂　書價未定。

57.**印度佛教史**—法義與考證。依法義史實評論印順《印度佛教思想史、佛教史地考論》之謬說　正偉老師著　出版日期未定　書價未定

58.**中國佛教史**—依中國佛教正法史實而論。○○老師 著　書價未定。

59.**中論正義**—釋龍樹菩薩《中論》頌正理。

孫正德老師著　出版日期未定　書價未定

60.**中觀正義**—註解平實導師《中論正義頌》。

○○法師（居士）著　出版日期未定　書價未定

61.**佛藏經講記**　平實導師述　出版日期未定　書價未定

62.**阿含經講記**—將選錄四阿含中數部重要經典全經講解之，講後整理出版。

平實導師述　約二輯　每輯300元　出版日期未定

63.**寶積經講記**　平實導師述　每輯三百餘頁 優惠價300元 出版日期未定

64.**解深密經講記**　平實導師述 約四輯　將於重講後整理出版

65.**成唯識論略解**　平實導師著　五～六輯　每輯300元　出版日期未定

66.**修習止觀坐禪法要講記**　平實導師述　每輯三百餘頁

將於正覺寺建成後重講、以講記逐輯出版　出版日期未定

67.**無門關**—《無門關》公案拈提　平實導師著　出版日期未定

68.**中觀再論**—兼述印順《中觀今論》謬誤之平議。正光老師著 出版日期未定

69.**輪迴與超度**—佛教超度法會之真義。

○○法師（居士）著　出版日期未定　書價未定

70.**《釋摩訶衍論》平議**—對偽稱龍樹所造《釋摩訶衍論》之平議

○○法師（居士）著　出版日期未定　書價未定

71.**正覺發願文**註解—以真實大願為因 得證菩提

正德老師著　出版日期未定　書價未定

72.**正覺總持咒**—佛法之總持　正圜老師著　出版日期未定　書價未定

73.**涅槃**—論四種涅槃　平實導師著　出版日期未定　書價未定

74.**三自性**—依四食、五蘊、十二因緣、十八界法，說三性三無性。

作者未定　出版日期未定

75.**道品**—從三自性說大小乘三十七道品　作者未定　出版日期未定

76.**大乘緣起觀**—依四聖諦七真如現觀十二緣起 作者未定　出版日期未定

77.**三德**—論解脫德、法身德、般若德。　作者未定　出版日期未定

78.**真假如來藏**—對印順《如來藏之研究》謬說之平議　作者未定 出版日期未定

79.**大乘道次第**　作者未定　出版日期未定　書價未定

80.**四緣**—依如來藏故有四緣。　作者未定　出版日期未定

81.**空之探究**—印順《空之探究》謬誤之平議　作者未定 出版日期未定

82.**十法義**—論阿含經中十法之正義　作者未定　出版日期未定

83.**外道見**—論述外道六十二見　作者未定　出版日期未定

正智出版社有限公司 書籍介紹

禪淨圓融：言淨土諸祖所未曾言，示諸宗祖師所未曾示；禪淨圓融，另闢成佛捷徑，兼顧自力他力，闡釋淨土門之速行易行道，亦同時揭櫫聖教門之速行易行道；令廣大淨土行者得免緩行難證之苦，亦令聖道門行者得以藉著淨土速行道而加快成佛之時劫。乃前無古人之超勝見地，非一般弘揚禪淨法門典籍也，先讀爲快。平實導師著 200元。

宗門正眼—公案拈提第一輯：繼承克勤圜悟大師碧巖錄宗旨之禪門鉅作。先則舉示當代大法師之邪說，消弭當代禪門大師鄉愿之心態，摧破當今禪門「世俗禪」之妄談；次則旁通教法，表顯宗門正理；繼以道之次第，消弭古今狂禪；後藉言語及文字機鋒，直示宗門入處。悲智雙運，禪味十足，數百年來難得一睹之禪門鉅著也。平實導師著 500元（原初版書《禪門摩尼寶聚》，改版後補充爲五百餘頁新書，總計多達二十四萬字，內容更精彩，並改名爲《宗門正眼》，讀者原購初版《禪門摩尼寶聚》皆可寄回本公司免費換新，免附回郵，亦無截止期限）（2007年起，凡購買公案拈提第一輯至第七輯，每購一輯皆贈送本公司精製公案拈提〈超意境〉CD一片，市售價格280元，多購多贈）。

禪—悟前與悟後：本書能建立學人悟道之信心與正確知見，圓滿具足而有次第地詳述禪悟之功夫與禪悟之內容，指陳參禪中細微淆訛之處，能使學人明自眞心、見自本性。若未能悟入，亦能以正確知見辨別古今中外一切大師究係眞悟？或屬錯悟？便有能力揀擇，捨名師而選明師，後時必有悟道之緣。一旦悟道，遲者七次人天往返，便出三界，速者一生取辦。學人欲求開悟者，不可不讀。 平實導師著。上、下冊共500元，單冊250元。

真實如來藏：如來藏眞實存在，乃宇宙萬有之本體，並非印順法師、達賴喇嘛等人所說之「唯有名相、無此心體」。如來藏是涅槃之本際，是一切有智之人竭盡心智、不斷探索而不能得之生命實相；是古今中外許多大師自以爲悟而當面錯過之生命實相。如來藏即是阿賴耶識，乃是一切有情本自具足、不生不滅之眞實心。當代中外大師於此書出版之前所未能言者，作者於本書中盡情流露、詳細闡釋。眞悟者讀之，必能增益悟境、智慧增上；錯悟者讀之，必能檢討自己之錯誤，免犯大妄語業；未悟者讀之，能知參禪之理路，亦能以之檢查一切名師是否眞悟。此書是一切哲學家、宗教家、學佛者及欲昇華心智之人必讀之鉅著。　平實導師著　售價400元。

宗門法眼—公案拈提第二輯：列舉實例，闡釋土城廣欽老和尚之悟處；並直示這位不識字的老和尚妙智橫生之根由，繼而剖析禪宗歷代大德之開悟公案，解析當代密宗高僧卡盧仁波切之錯悟證據，並例舉當代顯宗高僧、大居士之錯悟證據（凡健在者，爲免影響其名聞利養，皆隱其名）。藉辨正當代名師之邪見，向廣大佛子指陳禪悟之正道，彰顯宗門法眼。悲勇兼出，強捋虎鬚；慈智雙運，巧探驪龍；摩尼寶珠在手，直示宗門入處，禪味十足；若非大悟徹底，不能爲之。禪門精奇人物，允宜人手一冊，供作參究及悟後印證之圭臬。本書於2008年4月改版，增寫爲大約500頁篇幅，以利學人研讀參究時更易悟入宗門正法，以前所購初版首刷及初版二刷舊書，皆可免費換取新書。平實導師著　500元（2007年起，凡購買公案拈提第一輯至第七輯，每購一輯皆贈送本公司精製公案拈提〈超意境〉CD一片，市售價格280元，多購多贈）。

宗門道眼—公案拈提第三輯：繼宗門法眼之後，再以金剛之作略、慈悲之胸懷、犀利之筆觸，舉示寒山、拾得、布袋三大士之悟處，消弭當代錯悟者對於寒山大士……等之誤會及誹謗。　亦舉出民初以來與虛雲和尚齊名之蜀郡鹽亭袁煥仙夫子——南懷瑾老師之師，其「悟處」何在？並蒐羅許多眞悟祖師之證悟公案，顯示禪宗歷代祖師之睿智，指陳部分祖師、奧修及當代顯密大師之謬悟，作爲殷鑑，幫助禪子建立及修正參禪之方向及知見。假使讀者閱此書已，一時尚未能悟，亦可一面加功用行，一面以此宗門道眼辨別眞假善知識，避開錯誤之印證及歧路，可免大妄語業之長劫慘痛果報。欲修禪宗之禪者，務請細讀。平實導師著　售價500元（2007年起，凡購買公案拈提第一輯至第七輯，每購一輯皆贈送本公司精製公案拈提〈超意境〉CD一片，市售價格280元，多購多贈）。

楞伽經詳解：本經是禪宗見道者印證所悟眞僞之根本經典，亦是禪宗見道者悟後起修之依據經典；故達摩祖師於印證二祖慧可大師之後，將此經典連同佛缽祖衣一併交付二祖，令其依此經典佛示金言、進入修道位，修學一切種智。由此可知此經對於眞悟之人修學佛道，是非常重要之一部經典。此經能破外道邪說，亦破佛門中錯悟名師之謬說，亦破禪宗部分祖師之狂禪：不讀經典、一向主張「一悟即成究竟佛」之謬執。並開示愚夫所行禪、觀察義禪、攀緣如禪、如來禪等差別，令行者對於三乘禪法差異有所分辨；亦糾正禪宗祖師古來對於如來禪之誤解，嗣後可免以訛傳訛之弊。此經亦是法相唯識宗之根本經典，禪者悟後欲修一切種智而入初地者，必須詳讀。 平實導師著，全套共十輯，已全部出版完畢，每輯主文約320頁，每冊約352頁，定價250元。

宗門血脈—公案拈提第四輯：末法怪象—許多修行人自以爲悟，每將無念靈知認作眞實；崇尙二乘法諸師及其徒衆，則將外於如來藏之緣起性空—無因論之無常空、斷滅空、一切法空—錯認爲 佛所說之般若空性。這兩種現象已於當今海峽兩岸及美加地區顯密大師之中普遍存在；人人自以爲悟，心高氣壯，便敢寫書解釋祖師證悟之公案，大多出於意識思惟所得，言不及義，錯誤百出，因此誤導廣大佛子同陷大妄語之地獄業中而不能自知。彼等書中所說之悟處，其實處處違背第一義經典之聖言量。彼等諸人不論是否身披袈裟，都非佛法宗門血脈，或雖有禪宗法脈之傳承，亦只徒具形式；猶如螟蛉，非眞血脈，未悟得根本眞實故。禪子欲知 佛、祖之眞血脈者，請讀此書，便知分曉。平實導師著，主文452頁，全書464頁，定價500元（2007年起，凡購買公案拈提第一輯至第七輯，每購一輯皆贈送本公司精製公案拈提〈超意境〉CD一片，市售價格280元，多購多贈）。

宗通與說通：古今中外，錯誤之人如麻似粟，每以常見外道所說之靈知心，認作眞心；或妄想虛空之勝性能量爲眞如，或錯認物質四大元素藉冥性（靈知心本體）能成就吾人色身及知覺，或認初禪至四禪中之了知心爲不生不滅之涅槃心。此等皆非通宗者之見地。復有錯悟之人一向主張「宗門與教門不相干」，此即尙未通達宗門之人也。其實宗門與教門互通不二，宗門所證者乃是眞如與佛性，教門所說者乃說宗門證悟之眞如佛性，故教門與宗門不二。本書作者以宗教二門互通之見地，細說「宗通與說通」，從初見道至悟後起修之道、細說分明；並將諸宗諸派在整體佛教中之地位與次第，加以明確之教判，學人讀之即可了知佛法之梗概也。欲擇明師學法之前，允宜先讀。平實導師著，主文共381頁，全書392頁，只售成本價300元。

宗門正道—公案拈提第五輯：修學大乘佛法有二果須證—解脫果及大菩提果。二乘人不證大菩提果，唯證解脫果；此果之智慧，名爲聲聞菩提、緣覺菩提。大乘佛子所證二果之菩提果爲佛菩提，故名大菩提果，其慧名爲一切種智—函蓋二乘解脫果。然此大乘二果修證，須經由禪宗之宗門證悟方能相應。而宗門證悟極難，自古已然；其所以難者，咎在古今佛教界普遍存在三種邪見：1.以修定認作佛法，2.以無因論之緣起性空—否定涅槃本際如來藏以後之一切法空作爲佛法，3.以常見外道邪見（離語言妄念之靈知性）作爲佛法。如是邪見，或因自身正見未立所致，或因邪師之邪教導所致，或因無始劫來虛妄熏習所致。若不破除此三種邪見，永劫不悟宗門眞義、不入大乘正道，唯能外門廣修菩薩行。平實導師於此書中，有極爲詳細之說明，有志佛子欲摧邪見、入於內門修菩薩行者，當閱此書。主文共496頁，全書512頁。售價500元（2007年起，凡購買公案拈提第一輯至第七輯，每購一輯皆贈送本公司精製公案拈提〈超意境〉CD一片，市售價格280元，多購多贈）。

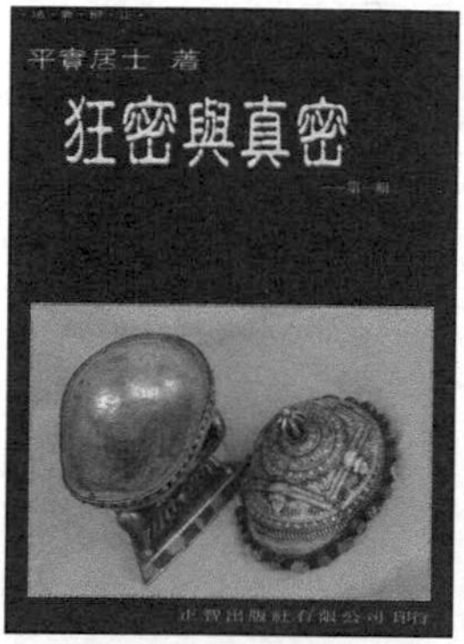

狂密與眞密：密教之修學，皆由有相之觀行法門而入，其最終目標仍不離顯教經典所說第一義諦之修證；若離顯教第一義經典、或違背顯教第一義經典，即非佛教。西藏密教之觀行法，如灌頂、觀想、遷識法、寶瓶氣、大聖歡喜雙身修法、喜金剛、無上瑜伽、大樂光明、樂空雙運等，皆是印度教兩性生生不息思想之轉化，自始至終皆以如何能運用交合淫樂之法達到全身受樂爲其中心思想，純屬欲界五欲的貪愛，不能令人超出欲界輪迴，更不能令人斷除我見；何況大乘之明心與見性，更無論矣！故密宗之法絕非佛法也。而其明光大手印、大圓滿法教，又皆同以常見外道所說離語言妄念之無念靈知心錯認爲佛地之眞如，不能直指不生不滅之眞如。西藏密宗所有法王與徒眾，都尚未開頂門眼，不能辨別眞僞，以依人不依法、依密續不依經典故，不肯將其上師喇嘛所說對照第一義經典，純依密續之藏密祖師所說爲準，因此而誇大其證德與證量，動輒謂彼祖師上師爲究竟佛、爲地上菩薩；如今台海兩岸亦有自謂其師證量高於 釋迦文佛者，然觀其師所述，猶未見道，仍在觀行即佛階段，尚未到禪宗相似即佛、分證即佛階位，竟敢標榜爲究竟佛及地上法王，誑惑初機學人。凡此怪象皆是狂密，不同於眞密之修行者。近年狂密盛行，密宗行者被誤導者極眾，動輒自謂已證佛地眞如，自視爲究竟佛，陷於大妄語業中而不知自省，反謗顯宗眞修實證者之證量粗淺；或如義雲高與釋性圓…等人，於報紙上公然誹謗眞實證道者爲「騙子、無道人、人妖、癩蛤蟆…」等，造下誹謗大乘勝義僧之大惡業；或以外道法中有爲有作之甘露、魔術……等法，誑騙初機學人，狂言彼外道法爲眞佛法。如是怪象，在西藏密宗及附藏密之外道中，不一而足，舉之不盡，學人宜應愼思明辨，以免上當後又犯毀破菩薩戒之重罪。密宗學人若欲遠離邪知邪見者，請閱此書，即能了知密宗之邪謬，從此遠離邪見與邪修，轉入眞正之佛道。平實導師著 共四輯 每輯約400頁（主文約340頁）每輯售價300元。

宗門正義—公案拈提第六輯：佛教有六大危機，乃是藏密化、世俗化、膚淺化、學術化、宗門密意失傳、悟後進修諸地之次第混淆；其中尤以宗門密意之失傳，爲當代佛教最大之危機。由宗門密意失傳故，易令 世尊本懷普被錯解，易令 世尊正法被轉易爲外道法，以及加以淺化、世俗化，是故宗門密意之廣泛弘傳與具緣佛弟子，極爲重要。然而欲令宗門密意之廣泛弘傳予具緣之佛弟子者，必須同時配合錯誤知見之解析、普令佛弟子知之，然後輔以公案解析之直示入處，方能令具緣之佛弟子悟入。而此二者，皆須以公案拈提之方式爲之，方易成其功、竟其業，是故平實導師續作宗門正義一書，以利學人。 全書500餘頁，售價500元（2007年起，凡購買公案拈提第一輯至第七輯，每購一輯皆贈送本公司精製公案拈提〈超意境〉CD一片，市售價格280元，多購多贈）。

心經密意—心經與解脫道、佛菩提道、祖師公案之關係與密意。 二乘菩提所證之解脫道，實依第八識心之斷除煩惱障現行而立解脫之名；大乘菩提所證之佛菩提道，實依親證第八識如來藏之涅槃性、清淨自性、及其中道性而立般若之名；禪宗祖師公案所證之眞心，即是此第八識如來藏；是故三乘佛法所修所證之三乘菩提，皆依此如來藏心而立名也。此第八識心，即是《心經》所說之心也。證得此如來藏已，即能漸入大乘佛菩提道，亦可因證知此心而了知二乘無學所不能知之無餘涅槃本際，是故《心經》之密意，與三乘佛菩提之關係極爲密切、不可分割，三乘佛法皆依此心而立名故。今者平實導師以其所證解脫道之無生智及佛菩提之般若種智，將《心經》與解脫道、佛菩提道、祖師公案之關係與密意，以演講之方式，用淺顯之語句和盤托出，發前人所未言，呈三乘菩提之眞義，令人藉此《心經密意》一舉而窺三乘菩提之堂奧，迥異諸方言不及義之說；欲求眞實佛智者、不可不讀！ 主文317頁，連同跋文及序文…等共384頁，售價300元。

宗門密意—公案拈提第七輯：佛教之世俗化，將導致學人以信仰作爲學佛，則將以感應及世間法之庇祐，作爲學佛之主要目標，不能了知學佛之主要目標爲親證三乘菩提。大乘菩提則以般若實相智慧爲主要修習目標，以二乘菩提解脫道爲附帶修習之標的；是故學習大乘法者，應以禪宗之證悟爲要務，能親入大乘菩提之實相般若智慧中故，般若實相智慧非二乘聖人所能知故。此書則以台灣世俗化佛教之三大法師，說法似是而非之實例，配合眞悟祖師之公案解析，提示證悟般若之關節，令學人易得悟入。平實導師著，全書五百餘頁，售價500元（2007年起，凡購買公案拈提第一輯至第七輯，每購一輯皆贈送本公司精製公案拈提〈超意境〉CD一片，市售價格280元，多購多贈）。

淨土聖道—兼評選擇本願念佛：佛法甚深極廣，般若玄微，非諸二乘聖僧所能知之，一切凡夫更無論矣！所謂一切證量皆歸淨土是也！是故大乘法中「聖道之淨土、淨土之聖道」，其義甚深，難可了知；乃至眞悟之人，初心亦難知也。今有正德老師眞實證悟後，復能深探淨土與聖道之緊密關係，憐憫衆生之誤會淨土實義，亦欲利益廣大淨土行人同入聖道，同獲淨土中之聖道門要義，乃振奮心神、書以成文，今得刊行天下。主文279頁，連同序文等共301頁，總有十一萬六千餘字，正德老師著，成本價200元。

起信論講記：詳解大乘起信論心生滅門與心眞如門之眞實意旨，消除以往大師與學人對起信論所說心生滅門之誤解，由是而得了知眞心如來藏之非常非斷中道正理；亦因此一講解，令此論以往隱晦而被誤解之眞實義，得以如實顯示，令大乘佛菩提道之正理得以顯揚光大；初機學者亦可藉此正論所顯示之法義，對大乘法理生起正信，從此得以眞發菩提心，眞入大乘法中修學，世世常修菩薩正行。平實導師演述，共六輯，都已出版，每輯三百餘頁，售價各250元。

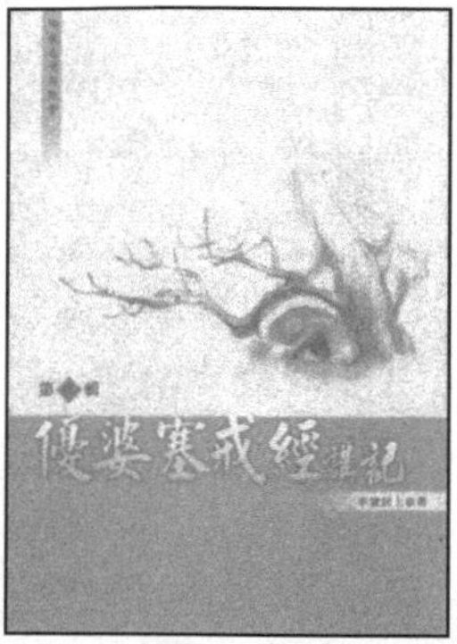

優婆塞戒經講記：本經詳述在家菩薩修學大乘佛法，應如何受持菩薩戒？對人間善行應如何看待？對三寶應如何護持？應如何正確地修集此世後世證法之福德？應如何修集後世「行菩薩道之資糧」？並詳述第一義諦之正義：五蘊非我非異我、自作自受、異作異受、不作不受……等深妙法義，乃是修學大乘佛法、行菩薩行之在家菩薩所應當了知者。出家菩薩今世或未來世登地已，捨報之後多數將如華嚴經中諸大菩薩，以在家菩薩身而修行菩薩行，故亦應以此經所述正理而修之，配合《楞伽經、解深密經、楞嚴經、華嚴經》等道次第正理，方得漸次成就佛道；故此經是一切大乘行者皆應證知之正法。平實導師講述，每輯三百餘頁，售價各250元；共八輯，已全部出版。

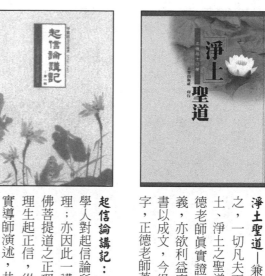

真假活佛—略論附佛外道盧勝彥之邪說：人人身中都有眞活佛，永生不滅而有大神用，但衆生都不了知，所以常被身外的西藏密宗假活佛籠罩欺瞞。本來就眞實存在的眞活佛，才是眞正的密宗無上密！諾那活佛因此而說禪宗是大密宗，但藏密的所有活佛都不知道、也不曾實證自身中的眞活佛。本書詳實宣示眞活佛的道理，舉證盧勝彥的「佛法」不是眞佛法，也顯示盧勝彥是假活佛，直接的闡釋第一義佛法見道的眞實正理。眞佛宗的所有上師與學人們，都應該詳細閱讀，包括盧勝彥個人在內。正犀居士著，優惠價140元。

阿含正義—唯識學探源：廣說四大部《阿含經》諸經中隱說之眞正義理，一一舉示佛陀本懷，令阿含時期初轉法輪根本經典之眞義，如實顯現於佛子眼前。並提示末法大師對於阿含眞義誤解之實例，一一比對之，證實唯識增上慧學確於原始佛法之阿含諸經中已隱覆密意而略說之，證實 世尊確於原始佛法中已曾密意而說第八識如來藏之總相；亦證實 世尊在四阿含中已說此藏識是名色十八界之因、之本—證明如來藏是能生萬法之根本心。佛子可據此修正以往受諸大師（譬如西藏密宗應成派中觀師：印順、昭慧、性廣、大願、達賴、宗喀巴、寂天、月稱、……等人）誤導之邪見，建立正見，轉入正道乃至親證初果而無困難；書中並詳說三果所證的心解脫，以及四果慧解脫的親證，都是如實可行的具體知見與行門。全書共七輯，已出版完畢。平實導師著，每輯三百餘頁，售價300元。

超意境CD：以平實導師公案拈提書中超越意境之頌詞，加上曲風優美的旋律，錄成令人嚮往的超意境歌曲，其中包括正覺發願文及平實導師親自譜成的黃梅調歌曲一首。詞曲雋永，殊堪翫味，可供學禪者吟詠，有助於見道。內附設計精美的彩色小冊，解說每一首詞的背景本事。每片280元。【每購買公案拈提書籍一冊，即贈送一片。】

我的菩提路第一輯：凡夫及二乘聖人不能實證的佛菩提證悟，末法時代的今天仍然有人能得實證，由正覺同修會釋悟圓、釋善藏法師等二十餘位實證如來藏者所寫的見道報告，已爲當代學人見證宗門正法之絲縷不絕，證明大乘義學的法脈仍然存在，爲末法時代求悟般若之學人照耀出光明的坦途。由二十餘位大乘見道者所繕，敘述各種不同的學法、見道因緣與過程，參禪求悟者必讀。全書三百餘頁，售價300元。

我的菩提路第二輯：由郭正益老師等人合著，書中詳述彼等諸人歷經各處道場學法，一一修學而加以檢擇之不同過程以後，因閱讀正覺同修會、正智出版社書籍而發起抉擇分，轉入正覺同修會中修學；乃至學法及見道之過程，都一一詳述之。其中張志成等人係由前現代禪轉進正覺同修會，張志成原爲現代禪副宗長，以前未閱本會書籍時，曾被人藉其名義著文評論 平實導師（詳見《宗通與說通》辨正及《眼見佛性》書末附錄…等）；後因偶然接觸正覺同修會書籍，深覺以前聽人評論平實導師之語不實，於是投入極多時間閱讀本會書籍、深入思辨，詳細探索中觀與唯識之關聯與異同，認爲正覺之法義方是正法，深覺相應；亦解開多年來對佛法的迷雲，確定應依八識論正理修學方是正法。乃不顧面子，毅然前往正覺同修會面見平實導師懺悔，並正式學法求悟。今已與其同修王美伶（亦爲前現代禪傳法老師），同樣證悟如來藏而證得法界實相，生起實相般若眞智。此書中尙有七年來本會第一位眼見佛性者之見性報告一篇，一同供養大乘佛弟子。全書四百頁，售價300元。

我的菩提路第三輯：由王美伶老師等人合著。自從正覺同修會成立以來，每年夏初、冬初都舉辦精進禪三共修，藉以助益會中同修們得以證悟明心發起般若實相智慧；凡已實證而被平實導師印證者，皆書具見道報告用以證明佛法之眞實可證而非玄學，證明佛法並非純屬思想、理論而無實質，是故每年都能有人證明正覺同修會的「實證佛教」主張並非虛語。特別是眼見佛性一法，自古以來中國禪宗祖師實證者極寡，較之明心開悟的證境更難令人信受；至2017年初，正覺同修會中的證悟明心者已近五百人，然而其中眼見佛性者至今唯十餘人爾，可謂難能可貴，是故明心後欲冀眼見佛性者實屬不易。黃正倖老師是懸絕七年無人見性後的第一人，她於2009年的見性報告刊於本書的第二輯中，爲大眾證明佛性確實可以眼見；其後七年之中求見性者都屬解悟佛性而無人眼見，幸而又經七年後的2016冬初，以及2017夏初的禪三，復有三人眼見佛性，希冀鼓舞四眾佛子求見佛性之大心，今則具載一則於書末，顯示求見佛性之事實經歷，供養現代佛教界欲得見性之四眾弟子。全書四百頁，售價300元。

鈍鳥與靈龜：鈍鳥及靈龜二物，被宗門證悟者說爲二種人：前者是精修禪定而無智慧者，也是以定爲禪的愚癡禪人；後者是或有禪定、或無禪定的宗門證悟者，凡已證悟者皆是靈龜。但後來被人虛造事實，用以嘲笑大慧宗杲禪師，說他雖是靈龜，卻不免被天童禪師預記「患背」痛苦而亡：「鈍鳥離巢易，靈龜脫殼難。」藉以貶低大慧宗杲的證量。同時將天童禪師實證如來藏的證量，曲解爲意識境界的離念靈知。自從大慧禪師入滅以後，錯悟凡夫對他的不實毀謗就一直存在著，不曾止息，並且捏造的假事實也隨著年月的增加而越來越多，終至編成「鈍鳥與靈龜」的假公案、假故事。本書是考證大慧與天童之間的不朽情誼，顯現這件假公案的虛妄不實；更見大慧宗杲面對惡勢力時的正直不阿，亦顯示大慧對天童禪師的至情深義，將使後人對大慧宗杲的誣謗至此而止，不再有人誤犯毀謗賢聖的惡業。書中亦舉證宗門的所悟確以第八識如來藏爲標的，詳讀之後必可改正以前被錯悟大師誤導的參禪知見，日後必定有助於實證禪宗的開悟境界，得階大乘眞見道位中，即是實證般若之賢聖。全書459頁，售價350元。

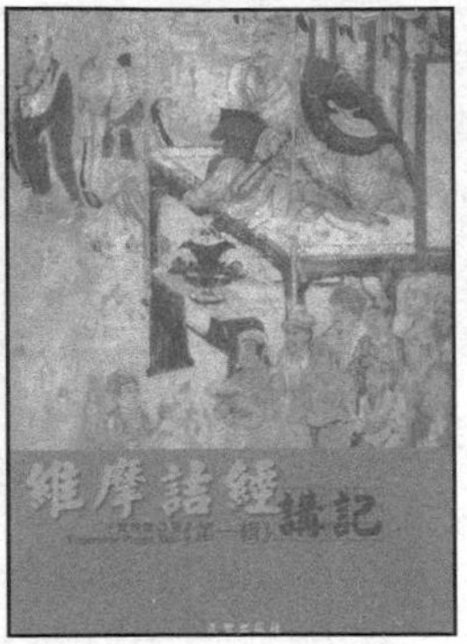

維摩詰經講記：本經係　世尊在世時，由等覺菩薩維摩詰居士藉疾病而演說之大乘菩提無上妙義，所說函蓋甚廣，然極簡略，是故今時諸方大師與學人讀之悉皆錯解，何況能知其中隱含之深妙正義，是故普遍無法爲人解說；若強爲人說，則成依文解義而有諸多過失。今由平實導師公開宣講之後，詳實解釋其中密意，令維摩詰菩薩所說大乘不可思議解脫之深妙正法得以正確宣流於人間，利益當代學人及與諸方大師。書中詳實演述大乘佛法深妙不共二乘之智慧境界，顯示諸法之中絕待之實相境界，建立大乘菩薩妙道於永遠不敗不壞之地，以此成就護法偉功，欲冀永利娑婆人天。已經宣講圓滿整理成書流通，以利諸方大師及諸學人。全書共六輯，每輯三百餘頁，售價各250元。

真假外道：本書具體舉證佛門中的常見外道知見實例，並加以教證及理證上的辨正，幫助讀者輕鬆而快速的了知常見外道的錯誤知見，進而遠離佛門內外的常見外道知見，因此即能改正修學方向而快速實證佛法。游正光老師著　。成本價200元。

勝鬘經講記：如來藏爲三乘菩提之所依，若離如來藏心體及其含藏之一切種子，即無三界有情及一切世間法，亦無二乘菩提緣起性空之出世間法；本經詳說無始無明、一念無明皆依如來藏而有之正理，藉著詳解煩惱障與所知障間之關係，令學人深入了知二乘菩提與佛菩提相異之妙理；聞後即可了知佛菩提之特勝處及三乘修道之方向與原理，邁向攝受正法而速成佛道的境界中。平實導師講述，共六輯，每輯三百餘頁，售價各250元。

楞嚴經講記：楞嚴經係密教部之重要經典，亦是顯教中普受重視之經典；經中宣說明心與見性之內涵極爲詳細，將一切法都會歸如來藏及佛性—妙眞如性；亦闡釋佛菩提道修學過程中之種種魔境，以及外道誤會涅槃之狀況，旁及三界世間之起源。然因言句深澀難解，法義亦復深妙寬廣，學人讀之普難通達，是故讀者大多誤會，不能如實理解佛所說之明心與見性內涵，亦因是故多有悟錯之人引爲開悟之證言，成就大妄語罪。今由平實導師詳細講解之後，整理成文，以易讀易懂之語體文刊行天下，以利學人。全書十五輯，全部出版完畢。每輯三百餘頁，售價每輯300元。

明心與眼見佛性：本書細述明心與眼見佛性之異同，同時顯示了中國禪宗破初參明心與重關眼見佛性二關之間的關聯；書中又藉法義辨正而旁述其他許多勝妙法義，讀後必能遠離佛門長久以來積非成是的錯誤知見，令讀者在佛法的實證上有極大助益。也藉慧廣法師的謬論來教導佛門學人回歸正知正見，遠離古今禪門錯悟者所墮的意識境界，非唯有助於斷我見，也對未來的開悟明心實證第八識如來藏有所助益，是故學禪者都應細讀之。游正光老師著　共448頁　售價300元。

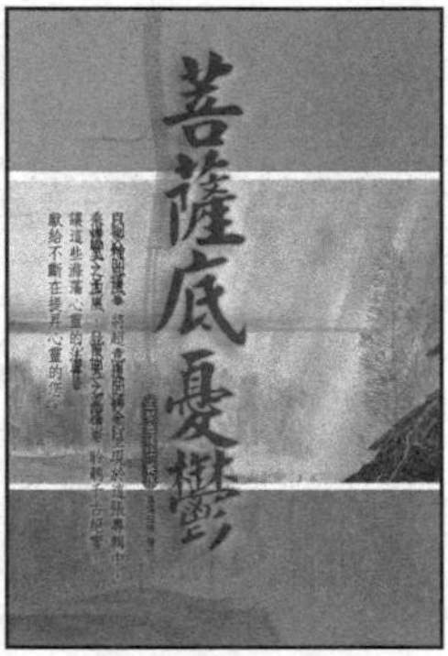

菩薩底憂鬱CD：將菩薩情懷及禪宗公案寫成新詞，並製作成超越意境的優美歌曲。1.主題曲〈菩薩底憂鬱〉，描述地後菩薩能離三界生死而迴向繼續生在人間，但因尚未斷盡習氣種子而有極深沈之憂鬱，非三賢位菩薩及二乘聖者所知，此憂鬱在七地滿心位方才斷盡；本曲之詞中所說義理極深，昔來所未曾見；此曲係以優美的情歌風格寫詞及作曲，聞者得以激發嚮往諸地菩薩境界之大心，詞、曲都非常優美，難得一見；其中勝妙義理之解說，已印在附贈之彩色小冊中。2.以各輯公案拈提中直示禪門入處之頌文，作成各種不同曲風之超意境歌曲，值得玩味、參究；聆聽公案拈提之優美歌曲時，請同時閱讀內附之印刷精美說明小冊，可以領會超越三界的證悟境界；未悟者可以因此引發求悟之意向及疑情，眞發菩提心而邁向求悟之途，乃至因此眞實悟入般若，成眞菩薩。3.正覺總持咒新曲，總持佛法大意；總持咒之義理，已加以解說並印在隨附之小冊中。本CD共有十首歌曲，長達63分鐘，附贈二張購書優惠券。每片280元。

禪意無限CD：平實導師以公案拈提書中偈頌寫成不同風格曲子，與他人所寫不同風格曲子共同錄製出版，幫助參禪人進入禪門超越意識之境界。盒中附贈彩色印製的精美解說小冊，以供聆聽時閱讀，令參禪人得以發起參禪之疑情，即有機會證悟本來面目，實證大乘菩提般若。本CD共有十首歌曲，長達69分鐘，每盒各附贈二張購書優惠券。每片280元。

金剛經宗通：三界唯心，萬法唯識，是成佛之修證內容，是諸地菩薩之所修；般若則是成佛之道（實證三界唯心、萬法唯識）的入門，若未證悟實相般若，即無成佛之可能，必將永在外門廣行菩薩六度，永在凡夫位中。然而實相般若的發起，全賴實證萬法的實相；若欲證知萬法的眞相，則必須探究萬法之所從來，則須實證自心如來—金剛心如來藏，然後現觀這個金剛心的金剛性、眞實性、如如性、清淨性、涅槃性、能生萬法的自性性、本住性，名爲證眞如；進而現觀三界六道唯是此金剛心所成，人間萬法須藉八識心王和合運作方能現起。如是實證

《華嚴經》的「三界唯心、萬法唯識」以後，由此等現觀而發起實相般若智慧，繼續進修第十住位的如幻觀、第十行位的陽焰觀、第十迴向位的如夢觀，再生起增上意樂而勇發十無盡願，方能滿足三賢位的實證，轉入初地；自知成佛之道而無偏倚，從此按部就班、次第進修乃至成佛。第八識自心如來是般若智慧之所依，般若智慧的修證則要從實證金剛心自心如來開始；《金剛經》則是解說自心如來之經典，是一切三賢位菩薩所應進修之實相般若經典。這一套書，是將平實導師宣講的《金剛經宗通》內容，整理成文字而流通之；書中所說義理，迥異古今諸家依文解義之說，指出大乘見道方向與理路，有益於禪宗學人求開悟見道，及轉入內門廣修六度萬行。講述完畢後結集出版，總共9輯，每輯約三百餘頁，售價各250元。

空行母—性別、身分定位，以及藏傳佛教：本書作者為蘇格蘭哲學家，因為嚮往佛教深妙的哲學內涵，於是進入當年盛行於歐美的假藏傳佛教密宗，擔任卡盧仁波切的翻譯工作多年以後，被邀請成為卡盧的空行母（又名佛母、明妃），開始了她在密宗裡的實修過程；後來發覺在密宗雙身法中的修行，其實無法使自己成佛，也發覺密宗對女性岐視而處處貶抑，並剝奪女性在雙身法中擔任一半角色時應有的身分定位。當她發覺自己只是雙身法中被喇嘛利用的工具，沒有獲得絲毫應有的尊重與基本定位時，發現了密宗的父權社會控制女性的本質；於是作者傷心地離開了卡盧仁波切與密宗，但是卻被恐嚇不許講出她在密宗裡的經歷，也不許她說出自己對密宗的教義與教制下對女性剝削的本質，否則將被咒殺死亡。後來她去加拿大定居，十餘年後方才擺脫這個恐嚇陰影，下定決心將親身經歷的實情及觀察到的事實寫下來並且出版，公諸於世。出版之後，她被流亡的達賴集團人士大力攻訐，誣指她為精神狀態失常、說謊……等。但有智之士並未被達賴集團的政治操作及各國政府政治運作吹捧達賴的表相所欺，使她的書銷售無阻而又再版。正智出版社鑑於作者此書是親身經歷的事實，所說具有針對「藏傳佛教」而作學術研究的價值，也有使人認清假藏傳佛教剝削佛母、明妃的男性本位實質，因此洽請作者同意中譯而出版於華人地區。珍妮·坎貝爾女士著，呂艾倫 中譯，每冊250元。

霧峰無霧—給哥哥的信　本書作者藉兄弟之間信件往來論義，略述佛法大義；並以多篇短文辨義，舉出釋印順對佛法的無量誤解證據，並一一給予簡單而清晰的辨正，令人一讀即知。久讀、多讀之後即能認清楚釋印順的六識論見解，與眞實佛法之牴觸是多麼嚴重；於是在久讀、多讀之後，於不知不覺之間提升了對佛法的極深入理解，正知正見就在不知不覺間建立起來了。當三乘佛法的正知見建立起來之後，對於三乘菩提的見道條件便將隨之具足，於是聲聞解脫道的見道也就水到渠成；接著大乘見道的因緣也將次第成熟，未來自然也會有親見大乘菩提之道的因緣，悟入大乘實相般若也將自然成功，自能通達般若系列諸經而成實義菩薩。作者居住於南投縣霧峰鄉，自喻見道之後不復再見霧峰之霧，故鄉原野美景一一明見，於是立此書名爲《霧峰無霧》；讀者若欲撥霧見月，可以此書爲緣。游宗明 老師著 售價250元。

假藏傳佛教的神話—性、謊言、喇嘛教：本書編著者是由一首名叫「阿姊鼓」的歌曲爲緣起，展開了序幕，揭開假藏傳佛教—喇嘛教—的神秘面紗。其重點是蒐集、摘錄網路上質疑「喇嘛教」的帖子，以揭穿「假藏傳佛教的神話」爲主題，串聯成書，並附加彩色插圖以及說明，讓讀者們瞭解西藏密宗及相關人事如何被操作爲「神話」的過程，以及神話背後的眞相。作者：張正玄教授。售價200元。

達賴真面目—玩盡天下女人：假使您不想戴綠帽子，請記得詳細閱讀此書；假使您不想讓好朋友戴綠帽子，請您將此書介紹給您的好朋友。假使您想保護家中的女性，也想要保護好朋友的女眷，請記得將此書送給家中的女性和好友的女眷都來閱讀。本書爲印刷精美的大本彩色中英對照精裝本，爲您揭開達賴喇嘛的眞面目，內容精彩不容錯過，爲利益社會大眾，特別以優惠價格嘉惠所有讀者。編著者：白志偉等。大開版雪銅紙彩色精裝本。售價800元。

童女迦葉考—論呂凱文〈佛教輪迴思想的論述分析〉之謬：童女迦葉是佛世率領五百大比丘遊行於人間的歷史事實，是以童貞行而依止菩薩戒弘化於人間的大菩薩，不依別解脫戒（聲聞戒）來弘化於人間。這是大乘佛教與聲聞佛教同時存在於佛世的歷史明證，證明大乘佛教不是從聲聞法中分裂出來的部派佛教的產物，卻是聲聞佛教分裂出來的部派佛教聲聞凡夫僧所不樂見的史實；於是古今聲聞法中的凡夫都欲加以扭曲而作詭說，更是末法時代高聲大呼「大乘非佛說」的六識論聲聞凡夫極力想要扭曲的佛教史實之一，於是想方設法扭曲迦葉菩薩爲聲聞僧，以及扭曲迦葉童女爲比丘僧等荒謬不實之論著便陸續出現，古時聲聞僧寫作的《分別功德論》是最具體之事例，現代之代表作則是呂凱文先生的〈佛教輪迴思想的論述分析〉論文。鑑於如是假藉學術考證以籠罩大衆之不實謬論，未來仍將繼續造作及流竄於佛教界，繼續扼殺大乘佛教學人法身慧命，必須舉證辨正之，遂成此書。平實導師 著，每冊180元。

末代達賴—性交教主的悲歌：簡介從藏傳僞佛教（喇嘛教）的修行核心—性力派男女雙修，探討達賴喇嘛及藏傳僞佛教的修行內涵。書中引用外國知名學者著作、世界各地新聞報導，包含：歷代達賴喇嘛的祕史、達賴六世修雙身法的事蹟，以及《時輪續》中的性交灌頂儀式……等；達賴喇嘛書中開示的雙修法、達賴喇嘛的黑暗政治手段；達賴喇嘛所領導的寺院爆發喇嘛性侵兒童；新聞報導《西藏生死書》作者索甲仁波切性侵女信徒、澳洲喇嘛秋達公開道歉、美國最大假藏傳佛教組織領導人邱陽創巴仁波切的性氾濫，等等事件背後眞相的揭露。作者：張善思、呂艾倫、辛燕。售價250元。

黯淡的達賴—失去光彩的諾貝爾和平獎：本書舉出很多證據與論述，詳述達賴喇嘛不爲世人所知的一面，顯示達賴喇嘛並不是眞正的和平使者，而是假借諾貝爾和平獎的光環來欺騙世人；透過本書的說明與舉證，讀者可以更清楚的瞭解，達賴喇嘛是結合暴力、黑暗、淫欲於喇嘛教裡的集團首領，其政治行爲與宗教主張，早已讓諾貝爾和平獎的光環染污了。 本書由財團法人正覺教育基金會寫作、編輯，由正覺出版社印行，每冊250元。

第七意識與第八意識？—穿越時空「超意識」：「三界唯心，萬法唯識」是佛教中應該實證的聖教，也是《華嚴經》中明載而可以實證的法界實相。唯心者，三界一切境界、一切諸法唯是一心所成就，即是每一個有情的第八識如來藏，不是意識心。唯識者，即是人類各各都具足的八識心王——眼識、耳鼻舌身意識、意根、阿賴耶識，第八阿賴耶識又名如來藏，人類五陰相應的萬法，莫不由八識心王共同運作而成就，故說萬法唯識。依聖教量及現量、比量，都可以證明意識是二法因緣生，是由第八識藉意根與法塵二法爲因緣而出生，又是夜夜斷滅不存之生滅心，即無可能反過來出生第七識意根、第八識如來藏，當知不可能從生滅性的意識心中，細分出恆審思量的第七識意根，更無可能細分出恆而不審的第八識如來藏。本書是將演講內容整理成文字，細說如是內容，並已在〈正覺電子報〉連載完畢，今彙集成書以廣流通，欲幫助佛門有緣人斷除意識我見，跳脫於識陰之外而取證聲聞初果；嗣後修學禪宗時即得不墮外道神我之中，得以求證第八識金剛心而發起般若實智。平實導師 述，每冊300元。

中觀金鑑—詳述應成派中觀的起源與其破法本質：學佛人往往迷於中觀學派之不同學說，被應成派與自續派所迷惑；修學般若中觀二十年後自以爲實證般若中觀了，卻仍不曾入門，甫聞實證般若中觀者之所說，則茫無所知，迷惑不解；隨後信心盡失，不知如何實證佛法；凡此，皆因惑於這二派中觀學說所致。自續派中觀所說同於常見，以意識境界立爲第八識如來藏之境界，應成派所說則同於斷見，但又同立意識爲常住法，故亦具足斷常二見。今者孫正德老師有鑑於此，乃將起源於密宗的應成派中觀學說，追本溯源，詳考其來源之外，亦一一舉證其立論內容，詳加辨正，令密宗雙身法祖師以識陰境界而造之應成派中觀學說本質，詳細呈現於學人眼前，令其維護雙身法之目的無所遁形。若欲遠離密宗此二大派中觀謬說，欲於三乘菩提有所進道者，允宜具足閱讀並細加思惟，反覆讀之以後將可捨棄邪道返歸正道，則於般若之實證即有可能，證後自能現觀如來藏之中道境界而成就中觀。本書分上、中、下三冊，每冊250元，全部出版完畢。

人間佛教—實證者必定不悖三乘菩提：「大乘非佛說」的講法似乎流傳已久，卻只是日本人企圖擺脫中國正統佛教的影響，而在明治維新時期才開始提出來的說法；台灣佛教、大陸佛教的淺學無智之人，由於未曾實證佛法而迷信日本人錯誤的學術考證，錯認爲這些別有用心的日本佛學考證的講法爲天竺佛教的眞實歷史；甚至還有更激進的反對佛教者提出「釋迦牟尼佛並非眞實存在，只是後人捏造的假歷史人物」，竟然也有少數人願意跟著「學術」的假光環而信受不疑，於是開始有一些佛教界人士造作了反對中國佛教而推崇南洋小乘佛教的行爲，使佛教的信仰者難以檢擇，導致一般大陸人士開始轉入基督教的盲目迷信中。在這些佛教及外教人士之中，也就有一分人根據此邪說而大聲主張「大乘非佛說」的謬論，這些人以「人間佛教」的名義來抵制中國正統佛教，公然宣稱中國的大乘佛教是由聲聞部派佛教的凡夫僧所創造出來的。這樣的說法流傳於台灣及大陸佛教界凡夫僧之中已久，卻非眞正的佛教歷史中曾經發生過的事，只是繼承六識論的聲聞法中凡夫僧依自己的意識境界立場，純憑臆想而編造出來的妄想說法，卻已經影響許多無智之凡夫僧俗信受不移。本書則是從佛教的經藏法義實質及實證的現量內涵本質立論，證明大乘佛法本是佛說，是從《阿含正義》尚未說過的不同面向來討論「人間佛教」的議題，證明「大乘眞佛說」。閱讀本書可以斷除六識論邪見，迴入三乘菩提正道發起實證的因緣；也能斷除禪宗學人學禪時普遍存在之錯誤知見，對於建立參禪時的正知見有很深的著墨。 平實導師 述，內文488頁，全書528頁，定價400元。

喇嘛性世界—揭開假藏傳佛教譚崔瑜伽的面紗：這個世界中的喇嘛，號稱來自世外桃源的香格里拉，穿著或紅或黃的喇嘛長袍，散布於我們的身邊傳教灌頂，吸引了無數的人嚮往學習；這些喇嘛虔誠地爲大眾祈福，手中拿著寶杵（金剛）與寶鈴（蓮花），口中唸著咒語：「唵．嘛呢．叭咪．吽……」，咒語的意思是說：「我至誠歸命金剛杵上的寶珠伸向蓮花寶穴之中」！「喇嘛性世界」是什麼樣的「世界」呢？本書將爲您呈現喇嘛世界的面貌。當您發現眞相以後，您將會唸：「噢！喇嘛．性．世界，譚崔性交嘛！」作者：張善思、呂艾倫。售價200元。

見性與看話頭：黃正倖老師的《見性與看話頭》於《正覺電子報》連載完畢，今結集出版。書中詳說禪宗看話頭的詳細方法，並細說看話頭與眼見佛性的關係，以及眼見佛性者求見佛性前必須具備的條件。本書是禪宗實修者追求明心開悟時參禪的方法書，也是求見佛性者作功夫時必讀的方法書，內容兼顧眼見佛性的理論與實修之方法，是依實修之體驗配合理論而詳述，條理分明而且極爲詳實、周全、深入。本書內文375頁，全書416頁，售價300元。

實相經宗通：學佛之目的在於實證一切法界背後之實相，禪宗稱之爲本來面目或本地風光，佛菩提道中稱之爲實相法界；此實相法界即是金剛藏，又名佛法之祕密藏，即是能生有情五陰、十八界及宇宙萬有（山河大地、諸天、三惡道世間）的第八識如來藏，又名阿賴耶識心，即是禪宗祖師所說的眞如心，此心即是三界萬有背後的實相。證得此第八識心時，自能瞭解般若諸經中隱說的種種密意，即得發起實相般若——實相智慧。每見學佛人修學佛法二十年後仍對實相般若茫然無知，亦不知如何入門，茫無所趣；更因不知三乘菩提的互異互同，是故越是久學者對佛法越覺茫然，都肇因於尚未瞭解佛法的全貌，亦未瞭解佛法的修證內容即是第八識心所致。本書對於修學佛法者所應實證的實相境界提出明確解析，並提示趣入佛菩提道的入手處，有心親證實相般若的佛法實修者，宜詳讀之，於佛菩提道之實證即有下手處。平實導師述著，共八輯，已全部出版完畢，每輯成本價250元。

真心告訴您（一）——**達賴喇嘛在幹什麼？**這是一本報導篇章的選集，更是「破邪顯正」的暮鼓晨鐘。「破邪」是戳破假象，說明達賴喇嘛及其所率領的密宗四大派法王、喇嘛們，弘傳的佛法是仿冒的佛法；他們是假藏傳佛教，是坦特羅（譚崔性交）外道法和藏地崇奉鬼神的苯教混合成的「喇嘛教」，推廣的是以所謂「無上瑜伽」的男女雙身法冒充佛法的假佛教，詐財騙色誤導衆生，常常造成信徒家庭破碎、家中兒少失怙的嚴重後果。「顯正」是揭櫫眞相，指出眞正的藏傳佛教只有一個，就是覺囊巴，傳的是　釋迦牟尼佛演繹的第八識如來藏妙法，稱爲他空見大中觀。正覺教育基金會即以此古今輝映的如來藏正法正知見，在眞心新聞網中逐次報導出來，將箇中原委「眞心告訴您」，如今結集成書，與想要知道密宗眞相的您分享。售價250元。

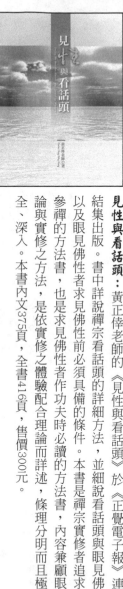

法華經講義：此書爲平實導師始從2009/7/21演述至2014/1/14之講經錄音整理所成。世尊一代時教，總分五時三教，即是華嚴時、聲聞緣覺教、般若教、種智唯識教、法華時；依此五時三教區分爲藏、通、別、圓四教。本經是最後一時的圓教經典，圓滿收攝一切法教於本經中，是故最後的圓教聖訓中，特地指出無有三乘菩提，其實唯有一佛乘；皆因衆生愚迷故，方便區分爲三乘菩提以助衆生證道。世尊於此經中特地說明如來示現於人間的唯一大事因緣，便是爲有緣衆生「開、示、悟、入」諸佛的所知所見——第八識如來藏妙眞如心，並於諸品中隱說「妙法蓮花」如來藏心的密意。然因此經所說甚深難解，眞義隱晦，古來難得有人能窺堂奧；平實導師以知如是密意故，特爲末法佛門四衆演述《妙法蓮華經》中各品蘊含之密意，使古來未曾被古德註解出來的「此經」密意，如實顯示於當代學人眼前。乃至〈藥王菩薩本事品〉、〈妙音菩薩品〉、〈觀世音菩薩普門品〉、〈普賢菩薩勸發品〉中的微細密意，亦皆一併詳述之，開前人所未曾言之密意，示前人所未見之妙法。最後乃至以〈法華大意〉而總其成，全經妙旨貫通始終，而依佛旨圓攝於一心如來藏妙心，厥爲曠古未有之大說也。平實導師述　已於2015/5/31起開始出版，每二個月出版一輯，共25輯。每輯300元。

西藏「活佛轉世」制度——附佛、造神、世俗法：歷來關於喇嘛教活佛轉世的研究，多針對歷史及文化兩部分，於其所以成立的理論基礎，較少系統化的探討。尤其是此制度是否依據「佛法」而施設？是否合乎佛法眞實義？現有的文獻大多含糊其詞，或人云亦云，不曾有明確的闡釋與如實的見解。因此本文先從活佛轉世的由來，探索此制度的起源、背景與功能，並進而從活佛的尋訪與認證之過程，發掘活佛轉世的特徵，以確認「活佛轉世」在佛法中應具足何種果德。定價150元。

真心告訴您（二）—達賴喇嘛是佛教僧侶嗎？補祝達賴喇嘛八十大壽：這是一本針對當今達賴喇嘛所領導的喇嘛教，冒用佛教名相、於師徒間或師兄姊間，實修男女邪淫，而從佛法三乘菩提的現量與聖教量，揭發其謊言與邪術，證明達賴及其喇嘛教是仿冒佛教的外道，是「假藏傳佛教」。藏密四大派教義雖有「八識論」與「六識論」的表面差異，然其實修之內容，皆共許「無上瑜伽」四部灌頂為究竟「成佛」之法門，也就是共以男女雙修之邪淫法為「即身成佛」之密要，雖美其名曰「欲貪為道」之「金剛乘」，並誇稱其成就超越於（應身佛）釋迦牟尼佛所傳之顯教般若乘之上；然詳考其理論，則或以意識離念時之粗細心為第八識如來藏，或以中脈裡的明點為第八識如來藏，或如宗喀巴與達賴堅決主張第六意識為常恆不變之眞心者，分別墮於外道之常見與斷見中；全然違背 佛說能生五蘊之如來藏的實質。售價300元。

佛法入門：學佛人往往修學二十年後仍不知如何入門，茫無所入漫無方向，不知如何實證佛法；更因不知三乘菩提的互異互同之處，導致越是久學者越覺茫然，都是肇因於尚未瞭解佛法的全貌所致。本書對於佛法的全貌提出明確的輪廓，並說明三乘菩提的異同處，讀後即可輕易瞭解佛法全貌，數日內即可明瞭三乘菩提入門方向與下手處。○○菩薩著　出版日期未定。

修習止觀坐禪法要講記：修學四禪八定之人，往往錯會禪定之修學知見，欲以無止盡之坐禪而證禪定境界，卻不知修除性障之行門才是修證四禪八定不可或缺之要素，故智者大師云「性障初禪」；性障不除，初禪永不現前，云何修證二禪等？又：行者學定，若唯知數息，而不解六妙門之方便善巧者，欲求一心入定，未到地定極難可得，智者大師名之為「事障未來」：障礙未到地定之修證。又禪定之修證，不可違背二乘菩提及第一義法，否則縱使具足四禪八定，亦不能實證涅槃而出三界。此諸知見，智者大師於《修習止觀坐禪法要》中皆有闡釋。作者平實導師以其第一義之見地及禪定之實證證量，曾加以詳細解析。將俟正覺寺竣工啟用後重講，不限制聽講者資格；講後將以語體文整理出版。欲修習世間定及增上定之學者，宜細讀之。平實導師述著。

解深密經講記：本經係　世尊晚年第三轉法輪，宣說地上菩薩所應熏修之唯識正義經典，經中所說義理乃是大乘一切種智增上慧學，以阿陀那識—如來藏—阿賴耶識爲主體。禪宗之證悟者，若欲修證初地無生法忍乃至八地無生法忍者，必須修學《楞伽經、解深密經》所說之八識心王一切種智；此二經所說正法，方是眞正成佛之道；印順法師否定第八識如來藏之後所說萬法緣起性空之法，是以誤會後之二乘解脫道取代大乘眞正成佛之道，尚且不符二乘解脫道正理，亦已墮於斷滅見中，不可謂爲成佛之道也。平實導師曾於本會郭故理事長往生時，於喪宅中從首七開始宣講，於每一七各宣講三小時，至第十七而快速略講圓滿，作爲郭老之往生佛事功德，迴向郭老早證八地、速返娑婆住持正法。茲爲今時後世學人故，將擇期重講《解深密經》，以淺顯之語句講畢後，將會整理成文，用供證悟者進道；亦令諸方未悟者，據此經中佛語正義，修正邪見，依之速能入道。平實導師述著，全書輯數未定，每輯三百餘頁，將於未來重講完畢後逐輯出版。

阿含經講記—小乘解脫道之修證：數百年來，南傳佛法所說證果之不實，所說解脫道之虛妄，所弘解脫道法義之世俗化，皆已少人知之；從南洋傳入台灣與大陸之後，所說法義虛謬之事，亦復少人知之；今時台灣全島印順系統之法師居士，多不知南傳佛法數百年來所說解脫道之義理已然偏斜、已然世俗化、已非眞正之二乘解脫正道，猶極力推崇與弘揚。彼等南傳佛法近代所謂之證果者多非眞實證果者，譬如阿迦曼、葛印卡、帕奧禪師、一行禪師……等人，悉皆未斷我見故。近年更有台灣南部大願法師，高抬南傳佛法之二乘修證行門爲「捷徑究竟解脫之道」者，然而南傳佛法縱使眞修實證，得成阿羅漢，至高唯是二乘菩提解脫之道，絕非究竟解脫，無餘涅槃中之實際尚未得證故，法界之實相尚未了知故，習氣種子待除故，一切種智未實證故，焉得謂爲「究竟解脫」？即使南傳佛法近代眞有實證之阿羅漢，尚且不及三賢位中之七住明心菩薩本來自性清淨涅槃智慧境界，則不能知此賢位菩薩所證之無餘涅槃實際，仍非大乘佛法中之見道者，何況普未實證聲聞果乃至未斷我見之人？謬充證果已屬逾越，更何況是誤會二乘菩提之後，以未斷我見之凡夫知見所說之二乘菩提解脫偏斜法道，焉可高抬為「究竟解脫」？而且自稱「捷徑之道」？又妄言解脫之道即是成佛之道，完全否定般若實智、否定三乘菩提所依之如來藏心體，此理大大不通也！平實導師為令修學二乘菩提欲證解脫果者，普得迴入二乘菩提正見、正道中，是故選錄四阿含諸經中，對於二乘解脫道法義有具足圓滿說明之經典，預定未來十年內將會加以詳細講解，令學佛人得以了知二乘解脫道之修證理路與行門，庶免被人誤導之後，未證言證，干犯道禁，成大妄語，欲升反墮。本書首重斷除我見，以助行者斷除我見而實證初果為著眼之目標，若能根據此書內容，配合平實導師所著《識蘊眞義》《阿含正義》內涵而作實地觀行，實證初果非為難事，行者可以藉此三書自行確認聲聞初果為實際可得現觀成就之事。此書中除依二乘經典所說加以宣示外，亦依斷除我見等之證量，及大乘法中道種智之證量，對於意識心之體性加以細述，令諸二乘學人必定得斷我見、常見，免除三縛結之繫縛。次則宣示斷除我執之理，欲令升進而得薄貪瞋痴，乃至斷五下分結…等。平實導師述，共二冊，每冊三百餘頁。每輯300元。

＊喇嘛教修外道雙身法，墮識陰境界，非佛教＊

＊弘揚如來藏他空見的覺囊派才是真正藏傳佛教＊

總經銷：　飛鴻 國際行銷股份有限公司
231 新北市新店市中正路 501 之 9 號 2 樓
Tel.02－82186688（五線代表號）　Fax.02-82186458、82186459

零售：1.**全台連鎖經銷書局：**
三民書局、誠品書局、何嘉仁書店
敦煌書店、紀伊國屋、金石堂書局、建宏書局

2.**台北市：**佛化人生 羅斯福路 3 段 325 號 6 樓之 4　台電大樓對面

3.**新北市：**春大地書店 **蘆洲**中正路 117 號

4.**桃園市縣：**誠品書局 **桃園市**中正路 20 號遠東百貨地下室一樓
金石堂 **桃園市**大同路 24 號　　金石堂 **桃園**八德市介壽路 1 段 987 號
諾貝爾圖書城 **桃園市**中正路 56 號地下室　　御書堂 **龍潭**中正路 123 號
墊腳石文化書店 **中壢市**中正路 89 號

5.**新竹市縣：**大學書局 **新竹**建功路 10 號　誠品書局 **新竹**東區信義街 68 號
誠品書局 新竹東區中央路 229 號 5 樓　　誠品書局 **新竹**東區力行二路 3 號
墊腳石文化書店 **新竹**中正路 38 號

6.**台中市：**　**瑞成**書局、各大連鎖書店。
詠春書局 **台中市**永春東路 884 號　　文春書局 **霧峰**中正路 1087 號

7.**彰化市縣：**心泉佛教流通處 **彰化市**南瑤路 286 號
員林鎮：墊腳石圖書文化廣場 中山路 2 段 49 號（04-8338485）

8.**台南市：**博大書局 **新營**三民路 128 號
藝美書局 **善化**中山路 436 號　　宏欣書局 **佳里**光復路 214 號

9.**高雄市：**各大連鎖書店、**瑞成**書局
政大書城 **三民區**明仁路 161 號　　政大書城 **苓雅區**光華路 148-83 號
明儀書局 **三民區**明福街 2 號　　明儀書局 三多四路 63 號
青年書局 青年一路 141 號

10.**宜蘭縣市：**金隆書局　宜蘭市中山路 3 段 43 號
宋太太梅鋪　羅東鎮中正北路 101 號（039-534909）

11.**台東市：**東普佛教文物流通處 台東市博愛路 282 號

12.**其餘鄉鎮市經銷書局：**請電詢總經銷**飛鴻**公司。

13.**大陸地區請洽：**

香港：樂文書店
旺角店 :香港九龍旺角西洋菜街 62 號 3 樓
電話 : (852) 2390 3723　email: luckwinbooks@gmail.com
銅鑼灣店 :香港銅鑼灣駱克道 506 號 2 樓
電話 : (852) 2881 1150　email: luckwinbs@gmail.com

廈門：廈門外圖臺灣書店有限公司
地址：廈門市思明區湖濱南路809 號 廈門外圖書城3 樓 郵編：361004
電話：0592-5061658（臺灣地區請撥打 86-592-5061658）
E-mail：JKB118＠188.COM

14.**美國：世界日報圖書部：**紐約圖書部　電話 7187468889#6262

洛杉磯圖書部　電話 3232616972#202

15.**國內外地區網路購書：**

正智出版社　書香園地　http://books.enlighten.org.tw/

（書籍簡介、直接聯結下列網路書局購書）

三民　網路書局　http://www.Sanmin.com.tw

誠品　網路書局　http://www.eslitebooks.com

博客來　網路書局　http://www.books.com.tw

金石堂　網路書局　http://www.kingstone.com.tw

飛鴻　網路書局　http://fh6688.com.tw

附註：1.請儘量向各經銷書局購買：郵政劃撥需要十天才能寄到（本公司在您劃撥後第四天才能接到劃撥單，次日寄出後第四天您才能收到書籍，此八天中一定會遇到週休二日，是故共需十天才能收到書籍）若想要早日收到書籍者，請劃撥完畢後，將劃撥收據貼在紙上，旁邊寫上您的姓名、住址、郵區、電話、買書詳細內容，直接傳眞到本公司 02-28344822，並來電 02-28316727、28327495 確認是否已收到您的傳眞，即可提前收到書籍。 **2.**因台灣每月皆有五十餘種宗教類書籍上架，書局書架空間有限，故唯有新書方有機會上架，通常每次只能有一本新書上架；本公司出版新書，大多上架不久便已售出，若書局未再叫貨補充者，書架上即無新書陳列，則請直接向書局櫃台訂購。 **3.**若書局不便代購時，可於晚上共修時間向正覺同修會各共修處請購（共修時間及地點，詳閱**共修現況表**。每年例行年假期間請勿前往請書，年假期間請見共修現況表）。 **4.**郵購：郵政劃撥帳號 19068241。 **5.**正覺同修會會員購書都以八折計價（戶籍台北市者爲一般會員，外縣市爲護持會員）都可獲得優待，欲一次購買全部書籍者，可以考慮入會，節省書費。入會費一千元（第一年初加入時才需要繳），年費二千元。**6.尚未出版之書籍，請勿預先郵寄書款與本公司，謝謝您！** **7.**若欲一次購齊本公司書籍，或同時取得正覺同修會贈閱之全部書籍者，請於正覺同修會共修時間，親到各共修處請購及索取；**台北市讀者**請洽：103 台北市承德路三段 267 號 10 樓（捷運淡水線 圓山站旁）請書時間：週一至週五爲 18.00~21.00，第一、三、五週週六爲 10.00~21.00，雙週之週六爲 10.00~18.00 請購處專線電話：25957295-分機 14（於請書時間方有人接聽）。

敬告大陸讀者：

大陸讀者購書、索書捷徑（尚未在大陸出版的書籍，以下二個途徑都可以購得，電子書另包括結緣書籍）：

1.廈門外國圖書公司：廈門市思明區湖濱南路 809 號 廈門外圖書城 3F
郵編：361004 電話：0592-5061658 網址：JKB118@188.COM

2.電子書：正智出版社有限公司及正覺同修會在台灣印行的各種局版書、結緣書，已有『**正覺電子書**』陸續上線中，提供讀者於手機、平板電腦上購書、下載、閱讀正智出版社、正覺同修會及正覺教育基金會所出版之電子書，詳細訊息敬請參閱『正覺電子書』專頁：http://books.enlighten.org.tw/ebook

關於平實導師的書訊，請上網查閱：

成佛之道 http://www.a202.idv.tw

正智出版社 書香園地 http://books.enlighten.org.tw/

中國網採訪佛教正覺同修會、正覺教育基金會訊息：

http://big5.china.com.cn/gate/big5/fangtan.china.com.cn/2014-06/19/content_32714638.htm

http://pinpai.china.com.cn/

★ 正智出版社有限公司售書之稅後盈餘，全部捐助財團法人正覺寺籌備處、佛教正覺同修會、正覺教育基金會，供作弘法及購建道場之用；懇請諸方大德支持，功德無量。

★ 聲 明 ★

本社於 2015/01/01 開始調整本目錄中部分書籍之售價，以因應各項成本的持續增加。

＊ 喇嘛教修外道雙身法、墮識陰境界，非佛教 ＊

＊ 弘揚如來藏他空見的覺囊派才是真正藏傳佛教 ＊

售後服務—換書啓事（免附回郵）　2012/09/24

《楞嚴經講記》第 14 輯初版首刷本免費調換新書啓事：本講記第 14 輯出版前因 平實導師諸事繁忙，未將之重新閱讀而只改正校對時發現的錯別字，故未能發覺十年前所說法義有部分錯誤，於第 15 輯付印前重閱時才發覺第 14 輯中有部分錯誤尚未改正。今已重新審閱修改並已重印完成，煩請所有讀者將以前所購第 14 輯初版首刷本，寄回本社免費換新（初版二刷本無錯誤），本社將於寄回新書時同時附上您寄書回來換新時所付的郵資，並在此向所有讀者致上最誠懇的歉意。

《心經密意》初版書免費調換二版新書啓事：本書係演講錄音整理成書，講時因時間所限，省略部分段落未講。後於再版時補寫增加 13 頁，維持原價流通之。茲爲顧及初版讀者權益，自 2003/9/30 開始免費調換新書，原有初版一刷、二刷書籍，皆可寄來本來公司換書。

《宗門法眼》已經增寫改版爲 464 頁新書，2008 年 6 月中旬出版。讀者原有初版之第一刷、第二刷書本，都可以寄回本社免費調換改版新書。改版後之公案及錯悟事例維持不變，但將內容加以增說，較改版前更具有廣度與深度，將更能助益讀者參究實相。

換書者**免附回郵**，亦無截止期限；舊書請寄：111 台北郵政 73-151 號信箱 或 103 台北市承德路三段 267 號 10 樓 正智出版社有限公司。舊書若有塗鴨、殘缺、破損者，仍可換取新書；但缺頁之舊書至少應仍有五分之三頁數，方可換書。所有讀者不必顧念本公司是否有盈餘之問題，都請踴躍寄來換書；本公司成立之目的不是營利，只要能眞實利益學人，即已達到成立及運作之目的。若以郵寄方式換書者，免附回郵；並於寄回新書時，由本社附上您寄來書籍時耗用的郵資。造成您不便之處，再次致上萬分的歉意。

正智出版社有限公司 啓

國家圖書館出版品預行編目(CIP)資料

法華經講義 / 平實導師述. -- 初版. -
- 臺北市 : 正智, 2015.05　　面 ;　公分
ISBN 978-986-5655-30-3（第一輯：平裝）
ISBN 978-986-5655-46-4（第二輯：平裝）
ISBN 978-986-5655-56-3（第三輯：平裝）
ISBN 978-986-5655-61-7（第四輯：平裝）
ISBN 978-986-5655-69-3（第五輯：平裝）
ISBN 978-986-5655-79-2（第六輯：平裝）
ISBN 978-986-5655-82-2（第七輯：平裝）
ISBN 978-986-5655-89-1（第八輯：平裝）
ISBN 978-986-5655-98-3（第九輯：平裝）
ISBN 978-986-9372-52-7（第十輯：平裝）
ISBN 978-986-9372-54-1（第十一輯：平裝）
ISBN 978-986-9372-56-5（第十二輯：平裝）
ISBN 978-986-9372-57-2（第十三輯：平裝）
ISBN 978-986-9497-03-9（第十四輯：平裝）
1. 法華部
221.5　　　　104004638

法華經講義——第二輯

著　述　者：平實導師
音文轉換：章乃鈞 高惠齡 劉惠莉 蔡正利 黃昇金
校　　對：章乃鈞 陳介源 孫淑貞 傅素嫻 王美伶
出　版　者：正智出版社有限公司
電話：○二 28327495　28316727（白天）
傳眞：○二 28344822
111 台北郵政 73-151 號信箱
郵政劃撥帳號：一九○六八二四一
正覺講堂：總機○二 25957295（夜間）
總　經　銷：飛鴻國際行銷股份有限公司
231 新北市新店區中正路 501-9 號 2 樓
電話：○二 82186688（五線代表號）
傳眞：○二 82186458　82186459
初版首刷：二○一五年七月三十一日　二千冊
初版六刷：二○一七年八月　二千冊
定　　價：三○○元